2009년 독일 보험계약법
(VVG)

이필규 · 최병규 · 김은경 역저

세창출판사

이 도서의 국립중앙도서관 출판시도서목록(CIP)은 e-CIP 홈페이지 (http://www.nl.go.kr/ecip)에서 이용하실 수 있습니다.(CIP제어번호: CIP2009000024)

| 머 리 말 |

1908년 독일에서 이미 상법에서 분리 독립되어 제정된 독일 보험계약법(VVG)이 또다시 2007년 7월 5일 대폭적으로 개정되어 2008년 1월 1일부터 시행되고 있다. 그 이후 개정법(Reformgesetz)에 의하여 2009년 1월부터 일부 새로운 내용이 적용된다. 따라서 본서의 표제를 2009년 독일 보험계약법이라 하였다. 이 개정은 보험자의 설명의무 및 정보의무에 관한 내용, 증권모델의 청약모델로의 변경, 중과실비례보상제도의 도입, 보험료불가분의 원칙의 포기, 개별보험종목별로의 법정 최저보호수준의 설정, 계약의 존속기간에 대한 새로운 규정, 생명보험에서 배당상품의 경우 잉여금배당의 계약중간 실시 규정 등 획기적인 내용을 포함하고 있다.

그리고 일본도 역시 종래의 상법 속의 보험계약법 부분을 분리하여 2008년 6월 6일 보험법이라는 독립된 법률로 만들었다.

우리 상법의 보험편 부분에 대한 개정안은 2008년 7월 29일 국무회의에서 의결되어 국회에서의 논의를 기다리고 있다. 우리법의 개정논의와 앞으로의 해석과정에서 외국의 입법례는 매우 중요하다. 이러한 점에서 이 책에서는 2007년 개정 독일 보험계약법을 우리말로 전문 번역을 하였고 간단한 해설을 덧붙였다. 독일 보험계약법을 우리말로 번역한 것이 독일이나 일본의 경우처럼 우리의 보험계약법을 독립된 단행법으로 제정하는 데 큰 기여가 되길 바란다.

이 새로운 독일 보험계약법은 본인과 최병규 교수와 김은경 교수가 금년 초부터 정기적으로 만나 심혈을 기울여 함께 토의하며 번역한 결과물이나, 아직도 부족한 부분이 있는 것에 대하여 독자들의 양해 바란다.

이 번역작업을 하면서 1958년경 Hamburg 대학시절의 은사인 고(故) Hans Möller 교수께서 한국도 언젠가는 독립된 보험계약법으로 발전되기를 바란다는 그 말씀이 생각나며 이 자리를 빌려 그분

께 깊은 감사의 마음을 올린다. 또한 흔쾌히 출판을 허락하여 주시고 어려운 실무 작업을 하여 준 세창출판사의 이방원 사장님과 임길남 상무님께 감사의 말씀을 전하며, 아무쪼록 이 책이 한국의 독립된 보험계약법 발전과 업계에 기여하기를 바라는 바이다.

2008년 12월 1일

집필자 대표 이 필 규

| 차　　례 |

2009년 독일 보험계약법(VVG)

개정 독일 보험계약법 해설

Gesetz über den Versicherungsvertrag
(Versicherungsvertragsgesetz-VVG)

| 약 어 표 (Abkürzungsverzeichnis) |

Alt-ZertG Gesetz über die Zertifizierung von Altersvorsorgeverträgen

BGB Bürgerlichen Gesetzbuchs

BGH Bundesgerichthof

BVerfG Bundesverfassungsgericht

GKV-Wettbewerbsstärkungsgesetz Gesetz zur Stärkung des Wettbewerbs in der gesetzlichen Krankenversicherung

PflVG Gesetz über die Pflichtversicherung für Kraftfahrzeughalter

RefE Referententwurf

Reformsgesetz Gesetz zur Reform des versicherungsrechts

RegE Regierungsentwurf

VAG Versicherungsaufsichtsgesetz

VVG Versicherungsvertragsgesetz

2009년 독일 보험계약법(VVG)

제1편 총　칙

제1장 각종 보험을 위한 규정

제1절 통　칙

제1조 보험계약상 전형적인 의무

보험자는 약정한 보험사고가 발생한 경우에 급부를 통하여 보험계약자나 제3자의 특정 위험을 담보할 의무가 있다. 보험계약자는 보험자에게 약정한 보험료를 지급해야 할 의무가 있다.

제2조 소급보험

(1) 보험계약체결의 시점 이전에 보험상의 보호가 시작되는 보험계약을 예정할 수 있다.

(2) 계약의 의사표시를 하는 시점에 보험사고가 발생할 가능성이 없다는 것을 보험자가 알고 있었다면, 보험자에게 보험료청구권이 인정되지 않는다. 계약의 의사표시를 하는 시점에 보험계약자가 보험사고가 이미 발생하였다는 것을 알았다면, 보험자는 급부를 이행할 의무가 없다.

(3) 전항의 경우에 보험계약이 대리인에 의하여 체결되었다면 대리인뿐만 아니라 본인의 인식도 고려의 대상이 된다.

(4) 제37조 제2항은 소급보험에는 적용되지 아니한다.

제3조 보험증권

(1) 보험자는 보험계약자에게 보험계약자의 청구에 따라 보험증권을 텍스트형식[1])으로 교부해야 한다.

(2) 보험계약이 보험자의 국내 영업소에서 체결한 것이 아니라면, 보험증권에 보험자의 주소와 보험계약이 체결된 영업소가 기재되어야 한다.

(3) 보험증권이 분실되거나 훼손된 경우에는 보험계약자는 보험자에게 새로운 보험증권의 발행을 청구할 수 있다. 보험증권에 무효선언이 있는 경우라면, 보험자는 무효선언이 있은 후에야 다시 발행을 해야 할 의무가 있다.

(4) 보험계약자는 계약과 관련하여 표명했던 의사표시에 관한 문서의 등본을 언제라도 청구할 수 있다. 보험계약자가 특정의 기간 내에 이행할 보험자에 대한 행위를 실행하게 하기 위하여 그것의 등본이 필요하고 그 등본이 그 이전에 보험자로부터 보험계약자에게 송부되지 아니한 경우에 그 기간의 진행은 청구가 보험자에게 도달된 때부터 등본이 보험계약자에게 도달할 때까지 정지한다.

(5) 제3항에 따른 새로운 보험증권의 교부와 제4항에 의한 등본의 교부에 관한 비용은 보험계약자가 부담하여야 하고 청구가 있는 경우에는 이를 선급해야 한다.

제4조 무기명보험증권

(1) 민법 제808조는 무기명증서로 발행된 보험증권에 적용된다.

(2) 보험자가 증서로서 교부된 보험증권의 반환을 이행할 것을 계약에서 정한 경우에 보험계약자가 해당증권을 반환하지 못하는 취지를 설명한 경우라면 채무가 소멸되었음을 알리는 취지를

1) 서면 문서만을 지칭하는 서면형식(Schriftform)에 대비하여 텍스트형식(Textform)이라 함은 인터넷 문서를 포함하는 포괄적인 문서 형식을 의미한다.

공적으로 증명하는 승인서를 넘겨주는 것으로 충분하다. 보험증권에 무효선언이 있는 경우에 제1문은 적용되지 아니한다.

제5조 보험증권에 대한 이의

(1) 보험증권의 내용이 보험계약자의 청약이나 합의한 바와 다른 경우에는 제2항의 전제조건을 충족하고 보험계약자가 보험증권의 도달 후 1개월 내에 텍스트형식으로 이의를 제기하지 않은 경우 이를 승인한 것으로 본다.

(2) 보험증권의 도달 후 1개월 내에 텍스트형식으로 이의를 제기하지 아니하면 그 같은 차이를 승인한 것으로 본다는 것을 보험자는 보험증권의 송달시점에 보험계약자에게 알려야 한다. 보험계약자에게 당해 차이점과 여기에 관련된 법률효과를 보험증권에 명시적으로 알려야 한다.

(3) 보험자가 제2항에 따라 의무를 이행하지 않았다면, 계약은 보험계약자의 청약의 내용을 포함하여 체결된 것으로 본다.

(4) 보험계약자가 착오로 인하여 보험계약의 취소권을 포기한다고 합의한 것은 무효이다.

제6조 보험계약자에 대한 상담

(1) 청약이 권유된 보험을 판단하기가 어렵거나 보험계약자의 인적요소와 상황 등에 대하여 특정의 사유가 존재하는 경우 보험자는 보험계약자의 희망이나 필요에 따라 질의에 답하여야 하고, 상담비용과 보험계약자로부터 지급된 보험료와의 적절한 관계를 고려하여 상담을 해야 하며, 특정의 보험에 대하여 해야 할 조언과 그에 관련한 근거 등을 알려주어야 한다. 보험자는 청약이 권유된 보험계약의 다양성을 고려하여 상담내용을 문서화하여야 한다. 보험계약이 보험계약자에게 보험중개인으로부터 중개되거나 민법 제312b조 제1항 및 제2항에서 말하는 원거리 판매인 경우에는 제1문과 제2문이 적용되지 아니한다.

(2) 보험자는 보험계약자에게 한 조언과 근거 등을 계약의 체결 전에 명확하고 이해하기 쉽게 텍스트형식으로 송부해야 한다. 보험계약자가 원하거나 보험자가 잠정적인 보상을 보장한 경우에는 이러한 상담의 내용을 구두로 전달할 수 있다. 이 경우에 보험계약체결 후 지체 없이 상담내용을 텍스트형식으로 송부해야 한다; 계약이 성립되지 않은 경우와 의무보험의 경우 잠정보상에 대한 계약의 경우에는 이를 적용되지 아니한다.

(3) 보험계약자는 보험자로부터 받을 수 있는 상담 등의 포기가 보험자에 대하여 제5항에 따른 손해배상청구권을 행사할 때에 불리한 영향을 미칠 수 있다는 것을 명확하게 지시받았다는 것을 포함한 서면상 의사표시로 제1항 및 제2항의 상담 등을 포기할 수 있다.

(4) 보험자에게 보험계약자의 문의와 상담에 대한 근거를 인식할 수 있는 한 보험계약체결 후 보험관계가 지속되는 동안에 제1항 제1문에 따른 의무는 지속된다. 보험계약자는 개별의 경우에 따라 서면으로 상담을 포기할 수 있다.

(5) 보험자가 제1항, 제2항 및 제4항에 따른 의무를 포기하는 경우에는 그로 인하여 발생한 손해를 보험계약자에게 배상할 의무가 있다. 보험자에게 그에 대한 귀책사유가 없는 경우에는 이를 적용하지 아니한다.

(6) 제1항에서 제5항은 보험계약법시행법 제10조 제1항 제2문상의 대형위험에 대한 보험계약에는 적용되지 아니한다.

제7조 보험계약자에 대한 정보

(1) 보험자는 보험계약자에게 보통보험약관을 포함하여 법령 제2항에 정해진 정보를 계약체결의 의사표시를 하기 전에 적시에 텍스트형식으로 통지해야만 한다. 통지는 지정된 통신수단에 상응하여 명백하고 이해하기 쉽게 전달되어야 한다. 보험계약자의 요구로 계약이 전화상으로 체결되거나 정보제공이 보험계

약자가 계약의 의사표시를 하기 전에 텍스트형식으로 가능하지 않아 다른 통신수단을 사용하여 보험계약이 체결된 경우에는 그 정보는 보험계약 체결 후 지체 없이 보충해야 한다; 보험계약자가 계약의 의사표시 전에 텍스트형식으로 의사표시로 정보를 제공받는 것을 명시적으로 포기하는 경우에는 그러하지 아니하다.

(2) 연방법무부는 연방재정부장관의 심리와 연방 식량, 농업 및 소비자보호부의 협력으로 법령을 통하여 상원의 동의 없이 보험계약자의 포괄적인 정보제공을 목적으로 하는 다음의 사항을 정할 권한이 있다.

1. 특별히 보험자, 제공된 급부, 보통보험약관 및 철회권의 존재에 대한 것 등을 보험계약자에게 알려야 할 계약의 구체적 항목
2. 생명보험에서 예상되는 급부, 그에 대한 조사와 계산, 보험료 계산에 필요한 경우에 있어서의 모델견적 및 체결비용과 운영비용, 그 외의 비용 등에 대하여 보험계약자에게 알려야 할 기타 정보
3. 건강보험에서 보험료생성, 보험료구성, 체결비용 및 운영비용에 대하여 보험계약자에게 알려야 할 기타정보
4. 보험자가 보험계약자와 전화로 거래를 시작하였던 경우 보험계약자에게 알려야 할 사항
5. 정보를 전달할 방법

제1문에 따른 통지를 확정할 때 다이렉트보험을 위한 법규범과 행정규범의 조정 및 지침 73/239/EWG 와 88/357EWG(ABl. EG Nr. L 228 S.1)의 변경을 위한 1992년 6월 18일 심의회의 지침 92/49/EWG, 소비자에 대한 금융서비스의 통신판매와 심의회의 지침 90/619/EWG의 변경을 위한 2002년 9월 23일 유럽의회와 심의회의 지침 2002/65/EG과 97/7EG와 98/27/EG (ABl. EG Nr. L 271 S. 16) 및 생명보험에 대한 2002년 11월

5일 유럽의회와 심의회 지침 2002/83/EG에 따라 규정된 내용을 준수하여야 한다.

(3) 제2항에 따른 법령에서 계약기간동안에 보험자는 텍스트형식으로 통지하여야 할 내용을 정하여야 한다; 과거 정보의 변경이나, 특히 건강보험에서의 보험료증액의 경우 요율변경의 가능성과 관련한 사항, 생명보험에서 보험계약자의 청구권의 생성과 관련하여 잉여배당금의 문제 등에 관한 정보 등도 해당된다.

(4) 보험계약자는 계약기간동안에 언제든지 보험자에게 보통보험약관을 포함하여 계약상의 계약조건을 서면으로 교부해줄 것을 요구할 수 있다; 첫 번째 교부를 위한 비용은 보험자가 부담하여야 한다.

(5) 제1항 내지 제4항은 보험계약법 시행법의 제10조 제1항 제2문의 의미 안에서 대형위험에 대한 보험계약에는 적용되지 아니한다. 이와 같은 계약에서 보험계약자가 자연인인 경우에 보험자는 보험계약자에게 계약체결 전에 적용할 수 있는 법과 관할 감독관청을 문서로 알려야 한다.

제8조 보험계약자의 철회권

(1) 보험계약자는 자신의 계약에 대한 의사표시를 2주 내에 철회할 수 있다. 철회의 의사표시는 보험자에 대하여 문서의 형식으로 하고 어떠한 근거를 포함할 필요가 없다; 기한의 엄수에 관해서는 적절한 시기의 발송으로 족하다.

(2) 철회기간은 다음의 서류가 보험계약자에게 문서의 형식으로 도달하는 시점부터 기산한다.

1. 보험증권과 보통보험약관을 포함한 계약조건 및 제7조 제1항과 제2항에 따른 기타의 정보
2. 보험계약자에게 지정된 통신수단의 조건에 따른 보험계약자의 권리를 분명하게 설명하고 철회의 의사표시의 상대방의 성명과 주소뿐만 아니라 철회의 기산점에 대한 지시와 제1항

2문의 규정을 포함한 내용 등의 철회권에 대한 명확한 지시와 철회의 법률효과에 대한 지시내용.

연방법무부 시행령에 근거하여 제5항에 의거 공표된 견본(예시)이 적용되는 경우에는 그 지시가 제1문 제2호에 나타난 사항으로 족하다. 제1문에 따른 서류의 도달에 대한 증명책임은 보험자에게 있다.

(3) 다음의 각호의 경우에는 철회권이 존재하지 않는다.

1. 보험 기간이 1개월 미만인 보험계약의 경우
2. 민법 제312b조 제1항과 제2항에서의 통신판매계약에 관한 것이 아닌 한, 잠정보상의 보험계약의 경우
3. 민법 제312b조 제1항과 제2항에서의 통신판매계약에 관한 것이 아닌 한, 노동계약적 규정에 근거한 연금보험상의 보험계약의 경우
4. 보험계약법의 시행법 제10조 제1항 제2문상의 대형위험에 관한 보험계약의 경우

보험계약자가 자신의 철회권을 행사하기 전에 보험계약자의 명시적인 희망에 따라 양 계약당사자에 의하여 보험계약의 내용이 완벽하게 이행된 경우에는 철회권의 행사가 배제된다.

(4) 전자 상거래에서 철회기간은 민법 제312e조 제1항 제1문에서 정한 의무의 이행 전이 아닌 제2항 제1문과 다르게 기산한다.

(5) 상원의 동의 없이 시행령을 통하여 연방법무부는 보험계약자에게 제2항 제1문 제2호에 의하여 철회권과 관련하여 전달되어져야 하는 지시의 내용과 구성 등을 확정할 권한이 있다.

제9조 철회의 효과

보험계약자가 제8조 제1항에 따라 철회권을 행사하면 보험계약자는 제8조 제2항 제1문 제2호에 따라 철회권, 철회의 법률효과와 지급할 보험료 등에 대하여 지시를 받았고 보험상 보호가 철회기

간의 만료 전에 개시한다는 사실에 동의한 경우라면 보험자는 철회의 의사표시가 도달한 후의 기간에 상응하는 보험료부분을 환급하여야 한다; 철회권의 행사 후 적어도 30일 내에 상환의무는 지체 없이 이행되어야 한다. 제1문에서 언급하고 있는 지시가 행하여지지 않은 경우 보험자는 보험상의 보호를 위해 지급된 첫 해의 보험료를 추가적으로 상환하여야 한다; 그러나 보험계약자가 보험계약에 따라 이행을 청구하게 된다면 이는 적용되지 아니한다.

제10조 보험의 시점과 종점

보험기간이 일별, 주별, 월별 또는 수 개월의 기간을 기준으로 정해진 경우에 보험은 계약이 체결된 날에 시작된다; 보험계약은 계약기간의 마지막 날이 만료하는 날 종료한다.

제11조 연장, 해지

(1) 보험기간이 정하여진 보험관계에 있어서 그 보험관계가 계약기간이 만료하기 전에 해지되지 않은 경우에 연장이 이미 합의되어졌다면, 그 기간이 1년 이상이 아닌 한 이 연장은 무효이다.
(2) 보험기간이 정하여지지 않는 경우에는 계약당사자만이 현행의 보험기간의 종료를 위하여 해지할 수 있다. 양 당사자는 2년의 기간까지 해지권을 합의하에 포기할 수 있다.
(3) 해지예고기간은 계약당사자에게 동등해야 한다; 그 해지예고기간이 1개월 미만이거나, 3개월을 초과하는 기간이면 아니 된다.
(4) 3년 이상을 보험기간으로 하여 체결된 보험계약은 보험계약자에 의하여 3년 또는 그 이후의 연도 말에 3개월의 기간을 준수하여 해지될 수 있다.

제12조 보험기간

보험료가 더 짧은 기간을 기준으로 정해진 경우가 아니라면 보험기간은 1년으로 한다.

제13조 주소와 성명의 변경

(1) 보험계약자가 자신의 주소 변경을 알리지 않은 경우에 보험계약자에게 보내는 의사표시는 보험자에게 알려진 보험계약자의 최후의 주소로 보내진 등기우편으로 족하다. 의사표시는 우편의 발송 후 3일째에 도달한 것으로 본다. 제1문과 제2문은 보험계약자의 성명변경의 경우에도 동일하게 적용된다.
(2) 보험계약자가 자신의 영업의 범위 안에서 보험계약을 체결한 경우에는 영업소재지의 변경에 있어서도 제1항 제1문과 제2문이 동일하게 적용된다.

제14조 급부이행기

(1) 보험자의 급부이행은 보험사고와 보험자의 이행의 범위의 확정을 위하여 필요한 조사가 종료됨과 함께 이루어져야 한다.
(2) 이 조사가 보험사고를 통지한 후 1개월 안에 종료되지 않은 경우에 보험계약자는 보험자가 지급이 가능한 금액의 한도 내에서 분할 지급을 요구할 수 있다. 보험계약자의 과실로 인하여 조사가 종료될 수 없는 경우에는 기간은 진행되지 않는다.
(3) 보험자의 지연이자 지급의무가 면제된다는 것에 대한 합의는 무효이다.

제15조 소멸시효의 중단

보험계약에 근거하여 청구권의 행사가 보험자에게 통지된 경우에는 보험자의 결정이 청구권자에게 텍스트형식으로 도달되기 전까지 소멸시효는 중단된다.

제16조 보험자의 파산

(1) 보험자의 재산에 대하여 파산절차가 개시된 경우에는 그 개

시 이후 1개월이 경과하면 보험관계는 종료한다; 이 시점까지는 파산재단에 대하여 보험관계는 효력이 있다.

(2) 파산개시의 효력에 대한 보험감독법의 규정은 영향을 받지 않는다.

제17조 압류불능물에 대한 양도금지

보험이 압류가 불가능한 물건에 관련되는 한 파괴되거나 손상된 물건의 보상을 위하여 보험계약자에게 다른 물건을 공급한 채권자에게만 보험상의 청구권은 양도될 수 있다.

제18조 다른 합의

제3조 제1항에서 제4항, 제5조 제1항에서 제3항, 제6조에서 제9조 및 제11조 제2항부터 제4항, 제14조 제2항 제1문과 제15조는 보험계약자를 불이익하게 변경할 수 없다.

제2절 고지의무, 위험증가, 기타의 책무

제19조 고지의무

(1) 보험계약자는 합의된 내용으로 계약을 체결하는 데 있어 보험자가 결정하는 데 중요하다고 여겨지는 상황과 보험자가 텍스트형식으로 질의한 것으로 보험계약자에게 알려진 위험상황을 계약의 체결의사를 보낼 때까지 보험자에게 고지해야 한다. 보험자가 보험계약자의 계약의 의사표시 후에, 그러나 계약의 인수 전에 제1문의 취지에 따른 질문을 한 경우에도 보험계약자는 고지를 할 의무가 있다.

(2) 보험계약자가 제1항에 따른 고지의무를 위반한 경우 보험자는 계약을 해제할 수 있다.

(3) 보험계약자가 고지의무를 고의 또는 중과실로 위반한 것이 아닌 경우에는 보험자의 해제권은 행사할 수 없다. 이 경우 보

험자는 한 달 안에 계약을 해지할 수 있다.

(4) 보험자가 고지되지 않은 상황을 알았거나 또는 다른 조건이 있음에도 불구하고 계약을 체결하였을 경우라면 중과실로 인한 고지의무 위반을 이유로 한 보험자의 철회권과 제3항 제2문에 따른 해지권은 행사할 수 없다. 다른 조건은 보험자의 청구에 따라 보험계약자에게 귀책사유를 물을 수 없는 의무위반의 경우에 진행중인 보험료기간부터 소급적으로 계약의 요소가 된다.

(5) 보험자가 보험계약자에게 텍스트형식으로 통지하여 고지의무 위반의 결과를 알려준 경우라면 제3항과 제4항에 따른 권리가 보험자에게 귀속된다. 보험자가 고지되지 않은 위험상황 또는 고지내용의 부정확성을 알았다면 그 권리는 주장할 수 없다.

(6) 제4항 제2문의 경우 계약변경을 통해 보험료가 10% 이상 증가하거나 고지되지 아니한 상황에 대한 위험을 담보하지 않는다면 보험계약자는 보험자의 통지가 도달한 후 1개월 내에 계약을 해지할 수 있다. 보험자는 보험계약자에게 통지에서 이상의 권리를 알려주어야 한다.

제20조 보험계약자의 대리인

보험계약자의 대리인에 의하여 계약이 체결된 경우, 제19조 제2항에서 제4항, 제21조 제2항 제2문 및 제3항 제2문 등을 적용함에 있어서 대리인뿐 만 아니라 보험계약자의 고지 등과 관련한 인지여부 및 악의 등도 고려해야 한다. 대리인과 보험계약자에게 고의 또는 중과실이 없었다면 보험계약자는 고지의무를 고의 또는 중과실에 의해 위반한 것이 아니라는 것을 주장할 수 있다.

제21조 보험자의 권리행사

(1) 보험자는 제19조 제2항에서 제4항에 근거하여 부여된 권리를 한 달 안에 서면으로 주장할 수 있다. 보험자가 고지의무의 위반을 안 때로부터 기산점은 시작된다. 보험자는 권리를 실행할

때 자신의 의사표시에 근거가 되는 상황을 알려야 한다; 그 의사표시에 관하여 제1문에 나타난 기간을 경과하지 않는 한 자신의 의사표시를 증명하기 위하여 그 이외의 상황을 추가적으로 알려야 한다.

(2) 보험사고가 발생한 후 제19조 제1항에 따라 계약을 해제하게 되는 경우 고지의무의 위반이 보험사고의 발생 또는 확정이나 보험자의 급부이행의 확정이나 범위에 인과관계가 있는 한 보험자는 급부의무가 없다.

(3) 제19조 제2항과 제3항에 따른 보험자의 권리는 계약체결로부터 5년이 경과하면 소멸한다. 보험계약자가 고지의무를 고의 또는 악의로 위반한 경우에 그 기간은 10년으로 된다.

제22조 사 기

사기를 이유로 계약을 취소할 수 있는 보험자의 권리는 배제되지 않는다.

제23조 위험증가

(1) 보험계약자가 계약체결에 대한 의사를 표시한 후에 보험자의 동의 없이 위험을 증가하거나 제3자를 통하여 위험을 증가시킬 수 없다.

(2) 보험계약자는 보험자의 동의 없이 위험이 증가했거나 증가시켰음을 추후에 안 경우에 보험자에게 지체 없이 이를 통지하여야 한다.

(3) 보험계약자가 계약체결에 대한 의사를 표시한 후 그의 의사와는 관계없이 위험이 증가한 경우에는 그 사실을 안 후 지체 없이 보험자에게 이를 통지하여야 한다.

제24조 위험증가에 의한 해지

(1) 보험계약자가 제23조 제1항에 따라 고의 또는 중과실에 기인

하여 의무를 위반한 경우 보험자는 언제든지 계약을 해지할 수 있다. 경과실에 기인한 경우에는 보험자는 1개월 내에 계약을 해지할 수 있다.

(2) 제23조 제2항과 제3항에 따라 위험이 증가한 경우 보험자는 1개월 내에 계약을 해지할 수 있다.

(3) 보험자가 위험이 증가했음을 안 날로부터 1개월 내에 해지권을 행사하지 아니하거나 위험 전에 존재했던 상황으로 되돌아 간다면 제1항과 제2항에 따른 해지권은 소멸된다.

제25조 위험증가에 따른 보험료의 증액

(1) 보험자는 해지권을 행사하는 대신에 위험증가의 시점부터 자신의 업무기준에 근거하여 증가된 위험에 상응하는 보험료를 요구하거나 증가된 위험만큼 부담보할 수 있다. 제24조 제3항과 같은 상황에서는 이 권리가 소멸한다.

(2) 위험증가의 결과 10% 이상 보험료가 인상되거나 보험자가 증가된 위험에 대하여 부보하지 않는 경우에는 보험계약자는 1개월 내에 보험자에게 통지된 후 언제든지 계약을 해지할 수 있다. 보험자는 보험계약자에게 통지할 때 이 권리에 대하여 알려야 한다.

제26조 위험증가로 인한 면책

(1) 위험이 증가한 후 보험사고가 발생하였고 보험계약자가 제23조 제1항에 근거하여 고의로 의무를 위반한 경우라면 보험자는 보험금액을 지급할 책임이 없다. 중과실의 위반의 경우 보험계약자의 과실의 정도에 따라 보험자는 자신의 보험금액의 지급책임을 줄일 수 있다; 중과실이 없음에 대한 증명책임은 보험계약자에게 있다.

(2) 제23조 제2항과 제3항에 따라 위험이 증가하고 이를 보험자에게 알려야만 했을 시점 이후보다 1개월 후에 보험사고가 발

생하였으며 이 시점에서 보험자가 위험이 증가했음을 알지 못하는 한 보험자는 보험금액을 지급할 책임이 없다. 제23조 제2항과 제3항에 따라 통지의무의 위반이 고의에 의하지 아니한 경우라면 보험자는 면책되지 아니한다; 중과실로 위반한 경우에는 제1항과 제1문이 적용된다.

(3) 다음의 각호를 만족하는 한 제1항과 제2항 제1문과 달리 보험자는 보험금액을 지급할 책임이 있다.

1. 위험의 증가가 보험의 사고의 발생이나 급부의무의 범위에 인과관계가 없을 때
2. 보험사고의 발생시점에 보험자의 해지권의 기간이 경과하여 해지가 되지 않았을 경우

제27조 경미한 위험증가

경미하게 위험이 증가하였거나 위험의 증가를 수인의 보험자가 공동으로 계약체결을 합의한 것으로 보는 경우에는 제23조에서 제26조가 적용되지 아니한다.

제28조 계약상의 책무 위반

(1) 보험사고가 발생하기 전 보험자에 대하여 보험계약자로부터 이행되어져야 하는 계약상의 책무가 위반된 때에는 의무위반이 보험계약자의 고의 또는 중과실에 의한 경우 보험자는 의무위반 사실을 안 때로부터 1개월 내에 언제든지 그 계약을 해지할 수 있다.

(2) 보험계약자로부터 이행되어져야 하는 계약상의 책무가 위반되어졌을 때에 보험자가 급부를 할 의무가 없다는 계약을 정한 경우 보험계약자가 고의로 의무를 위반하였을 때에만 이행면제가 된다. 의무를 중과실에 의하여 위반한 경우에는 보험계약자의 의무위반의 비율에 따라 보험자의 급부의무는 공제된다; 중과실이 없었음에 대한 증명책임은 보험계약자에게 있다.

(3) 의무의 위반이 보험사고의 발생이나 확정에 또는 보험자의 급부의무의 확정이나 범위에 인과관계가 없는 경우에는 보험자는 제2항과 달리 급부의무를 진다. 보험계약자가 책무를 악의로 위반한 경우에는 제1문은 적용되지 아니한다.

(4) 제2항에 따른 보험자의 전부 또는 일부의 면책은 보험사고의 발생 후 하게 되는 정보제공의무 또는 설명의무(Aufklärungs-obliegenheit)의 위반의 경우에 보험자가 보험계약자를 이 의무위반에 대한 법률효과를 텍스트형식의 통지를 통하여 지시하였을 것을 전제로 한다.

(5) 계약상의 책무를 위반한 경우 보험자가 계약을 해제할 수 있음을 정한 것은 무효이다.

제29조 일부해제, 일부해지, 일부 이행면제

(1) 이 절의 규정에 따라 보험자가 해제 또는 해지할 권한이 있다는 조건이 보험과 관련된 물건이나 사람의 일부분에 대해서만 있는 경우 나머지 부분에 대하여 보험자가 단독으로 동일한 조건하에서라면 그 계약을 체결하지 않았을 경우 보험자에게 나머지 부분에 대하여는 단지 해제 또는 해지권이 부여된다.

(2) 보험자가 물건이나 사람의 일부분에 대해서만 해제권 또는 해지권을 활용한다면 보험계약자는 보험관계를 나머지부분과 관련해서 해지할 권한이 있다. 적어도 보험자의 해제나 철회의 기간이 종료할 때까지 해지의 의사표시를 하여야 한다.

(3) 보험자가 위험의 증가에 관한 규정의 위반으로 전부 또는 일부 면책이 된다는 조건이 보험과 관련한 물건이나 사람의 일부에 대해서만 있는 경우, 제1항은 면책의 사유에 적용된다.

제30조 보험사고의 통지

(1) 보험사고가 발생하였음을 안 후 보험계약자는 지체 없이 이를 보험자에게 통지하여야 한다. 보험자의 계약 이행에 대한

권리가 제3자에게 귀속된 경우에는 제3자도 또한 통지를 할 의무를 진다.

(2) 보험자가 제1항 제1문에 따른 급부를 이행하지 않는다는 것을 합의한 경우 다른 방법으로 보험사고가 발생했다는 것을 제 때에 알게 되었다면 보험자는 그 합의를 주장하지 못한다.

제31조 보험계약자의 통지의무

(1) 보험계약자가 보험사고의 확정을 위해서 또는 보험자의 급부의무의 범위를 정하는 데 필요한 정보를 제공할 것을 보험자는 보험사고가 발생한 후에 요구할 수 있다. 증거자료가 보험계약자에게 당연히 유리한 것이라면 보험자는 이 증거자료를 요청할 수 있다.

(2) 보험자의 계약상 급부에 대하여 권리가 제3자에게 귀속된 경우 제3자는 제1항에 따른 의무를 이행하여야 한다.

제32조 다른 합의

제19조 내지 제28조 그리고 제31조 제1항 제2문은 보험계약자를 불이익하게 변경할 수 없다. 이절에 따라 보험계약자에 부과된 의무는 텍스트 또는 문서형식으로 합의할 수 있다.

제3절 보 험 료

제33조 만 기

(1) 보험계약자는 보험료의 전부나 계속보험료가 합의되어진 경우라면 제1회 보험료를 보험증권이 도달한 후 2주 내에 지체없이 지급하여야 한다.

(2) 보험자로부터 보험료의 징수가 텍스트형식으로 요구된 경우에야 비로소 보험계약자는 보험료를 납입할 의무가 있다.

제34조 제3자에 의한 지급

(1) 지급시기가 도래한 보험료 또는 계약에 근거하여 보험자가 취득할 기타 금전에 대하여 타인을 위한 보험의 피보험자, 보험자에 대한 급부청구권을 취득한 보험수익자 및 질권자가 지급을 할 경우에는 보험자는 민법에 의하여 그 수령을 거부할 수 있는 경우라 하더라도 수령하여야 한다.

(2) 질권자가 보험료나 계약에 근거하여 보험자가 취득할 기타 금전의 지급을 위하여 지출한 금액 및 그 이자에 대하여도 보험금청구권에 대한 질권을 주장할 수 있다.

제35조 보험자를 통한 상쇄

보험자는 만기에 있는 보험료나 기타 보험상의 청구권에 대해 반대채권이 보험계약자가 아닌 제3자에게 속한 경우에도 계약에 근거하여 보험자에게 귀속된 만기에 따른 청구권을 상쇄할 수 있다.

제36조 이행장소

(1) 보험료의 납입을 위한 이행장소는 보험계약자의 현재의 주거지이다. 그러나 보험계약자는 자신의 부담과 비용으로 보험자에게 보내야 한다.

(2) 보험계약자가 자신의 영업의 범위 안에서 보험을 체결했고 그가 다른 장소에 자신의 영업소를 가지고 있다면 영업소가 주거지를 대신한다.

제37조 최초보험료의 납입지체

(1) 전부 또는 최초의 보험료를 제때에 납입하지 못한 경우 보험계약자에게 보험료미납에 대하여 귀책사유가 없는 한 계약을 해제할 수 있다.

(2) 보험사고가 발생한 때에 전부보험료나 최초보험료가 납입되

지 않은 경우 보험자는 보험계약자가 미지급을 주장하는 한 급부를 이행할 의무가 없다. 다만 보험계약자가 텍스트형식의 특정한 통지를 통하여 또는 보험증권에 명시적인 지시를 통하여 보험료 미납의 법률효과를 지적한 경우에 보험자는 면책된다.

제38조 계속보험료의 납입지체

(1) 계속보험료가 적시에 납입되지 않은 경우 보험자는 보험계약자에게 그의 비용으로 텍스트형식으로 적어도 2주간에 해당하는 지급기한을 정할 수 있다. 미지급 금액, 이자 및 비용을 구체적으로 번호를 매기고 제2항과 제3항에 다른 기한경과와 관련한 법률효과를 기입한 경우라면 이 같은 기산을 정한 것은 유효하다; 통합된 보험계약의 경우라면 금액은 각각 독립하여 기재되어져야 한다.

(2) 보험사고가 기한의 경과 후에 발생하고 그 때 보험계약자가 보험료, 이자 및 비용의 납입을 지체하고 있었던 경우 보험자는 면책이 된다.

(3) 보험계약자가 납입지체를 하고 있는 한 보험자가 기한이 경과한 후에는 해지예고기간을 준수할 필요 없이 계약을 해지할 수 있다. 해지는 그 종료시점에 지체중이면 그 기간경과시점에 해지가 효력을 발생하는 방식으로 할 수 있다; 보험계약자는 해지의 경우 명시적으로 이에 대하여 보험자로부터 지시받아야 한다. 보험계약자가 해지 후 1개월 내에 또는 기한의 경과 후 1개월 내에 보험료를 납입하면 계약은 유효하다; 제2항은 영향을 받지 아니한다.

제39조 기한 도래 전의 보험종료

(1) 보험관계가 보험기간이 경과하기 전에 종료하는 경우에 보험상의 보호가 존재하는 기간에 상응하는 보험료가 보험자에게 귀속한다. 보험관계가 제19조 제2항에 근거하여 해제가 되거나

악의에 의한 사기로 인하여 보험자가 취소를 한 경우 종료한다면 보험자에게 해제의 의사표시나 취소의 의사표시가 효력이 있을 시점까지 보험료는 귀속한다. 보험자가 제37조 제1항에 따라 해제한다면 적절한 운영비를 요구할 수 있다.

(2) 제16조에 따라 보험관계가 종료하는 경우에는 보험계약자는 보험의 종료 이후에 해당하는 보험료에서 이 기간에 적용된 비용을 공제한 나머지 반환을 청구할 수 있다.

제40조 보험료증액시 해지

(1) 보험자가 조정약관(Anpassungsklausel)에 근거하여 보험상의 보호의 범위에 맞게 변경하는 것이 아니고 보험료를 증액하려고 하면 보험계약자는 보험자로부터 증액통지가 도달한 후 1개월 내에 계약을 즉각적인 효력으로, 늦어도 증액의 효력이 발생하는 시점까지 해지할 수 있다. 보험자는 보험계약자에게 해지권의 존부를 알려야 한다. 그 통지는 보험계약자에게 적어도 보험료의 증액이 효력이 발생하기 전에 1개월 내에 도달하여야 한다.

(2) 보험자가 조정약관에 근거하여 보험료를 상응하게 공제하지 않고 보험상의 보호의 범위를 줄인 경우에 제1항은 적용된다.

제41조 보험료의 감액

특정한 위험이 증가하는 상황으로 인해 더 높은 보험료의 납입에 합의하고 이러한 상황이 보험계약자의 청약이나 계약체결에 따라 소멸했거나 의미가 없어진 경우에 보험계약자는 보험료감액에 대한 요구가 도달한 시점부터 보험료의 적정한 감액을 요구할 수 있다. 이 같은 상황에 대하여 보험계약자의 착오에 기인한 잘못된 통지로 더 고액의 보험료가 산정이 된 경우에도 이와 같다.

제42조 다른 합의

제33조 제2항과 제37조 내지 제41조는 보험계약자를 불리하게

변경할 수 없다.

제4절 타인을 위한 보험계약

제43조 개념정의

(1) 보험계약자는 보험계약을 타인을 위하여 자신의 이름으로 타인을 지정하거나 지정하지 아니하고 계약을 체결할 수 있다(타인을 위한 보험계약)

(2) 타인을 지정하여 타인을 위한 보험계약이 체결된 경우 보험계약자는 대리인으로서가 아니고 타인의 계산으로 자기의 명의로 한 것으로 본다.

(3) 보험계약이 타인을 위한 계약이라는 상황에 기인하지 아니한 경우라면 이는 자기의 계산으로 한 것으로 본다.

제44조 피보험자의 권리

(1) 타인을 위한 계약의 경우 보험계약상의 권리는 피보험자에게 귀속된다. 그러나 보험계약자만이 보험증권의 교부를 요구할 수 있다.

(2) 피보험자가 보험증권을 소지하고 있다면 보험계약자의 동의 없이 피보험자는 자신의 권리를 처분할 수 있으며, 그 권리를 재판상 주장할 수 있다.

제45조 보험계약자의 권리

(1) 보험계약자는 보험계약으로부터 피보험자에 귀속된 권리를 자신의 이름으로 처분할 수 있다.

(2) 발행된 보험증권을 보험계약자가 소지한 경우에만 피보험자의 동의 없이도 보험계약자는 보험자의 급부이행의 수령과 피보험자의 권리를 양도할 권리가 있다.

(3) 피보험자가 보험에 대하여 동의한 경우에만 보험자는 보험계

약자에게 급부를 이행할 의무가 있다.

제46조 보험계약자와 피보험자 사이의 권리

피보험자에게 또는 피보험자의 재산에 대하여 파산절차가 개시된 경우 보험의 목적과 관련하여 피보험자에 대한 보험계약자의 청구에 근거하여 이행되기 전에는 보험계약자는 파산재단에 보험증권을 발송할 의무가 없다. 보험계약자는 보험자에 대한 보상청구권을 행사하고 피보험자와 그의 채권자보다 우선하여 보상금을 수령할 수 있다.

제47조 피보험자의 인식과 행태

(1) 보험계약자의 인식과 행동이 법적으로 중요한 경우라면 제3자를 위한 보험계약에서 피보험자의 인식여부와 행태도 고려되어야 한다.

(2) 보험계약이 피보험자가 인식하지 못한 상태에서 체결되었거나 보험계약자가 피보험자에게 적시에 알리는 것이 용이하지 않았거나 그 계약이 무리한 경우가 아니라면 피보험자의 인지여부는 고려대상이 되지 아니한다. 보험계약자가 피보험자의 위임이 없이 계약을 체결하였고 계약체결시에 보험자에게 이를 알리지 않았다면 계약이 피보험자가 알지 못한 상태에서 체결이 되었다는 사유로 보험자에게 대항하지 못한다.

제48조 불특정인을 위한 계약

불특정인을 위한 보험계약이나 자신의 이익을 위한 것인지 타인의 이익을 위한 것인지가 불분명한 경우에 타인의 이익을 위한 계약으로 체결된 것으로 판단되는 때에는 제43조 내지 제47조가 적용된다.

제5절 잠정적인 보상

제49조 계약의 내용

(1) 보험자를 통하여 잠정적인 보상을 보장하는 것을 내용으로 하는 것을 실제계약내용으로 하는 보험계약에서 시행령 제7조 제2항과 결합하여 제7조 제1항에 따라 보험자는 계약상의 결정과 정보를 보험계약자에게 요구에 따라 늦어도 보험증권과 함께 전달할 것을 합의할 수 있다. 민법 제312 b조 제1항 및 제2항에 의한 통신판매계약에 제1문은 적용되지 아니한다.

(2) 계약체결당시에 보통보험약관이 보험계약자에게 전달되지 않았다면 잠정적인 보험상의 보호를 위한 시점에 통상적으로 사용한 약관이나 이 같은 약관이 없는 경우에는 보험자에 의해 주계약에 사용된 약관이 명시적인 지시 없이도 계약의 구성요소가 된다. 계약에 어떠한 약관이 유효한지가 분명하지 아니한 경우에는 계약체결시에 보험자로부터 사용된 약관으로 보험계약자에게 가장 유리한 약관이 이 계약의 구성요소가 된다.

제50조 주계약의 불성립

주계약이 성립되지 않아서 잠정적인 보상에 대한 보험료를 납입할 의무가 보험계약자에게 있는 경우, 잠정적인 보상에 대한 경과기간에 상응하는 것으로 주계약이 성립하였다면 보험자에게 지급해야 했을 보험료 부분에 대한 청구권을 행사할 권한이 보험자에게 있다.

제51조 보험료지급

(1) 보험자가 보험계약자에게 텍스트형식의 특별한 통지에 의하거나 또는 보험증권에 명시적인 지시에 의하여 보험료지급에 관하여 알렸다면 보험상의 보호의 개시는 보험료지급여부에 달려 있다.

(2) 제1항의 규정과 달리 보험계약자를 불이익하게 변경할 수 없다.

제52조 계약의 종료

(1) 잠정적인 보상에 대한 계약은 보험계약자로부터 체결된 주계약이나 잠정적인 보상에 대한 그 이외의 계약에 따라 동일한 종류의 보험상의 보호가 시작되는 시점에서야 종료한다. 잠정적인 보상에 대한 주계약이나 그 이외의 계약에 따른 보험상의 보호의 시작이 보험계약자에 의한 보험료의 지급에 좌우된다면 보험자가 보험계약자에게 텍스트형식의 특별한 통지에 의하거나 또는 보험증권에 명시적인 지시에 의하여 보험료지급의 법률효과에 관하여 알렸다는 전제하에 보험계약자가 보험료지급을 지체한 시점에 늦어도 제1항과 달리 지체된 보험료납부나 미지급의 때에 잠정적인 보상에 대한 계약은 종료한다.

(2) 보험계약자가 잠정적인 보상에 대한 주보험계약이나 그 외의 계약을 다른 보험자와 체결한 경우에도 제1항은 적용된다. 보험계약자는 기존의 보험자에게 계약체결사실을 지체 없이 알려야 한다.

(3) 잠정적인 보상에 대한 계약을 했던 보험자와 주계약이 보험계약자측에 의하여 제8조에 따른 계약의 의사표시가 철회되거나 제5조 제1항 및 제2항에 따라 이의가 제기되어 성립되지 아니한 경우라면 잠정적인 보상에 대한 계약은 보험자에게 철회나 이의제기의 의사표시가 도달한 때에 종료한다.

(4) 보험기간에 대한 약정 없이 계약이 체결된 경우 각 계약당사자는 해지예고기간을 준수할 필요 없이 계약을 해지할 수 있다. 그러나 보험자의 취소권 행사는 도달 후 2주가 경과한 후에야 유효하다.

(5) 제1항 내지 제4항의 규정과 달리 보험계약자를 불이익하게 변경할 수 없다.

제6절 예정보험(Laufende Versicherung)

第53조 통지의무(Anmeldepflicht)

계약체결시 피보험이익이 종류로 표기되고 계약의 형성 후 보험자에게 개별적으로 처리가 맡겨진 방법으로 계약이 체결된 경우에(예정보험), 보험계약자는 피보험위험을 개별적으로, 또는 보험자가 합의된 보험료의 산출근거를 지체 없이 통지하는 것을 포기했거나 이것이 합의된 경우라면 각각에 대하여 보상승인을 신청할 의무가 있다.

第54조 통지의무의 위반

(1) 보험계약자가 피보험위험이나 합의된 보험료산출근거에 대한 통지나 보상승인[2)]을 신청하지 않았거나 이를 하자있게 실행을 한 경우에 보험자는 급부의무가 없다. 그러나 보험계약자가 통지의무나 신청의무를 고의나 중과실에 의하여 위반한 것이 아닌 경우와 흠결을 안 후 지체 없이 이를 보강하였거나 오류를 정정하였다면 이는 적용되지 아니한다.

(2) 보험계약자가 고의로 통지의무나 신청의무를 위반한 경우에는 보험자가 계약을 즉시 해지할 수 있다. 개별위험을 보험상의 보호대상으로 하는 보험은 다른 것을 합의하지 않은 한 예정보험의 종료시점을 넘어 개별위험에 대하여 합의한 기간이 종료하는 시점까지 존속한다. 보험계약자가 통지의무를 이행했었더라면 해지가 유효하게 되는 시점까지 지급했었어야 할 보험료를 보험자는 요구할 수 있다.

---

2) 최종적인 계약체결 전 또는 최초보험료의 납입 전에 잠정적인 보험상의 보호를 하겠다는 합의를 의미하는 것으로 주로 '잠정적인 보상승인(vorläufige Deckungszusage)'이라고 한다; Reimer Schmidt, Versicherungsalphabet, 8. Aufl., VVW, S.78.

제55조 개별보험증권

(1) 예정보험에서 개별위험을 위한 보험증권이나 보험증명서가 교부된 경우에 보험자는 증서를 제시한 때에만 급부의무가 있다. 증서의 소지자에게 이행한 경우 보험자는 면책이 된다.

(2) 증서가 분실되었거나 훼손된 경우 증서가 무효로 선언되거나 담보가 제공된 후에야 보험자는 우선 급부의무가 있다; 보증인에 의한 담보제공은 제외된다. 이는 추가증서의 교부에 대한 보험자의 의무에 적용된다.

(3) 보험계약자가 보험증권의 수령 후 지체 없이 이의를 제기하지 않은 이상 개별보험증서나 보험증명서의 내용은 제5조와는 달리 보험계약자로부터 동의된 것으로 간주된다. 착오를 이유로 동의를 취소하려는 보험계약자의 권리에는 영향을 미치지 아니한다.

제56조 고지의무의 위반

(1) 고지의무를 위반한 경우 제19조 제2항과는 달리 보험자의 해제권 행사는 인정되지 아니한다; 보험자는 고지되지 않았거나 부실고지된 사실을 안 때로부터 1개월 내에 계약을 해지하고 급부를 거절할 수 있다. 고지되지 않았거나 부실고지된 사실이 보험사고의 발생이나 급부의무의 범위에 영향을 미치지 않았다면 그러하지 아니하다.

(2) 보험자가 급부를 거절하는 경우 보험계약자는 계약을 해지할 수 있다. 급부를 거절한다는 보험자의 결정이 보험계약자에게 도달한 시점으로부터 1개월 내에 해지권을 행사하지 아니하면 이 권리는 소멸한다.

제57조 위험변경

(1) 보험계약자는 보험자에게 위험의 변경을 지체 없이 알려야 한다.

(2) 보험계약자가 위험이 증가되었음을 알리지 않은 경우 이를 보험자에게 알렸어야 했던 기간 이후에 보험사고가 발생한다면 보험자

는 면책된다. 그러나 다음의 경우에 보험자는 급부의무가 있다.

1. 보험자에게 통지가 되었어야만 하는 시점에 위험증가사실을 안 경우
2. 고지의무가 고의 또는 중과실로 위반된 것이 아닌 경우
3. 위험의 증가가 보험사고의 발생이나 급부의무의 범위에 영향을 미치지 아니한 경우

(3) 보험자는 제24조와 달리 위험증가로 인하여 계약을 해지할 수 없다.

제58조 책무위반

(1) 보험계약자가 예정보험에서 귀책사유로 인하여 보험사고의 발생 전에 이행하여야 할 의무를 위반한 경우 보험자는 위반한 의무에 적용되는 피보험 개별위험과 관련하여 급부를 이행할 의무가 없다.

(2) 귀책사유로 인하여 의무를 위반한 경우 보험자는 그 위반사실을 안 날로부터 1개월 내에 1개월의 기한을 두고 그 계약을 해지할 수 있다.

제7절 보험중개자, 보험상담사

제1관 통지 및 상담의무

제59조 개념정의

(1) 본법에서의 보험중개자(Versicherungsvermittler)는 보험대리인(Versicherungsvertreter)과 보험중개인(Versicherungsmakler)을 말한다.

(2) 본법에서의 보험대리인은 보험자나 보험대리인으로부터 영업상 보험계약을 중개하거나 체결할 권한을 위임받은 자를 말한다.

(3) 본법에서의 보험중개인은 보험자나 보험대리인으로부터 위임

을 받지 않고 보험계약의 중개나 체결을 영업으로 인수한 자이다. 보험계약자에 대하여 제1항에 따라 보험중개사로서 그의 급부를 하는 것으로 보이는 자도 보험중개자로 간주된다.

(4) 본법에서의 보험상담사(Versicherungsberater)는 보험자로부터 경제적인 이익을 얻지 않거나 다른 방법으로 그에게 종속되지 아니하고 보험계약에 대한 합의, 변경 또는 조사의 경우 또는 보험사고시 보험계약으로부터 청구권의 대리행사와 관련하여 영업상 상담을 하거나 재판 외에서 보험자에 대하여 대리하는 자이다.

제60조 보험중개자의 상담근거

(1) 보험중개인은 시장에 제공된 보험계약과 보험자에 대한 것을 충분히 조언을 해야 할 의무가 있다. 이에 따라 전문적인 기준에 따라 어떠한 보험계약이 보험계약자의 수요를 충족할 정도로 적당한지 따져서 권유를 할 수 있는 것이다. 보험중개인이 개별적인 경우에 보험계약자에 의하여 계약에 대한 의사표시가 있기 전에 보험계약자에게 명문상 제한적인 보험자 및 계약의 선택을 지시한 경우에는 이는 적용되지 아니한다.

(2) 제1항 제2문에 따라 제한적인 선택을 하게 되는 보험중개인과 보험대리인은 보험계약자에게 어떠한 시장의 상황과 정보에 근거하여 급부를 제공할 것인지를 알리고 그들의 상담에 기초가 되는 보험자의 이름을 표시하여야 한다. 그 외에도 보험대리인은 어떤 보험자를 위한 업무를 수행하고 있는 지와 오로지 해당보험자를 위하여 업무수행을 하고 있는지의 여부를 알려야 한다.

(3) 보험계약자는 특정한 서면상 의사표시를 통하여 제2항에 의한 통지와 표시를 포기할 수 있다.

제61조 보험중개자의 상담 및 서면화의무

(1) 보험중개자는 제공된 보험을 판단하는 데에 있어서 어려움이

있거나 보험계약자의 관련자와 그들의 상황에 따라 이에 대한 이유가 있는 때에는, 보험계약자의 요청이나 필요에 따라 보험계약자에게 질의를 하여야 하며, 상담비용과 보험계약자로부터 지급되어져야 하는 보험료 사이의 적절한 관계를 고려하여 상담하여야 할 뿐만 아니라, 보험계약자에게 특정의 보험과 관련하여 하였던 개개의 상담 근거를 표시하여야 한다. 보험중개자는 해당된 보험계약의 복잡성을 고려하여 제62조에 따라 이를 서면화하여야 한다.

(2) 보험중개인으로부터 상담을 받고 이를 서면화하는 것에 대하여 포기를 하는 것은 보험중개자에 대하여 제63조에 따라 손해배상청구를 주장할 수 있는 가능성을 불이익하게 포기하는 것이라는 사실을 보험중개인으로부터 명시적으로 안내받은 후 특별한 서면의 의사표시로 제1항에 따른 상담 또는 서면화를 보험계약자는 포기할 수 있다.

제62조 정보의 시점과 형식

(1) 계약에 대한 의사를 표시하기 전에 제60조에 따른 정보와 계약의 체결 전에 제62조 제1항에 따른 정보를 명백하고 이해할 수 있도록 텍스트형식으로 보험계약자에게 전달하여야 한다.

(2) 보험계약자가 요구한 경우이거나 보험자가 잠정적인 보상을 보장한 경우에는 그 같은 한도 내에서 제1항에 정한 정보를 구두로 전달할 수 있다. 이 경우에 계약체결 후 지체 없이, 늦어도 보험증권과 함께 보험계약자에게 이 정보를 텍스트형식으로 전달되어야 한다; 이는 의무보험의 경우 잠정적인 보상에 대한 보험에서는 적용되지 아니한다.

제63조 손해배상의무

보험계약자에게 제60조 또는 제61조에 따른 의무를 위반하여 생긴 손해를 보험중개자는 배상할 의무가 있다. 보험중개자가 의무위반을 주장할 필요가 없다면 이는 적용되지 아니한다.

제64조 보험계약자를 위한 지급담보

보험계약에 근거하여 보험계약자에게 해야 할 보험자의 급부를 인수하기 위하여 보험계약자에 의해 수여된 보험중개자의 대리권은 보험계약자의 특별한 서면상의 의사표시를 필요로 한다.

제65조 대형위험

제60조 내지 제63조는 보험계약법 시행법 제10조 제1항 제2문에서 의미하는 대형위험에 대한 보험계약상의 중개에는 적용되지 아니한다.

제66조 비영업적 중개인

제66조 내지 제64조, 제69조 제2항 및 제214조는 업법시행규칙 제34d조 제9항 제1호의 의미에서의 보험중개자에 대하여는 적용되지 아니한다.

제67조 다른 합의

제60조 내지 제66조는 보험계약자를 불이익하게 변경할 수 없다.

제68조 보험상담사

보험중개인에게 적용되는 규정인 제60조 제1항 제1문 제61조 제1항, 제62조 내지 제65조의 규정은 보험상담사에게 이에 상응하여 적용될 수 있다. 위임관계에 근거하여 생긴 보험상담사의 기타 의무에는 영향을 미치지 아니한다.

제2관 대리권

제69조 법정대리권

(1) 보험대리인은 다음의 경우 대리권을 가진다.

1. 보험계약의 체결을 위한 청약과 그와 관련한 이의, 보험계약의 체결 전에 해야 하는 고지 및 그 외 의사표시를 보험계약자로부터 수령할 권한
2. 보험계약의 연장 또는 변경에 대한 청약, 그에 대한 이의, 해지, 철회, 그 외 보험관계와 관련한 의사표시 및 보험계약기간에 해야 할 고지 등을 보험계약자로부터 수령할 권한
3. 보험자로부터 교부된 보험증권이나 연장증권을 보험계약자에게 전달할 권한

(2) 보험계약자가 보험계약의 중개나 체결과 관련하여 이행하여야 할 지급을 수령할 권한이 보험중개인에게 있다. 보험계약자가 지급을 실행함에 있어서 제한을 할 수 있었거나 중과실로 인하여 할 수 없었다면 대리권에 대한 제한을 보험계약자는 인정해야만 한다.

(3) 보험계약자는 청약의 표시나 내용 또는 제1항 제1호와 제2호에 따른 그 이외의 의사표시와 그 내용에 대한 입증책임을 부담한다. 보험계약자에 의한 고지의무의 위반이나 의무위반에 대한 입증책임은 보험자가 부담한다.

제70조 보험대리인의 인지

본 법에 따라 보험자의 인지여부가 중요한 경우 보험대리인의 인지여부는 보험자의 그것과 동일하게 취급한다. 보험대리인이 대리인으로서 업무 외에서 그리고 해당 보험계약과 관련됨이 없이 내용을 인지한 경우에는 이는 적용되지 아니한다.

제71조 체약대리권

보험대리인에 보험계약의 체결에 대한 권한이 있는 경우 보험대리인은 계약의 변경 및 연장을 합의하고 해지 및 해제의 의사표시를 할 권한이 있다.

제72조 대리권의 제한

보험대리인에 제69조 내지 제71조에 따라 부여된 대리권을 보험약관을 통해 제한하는 것은 보험계약자와 제3자에 대해서는 무효이다.

제73조 직원 및 비영업 중개인

제69조 내지 제72조의 규정은 계약의 중개나 체결에 대하여 위임을 받은 보험자의 직원, 영업적인 업무활동을 하는 것이 아닌 대리인으로서 독자적으로 보험계약을 중개하거나 체결하는 자에게도 준용된다.

제2장 손해보험

제1절 일반규정

제74조 초과보험

(1) 보험금액이 피보험이익의 가액(보험가액)을 현저히 초과하는 경우에는 각 계약당사자는 초과보험을 배제하기 위하여 보험금액을 보험료의 비율에 맞추어 즉시 감액할 것을 요청할 수 있다.

(2) 보험계약자가 초과보험에 의하여 불법적인 재산상의 이익을 꾀할 의도로 계약을 체결한 경우라면 그 계약은 무효이다; 무효가 되는 상황을 안 시점까지의 보험료는 보험자에게 귀속한다.

제75조 일부보험

보험사고가 발생한 시점에 보험금액이 보험가액에 현저히 미달하는 경우 보험자는 보험가액에 대한 보험금액의 비율로 급부를 이행할 의무가 있다.

제76조 협정가액

보험가액은 특정금액에 대한 합의를 통하여 확정될 수 있다. 협정가액이 보험사고의 발생시점에 현실적인 보험가액을 현저하게 초과한 경우가 아니라면 협정가액은 보험사고가 발생하였을 때 피보험이익이 가지는 가치로 본다. 보험금액이 협정가액보다 낮은 경우 또는 협정가액이 현저히 과도하게 책정된 경우 보험자는 협정가액에 대한 보험금액의 비율에 따라 손해를 배상하여야 한다.

제77조 다수의 보험자

(1) 한 개의 이익에 관하여 동일한 위험으로 다수의 보험자에게 보험계약을 체결한 자는 각 보험자에게 다른 보험을 지체 없이 알릴 의무가 있다. 통지를 함에 있어서 다른 보험자와 보험금액을 표시해야 한다.

(2) 동일한 이익과 관련하여 한 보험자에게는 이익의 상실에 대하여 보험을 체결하고 다른 보험자에게는 그 밖의 손해에 보험이 체결된 경우에 제1항을 준용한다.

제78조 중복보험 경우의 책임

(1) 동일한 위험에 대한 피보험이익을 다수의 보험자에게 보험계약으로 체결되었고 총 보험금액이 보험가액을 초과하거나 다른 근거로 인하여 각 보험자로부터 다른 보험이 없었다면 지급했어야 할 보상액이 전손을 초과한다면(중복보험), 각보험자는 계약에 따라 이행하여야 하는 금액을 지급하고 보험계약자는 손해의 총액의 범위 내에서 보험자는 연대책임을 진다.

(2) 보험자는 금액에 따라서 보험계약자에게 각 계약에 따라 지급해야만 하는 해당액만큼 상호간에 비례해서 지급할 의무를 진다. 보험중의 하나에 외국법이 적용되는 경우 외국법이 유효하게 적용되는 보험자는 자신에게 적용되는 법에 따라 스스로

구상을 할 의무가 있다면 다른 보험자에 대하여 구상권을 행사할 수 있다.

(3) 보험계약자가 중복보험에 의하여 불법적인 재산상의 이익을 꾀할 의도로 중복보험에 합의한 경우라면 이러한 의도로 체결된 계약은 무효이다; 보험자에게 무효가 되는 상황을 안 시점까지의 보험료는 보험자에게 귀속한다.

제79조 중복보험의 배제

(1) 보험계약자가 중복보험으로 되게 하는 계약을 체결했다는 그 계약의 체결당시에 인식하지 못한 경우에는 후에 체결된 계약을 해제하거나 또는 이전의 보험을 통하여 보상되지 않는 부분만큼 보험료의 비율로 보험금액의 감액을 요구할 수 있다.

(2) 다수의 보험계약의 체결 후 보험가액의 감소로 인하여 중복보험이 된 경우에도 제1항은 적용된다. 이 경우 다수의 보험계약은 동시에 또는 보험자들 간의 합의로 체결되어졌다면, 보험계약자는 보험금액과 보험료의 비율로 감액을 요구할 수 있다.

제80조 피보험이익의 결여

(1) 피보험이익이 보험개시시점에 존재하지 않는 경우에는 보험계약자는 보험료를 지급할 의무가 없다; 장래의 사업이나 장래의 다른 이익을 인수한 보험에서 피보험이익이 존재하지 않는 경우에도 이는 적용된다. 그러나 보험자는 적정한 영업수수료를 요구할 수 있다.

(2) 피보험이익이 보험의 개시 후에 소멸한 경우 보험자가 피보험이익의 소멸을 안 시점까지 보험이 요청되었더라면 청구할 수 있었던 보험료는 보험자에게 귀속한다.

(3) 보험계약자가 불법적인 재산상의 이익을 꾀할 의도로 존재하지 않는 이익에 보험계약을 체결한 경우 그 계약은 무효이다; 무효가 되는 상황을 안 시점까지의 보험료는 보험자에게 귀속

한다.

제81조 보험사고의 초래

(1) 보험계약자가 보험사고를 고의로 초래한 경우 보험자는 면책된다.

(2) 보험계약자가 보험사고를 중과실에 의하여 일으켰다면 보험자는 자신의 급부를 보험계약자의 과실의 정도에 상응하여 감액할 권한이 있다.

제82조 손해방지 및 감소의무

(1) 보험계약자는 보험사고의 발생시 손해를 방지하고 감소하도록 하여야 한다.

(2) 무리가 따르지 않는 범위 내에서 사정이 허락하는 경우 보험계약자는 보험자의 지시에 따르거나 지시를 구해야 한다. 복수의 보험자가 보험계약에 관여하고 있으나 그들 사이에서 서로 다른 지시가 내려진 경우에 보험계약자는 자신의 의무에 상응하는 판단에 근거하여 조치를 취해야 한다.

(3) 보험계약자가 제2항 및 제3항에 따른 책무를 고의로 위반한 경우 보험자는 급부의무를 면한다. 중과실에 의한 위반의 경우 보험자는 자신의 급부의무를 보험계약자의 과실의 정도에 따라 감액할 수 있다; 중과실이 없음에 대하여는 보험계약자가 증명해야 한다.

(4) 책무의 위반이 보험사고의 확정이나 급부를 이행할 범위에 인과관계가 없다면 보험자는 제3항과 달리 급부를 이행하여야 한다. 보험계약자가 자신의 책무를 악의로 위반한 경우에 전문은 적용되지 아니한다.

제83조 비용보상

(1) 제82조 제1항과 제2항에 따라 보험계약자가 지출한 비용에

대하여 주어진 상황에 따라 필요하다고 인정되는 한 보험자는 이를 상환하여야 한다. 보험계약자의 청구가 있는 경우 지출에 필요한 비용은 선급하여야 한다.

(2) 보험자가 급부를 감액할 수 있는 경우 비용도 제1항에 따라 그에 상응하게 감액할 수 있다.

(3) 보험자의 지시에 따른 결과 발생한 비용이 기타의 손해보상과 합하여 보험금액을 초과하는 경우에도 지급되어야 한다.

(4) 동물보험의 경우에 사료, 관리 및 동물병원에서의 진료 및 처치비용은 제1항 내지 제3항에 따라 상환되어져야 하는 비용에 포함되지 아니한다.

제84조 손해사정절차

(1) 계약에 따라 보험으로부터 청구할 수 있는 개별적인 조건이나 손해의 정도가 손해사정인에 의해 확인된 경우, 그 확정된 내용이 공공연히 현실적인 사정과 현저히 다르다면 이는 구속력이 없다. 이러한 경우 재판상의 결정을 통하여 이 확정은 결정된다. 감정인이 확정할 수 없거나 확정하려 하지 않거나 이를 지체한 경우에도 이는 적용된다.

(2) 계약에 따라 손해사정인이 법원을 통하여 지명되는 경우 손해가 발생한 곳에 있는 지방법원이 지명할 권한이 있다. 관련자들의 명시적인 합의를 통하여 다른 지방법원에 이 권한이 부여될 수 있다. 손해사정인의 지명에 대한 신청을 허가한 것은 취소될 수 없다.

제85조 손해조사비용

(1) 보험자가 배상해야 할 손해를 조사하고 이를 확정을 하는 데에 소요되는 비용을 상황에 따라 지출이 이루어졌을 것이냐에 따라 보험자는 보험계약자에게 지급하여야 한다. 이 비용은 그 외의 보상을 가산한 금액이 보험금액을 초과할 지라도 지급하

여야 한다.

(2) 보험계약자가 계약상 감정을 할 의무가 있거나 보험자에 의하여 요구된 것이 아닌 한, 보험계약자에게 감정인이나 소송보조인의 감정을 통하여 생기는 비용을 보험자는 지급할 필요는 없다.

(3) 이행급부를 감액할 권한이 보험자에게 있는 경우 보험자는 비용의 보상도 그에 상응하여 감액할 수 있다.

第86조 배상청구의 양도

(1) 보험계약자에게 제3자에 대한 배상청구가 귀속된 경우, 보험자가 손해를 배상하는 한 이 청구권은 보험자에게 양도된다. 배상청구의 양도는 보험계약자에게 불이익하게 주장될 수 없다.

(2) 보험계약자는 배상청구권이나 청구권을 담보하기 위하여 적용되는 법을 현행의 형식규정과 기한규정을 고려하여 지켜야만 하고 이를 관철함에 있어서 필요한 한도 내에서 보험자에게 협력하여야 한다. 보험계약자가 이 의무를 고의로 위반한 경우 보험자는 그 결과 제3자에 대하여 배상을 요구할 수 없고 이에 따라 면책된다. 중과실로 의무를 위반한 경우에 보험자는 자신의 의무를 보험계약자의 과실의 정도에 비례하여 감액할 권한이 있다; 중과실이 없음에 대하여는 보험계약자가 증명해야 한다.

(3) 손해 발생당시 가족공동체 안에서 함께 생활하는 자에 대하여 보험계약자가 손해배상청구를 해야 하는 경우 그 자가 손해를 고의로 일으킨 것이 아닌 한 제1항에 따른 양도를 주장할 수 없다.

第87조 다른 합의

제74조, 제78조 제3항, 제80조, 제82조 내지 제84조 제1항 및

제86조는 보험계약자에게 불이익하게 변경할 수 없다.

제2절 물 보 험

제88조 보험가액

달리 합의하지 않은 한, 보험이 물건이나 물건의 총체에 관련된 경우에 보험계약자가 보험사고 시점에 보험 목적의 재구입이나 원상복구를 위해 신품가격의 상태에서 신구 사이의 차이에서 발생하는 감가분을 공제하여 지급해야 하는 금액을 보험가액으로 본다.

제89조 집합물에 대한 보험

(1) 집합물에 대하여 보험이 체결된 경우에는 그 물건의 총체에 부속된 물건도 포함된다.

(2) 집합물에 대하여 보험이 체결된 경우에는 손해 발생당시 가족공동체 안에서 보험계약자와 함께 생활하는 자 또는 같은 시점에 보험계약자를 위하여 고용관계에 있었던 자로서 보험이 적용되는 지역에서 업무를 수행하는 자의 물건에까지 보험은 확대된다. 이 때 보험은 타인을 위한 보험으로 본다.

제90조 확대된 비용보상

직접적으로 직면한 보험사고를 방어하거나 그 보험사고의 영향력을 줄이기 위하여 보험계약자가 비용을 지출한 경우 제83조 제1항 제1문, 제2항 및 제3항의 규정을 준용한다.

제91조 보상에 대한 이자

보험자로부터 지급되어야 할 보상이 보험사고를 통지한 이후 1월이 경과한 후에는 다른 법적 근거로부터 고율의 이자를 요구할 수 없는 한 연 4%의 이자가 가산된다. 손해가 보험계약자의 과실로 인하여 확정될 수 없는 경우에는 이 기간의 진행은 정지된다.

제92조 보험사고 후의 해지

(1) 보험사고 후에 계약당사자는 보험계약관계를 해지할 수 있다.
(2) 해지는 보상에 대한 협상이 종결한 날로부터 1개월 내에 하여야 한다. 보험자는 1개월의 해지기간을 준수하여야 한다. 보험계약자는 예정된 보험기간의 종료보다 더 긴 시점에는 해지를 할 수 없다.
(3) 우박보험에서 보험자는 보험사고가 발생한 보험기간의 종료시까지 해지할 수 있다. 보험계약자가 보험기간의 종료시보다 더 이른 시점에 해지를 한 경우에도 예정보험기간에 대한 보험료는 보험자에게 귀속한다.

제93조 원상회복약관

보험자가 계약에 따라 보험목적의 원상회복이나 재구입의 경우에 보상의 부분을 지급할 의무가 있는 경우 원상회복이나 재구입이 가능하다면 보험계약자는 보험가액을 초과하는 금액의 지급을 우선 요구할 수 있다. 물건이 보험계약자의 과실로 인하여 적절한 기간 안에 원상회복되지 않거나 재구입할 수 없다면 보험계약자는 물건의 보험가액을 감액하고 보험자로부터 이미 이행된 보상금을 반환하여야 한다.

제94조 저당권자에 대한 지급의 효력

(1) 제93조 제1문의 경우에 원상회복이나 재구매가 확실하지 않음에도 불구하고 지불이 이행해진 때에는 그 지불은 저당권자에 대해서는 보험자 또는 보험계약자가 저당권자에게 그것이 확실하지 않음에도 이행되고 통지가 도달한 후 적어도 1개월이 경과했음을 통지했다면 지급은 유효하다.

(2) 보상금액이 계약상의 약정사항에 상응하는 원상회복이나 재구매에 쓰이지 않는 한, 보험자나 보험계약자는 이 의도를 저당권자에게 통지하고 통지가 도달한 이후 적어도 1개월이 경과했다면 저당권자에 대하여 우선 지급할 수 있다.

(3) 저당권자는 보험자에게 지급에 대하여 1개월 내에 이의를 제기할 수 있다. 제2항과 제3항에 따른 통지비용이 부적절하게 지출되어야 할 경우라면 이 통지는 하지 않을 수 있다; 이 경우에 보상금액을 확정한 날로부터 기간은 진행된다.

(4) 저당권자가 자신의 저당을 보험자에게 신고한 경우 원상회복이나 재구매에 대하여 보장하지 않고 이행되어진 지급과 관련하여 저당권자가 텍스트형식으로 이에 동의하였다면 이 지급은 저당권자에 대해서만 유효하다.

(5) 부동산에 대하여 부동산채무, 연금채무 또는 토지부담분 등이 있다면 제1항 내지 제4항을 준용한다.

제95조 보험목적의 양도

(1) 보험계약자가 보험목적을 양도한 경우 보험계약자가 이를 소유하는 동안에 보험계약관계로부터 발생하는 보험계약자의 권리와 의무가 보험계약자 대신에 양수인에게 승계된다.

(2) 양도인과 양수인은 양수 시점에 진행 중인 보험기간에 해당하는 보험료를 연대하여 지급하여야 한다.

(3) 보험목적의 양수사실은 보험자가 그 사실을 안 경우에 한하여 그에게 주장할 수 있다.

제96조 양도 후의 해지

(1) 보험자는 1개월 내에 보험목적의 양수인에게 보험계약관계를 해지할 권한을 가진다. 보험자가 양도사실을 안 날로부터 1개월 내에 해지권을 행사하지 않으면 이는 소멸한다.

(2) 양수인은 보험계약관계를 즉시 또는 예정보험기간이 종료 후

에 해지할 수 있다. 양수 후 1개월 내가 아니고 보험의 존재에 대하여 양수인이 잘못된 인식을 한 경우에는 인식을 한 후 1개월 내에 해지권을 행사하지 않으면 이는 소멸한다.

(3) 제1항 및 제2항에 따라 보험계약관계를 해지하는 경우에 양도인은 보험료를 지급할 의무가 있다; 이 경우 양수인은 보험료 지급의 책임이 없다.

제97조 양도의 통지

(1) 양도인 또는 양수인은 양도사실을 보험자에게 즉시 통지하여야 한다. 통지를 하지 않은 경우 보험자에게 그 통지가 도달하여야만 하는 시점으로부터 1개월 이후 보험사고가 발생하고 보험자가 양도인에게 존재하는 보험을 양수인과 체결하지 않았었더라면 보험자는 면책된다.

(2) 보험자에게 통지가 도달하여야만 하는 시점에 양도사실을 알았거나 보험사고 발생시에 보험자의 해지에 대한 기한이 경과했고 보험자가 해지하지 아니하였다면 제1항 제2문과는 달리 보험자에게는 급부의무가 있다.

제98조 양수인의 보호

보험자는 제95조 내지 제97조가 양수인을 불이익하게 할 수 없다는 보험계약상의 약정을 근거로 내세울 수 없다. 그러나 제96조 제2항에 따른 양수인의 해지와 양도의 통지에 대하여 문서형식이나 텍스트형식으로 정할 수 있다.

제99조 강제처분, 이용권의 획득

보험목적에 강제처분의 방법으로 소유가 넘어가거나 제3자가 용익권, 임대차계약 또는 이와 유사한 관계에 근거하여 제3자가 이용권을 획득한다면 제95조 내지 제98조를 준용한다.

제2편 개별 보험종목

제1장 책임보험

제1절 통　칙

제100조 보험자의 급부

책임보험의 보험자는 보험기간 중에 발생한 사고에 대한 보험계약자의 책임에 의거하여 제3자가 주장한 청구를 면하게 하고, 근거 없는 청구를 방어할 의무가 있다.

제101조 권리보호의 비용

(1) 제3자가 행사한 청구에 대한 방어에 의하여 발생한 재판상, 재판외의 비용의 지출이 사정에 비추어 필요한 경우에는 이는 보험목적에 포함된다. 더 나아가 제3자에 대한 보험계약자의 책임의 결과가 되는 행위로 인하여 개시된 형사소송상의 방어비용도 이 비용이 보험자의 지시에 따라 지출된 것인 한 여기에 포함한다. 보험자는 보험계약자의 청구가 있으면 비용을 선급하여야 한다.

(2) 보험금액이 정하여진 경우 보험자는 그의 권유로 행하여진 소송에서 발생한 비용 및 제1항 제2문에 의한 방어비용을 그것이 나머지 보상과 더불어 보험금액을 초과하는 때에도 보상하여야 한다. 보험계약자가 보험자의 제3자에 대한 방어의 지체로 변제하여야 하는 이자도 포함한다.

(3) 보험계약자가 담보제공 또는 공탁으로 법원의 재판의 집행을 면할 수 있는 경우 보험계약자의 청구가 있으면 보험자는 담보제공 또는 공탁을 행하여야 한다. 이 의무는 보험금액의 한도

내에서 존재한다. 보험자가 제2항에 의하여 보험금액을 초과하여 책임을 지는 경우 그 초과액은 보험금액에 가산된다. 보험자가 보험계약자에 대한 제3자의 청구권이 근거가 있는 것이라고 인정할 때에는 보험자는 이 의무로부터 면제된다.

제102조 영업책임보험

(1) 보험이 기업을 위해 존재하는 경우에는 기업대표의 권한이 있는 사람 및 기업에의 위임관계에 서는 사람에 대하여도 미친다. 보험은 그 한도에서 제3자를 위하여 인수된 것으로 본다.

(2) 영업이 제3자에게 양도되거나 또는 용익권, 임대차계약 또는 이와 유사한 관계에 의거하여 제3자에 의하여 인수되면, 제3자는 그 권리가 계속하는 동안 보험관계에서 나오는 권리와 의무에 대하여 보험계약자의 지위에 서게 된다. 제95조 제2항, 제3항 및 제96조, 제97조의 규정은 이에 준용한다.

제103조 보험사고의 초래

보험계약자가 제3자에 대하여 그에 관한 책임을 지는 사실의 발생을 고의로 위법하게 초래한 경우에는 보험자는 면책된다.

제104조 보험계약자의 통지의무

(1) 보험계약자는 제3자에게 책임을 지는 결과에 이를 사실을 1주일 내에 보험자에게 알려야 한다. 제3자가 보험계약자에 대하여 청구를 한 경우에는 보험계약자는 그 청구 이후 1주일 내에 알릴 의무가 있다.

(2) 보험계약자가 제소를 당하거나 소송비용보조 청구가 들어오거나 소송고지가 된 때에는 보험계약자는 이를 보험자에게 지체 없이 알려야 한다. 청구권을 근거지우는 손해사고에 대하여 보험계약자에게 조사절차가 개시된 경우에도 마찬가지이다.

(3) 제1항 및 제2항에 의한 기간준수를 위하여는 통지를 발송하

는 것으로 족하다. 제30조 제2항은 이 경우에 준용한다.

제105조 보험계약자의 승인

자신의 동의 없이 보험계약자가 제3자에게 급부를 하거나 그 청구를 승인하는 경우에는 보험자가 면책된다는 합의는 무효이다.

제106조 보험급부의 확정기

보험자는 제3자의 청구권이 기판력 있는 판결, 승인 또는 화해를 통하여 확정된 시점으로부터 2주 내에 보상금을 지급하여야 한다. 보험계약자가 보험자에 확정적 효력이 있는 방법으로 제3자에게 이행한 경우 보험자는 2주 내에 보험계약자에게 보상을 하여야 한다. 보험자는 계산서의 통지 이후 2주 내에 제102조에 의하여 보상하여야 하는 비용을 지급하여야 한다.

제107조 연금청구권

(1) 보험계약자가 제3자에 대하여 연금지급의 의무가 있는 경우 보험금액이 연금의 합산액에 이르지 못할 때에는 보험자는 단지 그 비율의 연금만을 지급할 의무를 진다.
(2) 보험계약자가 법률에 의하여 자신이 부담하는 연금채무에 대하여 제3자에게 담보를 제공하여야 하는 경우 보험자의 의무는 담보의 제공에 미친다. 이 경우 제1항을 준용한다.

제108조 보험금청구권에 대한 처분

(1) 보험관계에서 발생한 보험금청구권에 대한 보험계약자의 처분은 제3자에 대하여는 효력이 없다. 법률행위에 의한 처분과 강제집행이나 압류절차에서 행하여진 처분과 같다.
(2) 보험금청구권의 제3자에 대한 양도는 보통보험약관에 의하여서도 배제할 수 없다.

제109조 다수의 피해자

보험계약자가 다수의 피해자에 대하여 책임이 있고 그들의 청구권이 보험금액을 초과하는 경우에는 보험자는 이들 청구권을 그 비율에 의하여 이행하여야 한다. 이때 보험금액이 소진되면, 배분에서 제외된 제3자는, 보험자가 그의 청구권의 행사를 예측하지 않았거나 예측할 수 없는 한 추후 제108조 제1항의 규정을 주장할 수 없다.

제110조 보험계약자의 파산

보험계약자의 재산에 파산이 개시된 경우 제3자는 그가 보험계약자에 대하여 가지는 청구권에 대하여는 보험계약자의 보험금청구권에서 다른 채권자로부터 별제하여 이행할 것을 청구할 수 있다.

제111조 보험사고 후 해지

(1) 보험사고발생 후 보험자가 보험계약자에 대하여 그의 보상의무를 승인하거나 부당하게 거절한 경우 각 당사자는 보험관계를 해지할 수 있다. 보험자가 보험계약자에게 제3자의 청구권에 대하여 법적 대응을 할 것을 지시한 경우에도 같다.

(2) 해지는 보상의무의 승인, 보상의 거절 또는 제3자와의 법적 분쟁에서 내려진 판결로부터 1개월 내에만 허용된다. 이 경우 제92조 제2항 제2문, 제3문을 준용한다.

제112조 다른 합의

제104조 및 제106조는 보험계약자에게 불리하게 변경할 수 없다.

제2절 의무보험

제113조 의무보험

(1) 법규상 계약체결의 의무가 있는(의무보험) 책임보험은 국내 보

험사업의 허가를 받은 보험회사와 체결하여야 한다.

(2) 보험자는 보험계약자에게 보험금액을 알리고 해당 법규에 따른 의무보험이 체결되었음을 증명하여야 한다.

(3) 이 절의 규정은 보험계약이 법률 소정의 최소요건을 넘는 보상을 하는 경우에도 적용된다.

제114조 보험상의 보호의 범위

(1) 의무보험에서 최저보험금액은 다른 법률에서 따로 규정하고 있지 않은 한 각 보험사고별 25만 유로, 1보험연도의 모든 보험사고 합계 1백만 유로로 한다.

(2) 의무보험의 목적에 위배되지 않고 다른 법률에서 명시적으로 달리 정하지 않은 한 보험계약에서 의무보험의 내용과 범위를 자세히 정할 수 있다. 보험계약자의 자기부담금은 제117조 제1항과 결합된 제115조 제1항에 의한 제3자의 청구권에 반할 수 없으며, 또한 그를 가지고 공동피보험자에게는 대항할 수 없다.

제115조 직접청구권

(1) 제3자는 보험자에 대하여 손해배상청구권을 다음의 각호의 경우에 주장할 수 있다.

1. 의무보험법에 따라 발생하는 보험상 의무이행을 위한 책임보험의 경우
2. 보험계약자의 재산에 대하여 파산절차가 개시되거나 파산재산의 부족으로 파산청구가 거절되거나 임시파산관재인이 임명된 경우
3. 보험계약자의 거주지가 불분명한 경우

보험계약에 따른 보험자의 급부의무의 범위 내에서 그리고 급부의무가 존재하지 않는 경우라면 제117조 제1항에서 제4항의 범위 내에서 청구권이 존재한다. 보험자는 손해배상을 금전으로 이행하여야 한다. 보험자와 급부의무 있는 보험계약자는 연

대채무자로서 책임을 부담한다.

(2) 제1항에 의한 청구권은 배상의무 있는 보험계약자에 대한 손해배상청구권과 같은 소멸시효의 적용을 받는다. 소멸시효기간은 배상의무 있는 보험계약자에 대한 손해배상청구권의 소멸시효가 기산하는 시점과 같이 개시된다. 그러나 그 기간은 늦어도 손해사고 이후 10년이 지나면 종료한다. 제3자의 청구권이 보험자에게 신고된 경우에는 소멸시효기간은 보험자의 결정이 청구권자에게 서면으로 도달된 시점까지 중단된다. 청구권의 보험자에 대한 소멸시효의 중단 및 만료중단 및 새로운 개시는 배상의무 있는 보험계약자에게도 미치고 그 반대로도 적용된다.

제116조 연대채무

(1) 제115조 제1항 제4문에 의한 연대채무자의 관계에서 보험자가 보험계약으로부터 지급의무가 있는 한 보험자만이 단독으로 의무를 부담한다. 그러한 의무가 존재하지 않는 경우에는 그들 상호관계에서 보험계약자만 의무를 부담한다. 보험자는 상황에 따라 필요한 경우 비용의 변제를 청구할 수 있다.

(2) 제1항에 의하여 주어진 청구권의 소멸시효는 제3자의 청구권이 이행된 해의 말부터 개시된다.

제117조 제3자에 대한 급부의무

(1) 보험자가 배상의무 있는 보험계약자에게 급부의무가 없거나 일부만 있는 것을 이유로 제115조에 의한 제3자의 청구권에 대하여는 대항하지 못한다.

(2) 보험관계의 부존재 또는 종료를 초래할 사정은 보험자가 이 사정을 이에 관하여 권한이 있는 기관에 고지한 후 1개월을 경과한 때에 비로소 제115조에 의한 제3자의 청구권에 대하여 주장할 수 있다. 보험관계가 기간경과로 종료하는 경우도 마찬가지이다. 보험관계의 종료 전에는 기간은 진행되지 아니한다.

손해사고가 법규에 의하여 새로이 체결된 보험확인증이 권한 있는 기관에 도달된 시점 이전에 일어난 경우에는 제1문, 제2문에 언급된 사정은 제3자의 청구권에 대하여도 대항할 수 있다. 본 항의 이러한 내용은 제1문에 의한 통지에 대한 수령에 대하여 권한 있는 기관이 정하여지지 않은 경우에는 적용하지 않는다.

(3) 제1항 및 제2항의 경우에는 보험자는 앞에서 언급한 최저보험금액 및 그가 인수한 위험의 범위 내에서만 급부의무를 진다. 제3자가 다른 보험자 또는 사회보험자로부터 손해의 배상을 받은 경우에는 보험자는 면책된다.

(4) 제1항 또는 제2항에 의한 보험자의 급부의무가 과실에 의한 직무의무위반으로 인한 배상의무와 경합할 경우에 민법 제839조 제1항에 의한 배상의무는 보험자의 급부를 위한 요건이 존재한다고 하여 보험자에 대한 관계에서 배제되지는 않는다. 공무원이 민법 제839조에 의하여 개인적으로 책임을 질 경우에는 제1문은 적용하지 않는다.

(5) 보험자의 재산에 대하여 파산절차가 개시된 경우에는 본법 제16조와는 달리 보험관계는 파산관재인이 이 사정을 해당 관청에 통지한 후 1개월이 경과한 후에 비로소 종료한다. 이 시점까지는 보험관계가 파산재단에 대하여 유효하게 존속한다. 제1문에 의한 통지의 수령을 위한 기관이 정하여지지 않은 경우에는 보험계약자가 파산절차개시에 대하여 통지를 받은 후 1개월이 경과하여야만 보험관계가 종료한다. 그 보험계약자에게의 파산개시의 통지는 텍스트형식에 의할 것이 요구된다.

제118조 다수의 청구권간의 순위

(1) 동일한 손해사고로 인하여 이행하여야 할 보상청구가 보험금액을 초과할 경우 보험금액은 다음과 같은 순위에 의하고, 만일 순위가 같은 경우에는 금액에 비례하여 배상청구권자에게

지급된다.

1. 피해자가 가해자, 그의 책임보험자로서 다른 보험자, 사회보험자 또는 그 밖의 제3자로부터 손해배상을 받을 수 없는 한 인적손해로 인한 청구권
2. 피해자가 가해자, 그의 책임보험자로서 다른 보험자, 사회보험자 또는 그 밖의 제3자로부터 손해배상을 받을 수 없는 한 자연인 및 사법상의 법인의 그 밖의 손해로 인한 청구권
3. 인적 손해와 기타 손해로 인하여 이전된 청구권
4. 사회보험자에게 이전된 청구권
5. 그 밖의 모든 청구권

(2) 후순위 청구권을 고려할 때 보험금액이 소진될 때에는 보험자가 이 청구권을 행사할 여지가 없고 생각할 필요도 없을 때에는 보험금액을 배분할 때 고려되지 않은 선순위청구권자는 후에 제1항을 원용할 수 없다.

제119조 제3자의 책무

(1) 제3자는 제115조 제1항의 청구권을 주장하려고 하는 손해사고에 대하여 사고가 발생했음을 안 후 2주 내에 보험자에게 텍스트형식으로 통지하여야 한다. 기간의 준수를 위하여는 적시에 발송하는 것으로 족하다.

(2) 제3자가 보험계약자에 대하여 제소한 때에는 제3자는 이를 지체 없이 보험자에게 서면으로 통지하여야 한다.

(3) 손해사고의 확정 및 손해액을 정함에 있어서 필요한 경우에는 보험자는 제3자로부터 정보를 요구할 수 있다. 보험자가 증거를 요구할 수 있는 경우는 제3자에게 그것이 무리가 되지 않는 경우에로 한정된다.

제120조 제3자의 책무위반

제3자가 제119조 제2항 또는 제3항에 의한 책무를 유책하게 위

반할 경우 보험자의 책임은 115조, 제117조에 따라 책무를 성실하게 이행한 경우에 지급하였을 금액으로 제한된다. 이 경우 보험자는 제3자에게 사전에 텍스트형식으로 이러한 책무위반의 효과를 명시적으로 알려주어야 한다.

제121조 제3자에 대한 상계

제35조는 제3자에게는 적용하지 않는다.

제122조 보험 목적의 양도

보험목적의 양도에 관한 제95조 내지 제98조를 이 경우에 준용한다.

제123조 다수의 피보험자의 경우의 구상

(1) 타인을 위한 보험에서 보험자가 보험계약자에 대하여 급부의무를 지지 않는 경우 보험자는 보험계약으로부터 독립된 권리를 주장할 권한이 있는 피보험자에 대하여는 면책을 근거지우는 사정이 당해 피보험자에게 존재하거나, 또는 그 사정을 당해 피보험자가 알고 있거나 그가 중과실로 인하여 알지 못한 경우에 한하여 대항할 수 있다.

(2) 제1항에 의한 급부의무의 범위는 제117조 제3항 제1문에 의하여 결정된다. 이 경우 제117조 제3항 제2문은 적용하지 않는다. 이 경우 제117조 제4항을 준용한다.

(3) 보험자가 제1항에 의하여 급부를 이행하면 그는 보험계약자에게 구상할 수 있다.

(4) 제117조 제2항 제1문, 제2문에 의한 기간이 경과하지 않았거나 보험자가 보험관계의 종료를 해당 기관에 통지하지 않은 경우에는 제1항 내지 제3항을 준용한다.

제124조 기판력의 확대

(1) 제3자에게 손해배상청구권이 존재하지 않음이 기판력 있는

판결에 의하여 확정된 경우에 그 판결이 제3자와 보험자 사이에 선고된 때에는 이는 보험계약자를 위하여도 작용하며, 제3자와 보험계약자 사이에 행하여진 경우에는 보험자를 위하여도 적용된다.

(2) 제3자의 보험자에 대한 청구권이 확정판결, 청구의 승인 또는 화해에 의하여 확정된 때에는 보험자가 부당한 손해배상청구권의 방어시에 있어서 및 손해액의 산정의 경우 그 감소나 적정한 확정을 하여야 할 의무를 유책하게 위반한 경우가 아닌 한, 제116조 제1항 제2문에 의거한 청구권이 보험자로부터 제기된 보험계약자는 이를 자신에게도 적용됨을 인정하여야 한다.

제2장 권리보호보험

제125조 보험자의 급부

권리보호보험에서 보험자는 보험계약자나 피보험자의 법적 이익을 주장하기 위하여 필요한 급부를 합의된 범위 내에서 이행하여야 한다.

제126조 손해사정사

(1) 권리보호보험 영역으로부터의 위험이 다른 위험과 더불어 부보된 경우에는 보험증권에 권리보호보험의 보상범위 및 이를 위한 보험료를 별도로 알려야 한다. 보험자가 급부처리에 대해 독립된 손해사정사에게 위탁할 경우 그 손해사정사를 보험증권에 표기하여야 한다.

(2) 급부처리에 대해 독립된 손해사정사에게 위탁된 경우에 권리보호보험계약으로부터의 보험급부청구권은 손해사정사에 대하여만 행사할 수 있다. 집행명의는 권리보호보험자에게 유리하

게 또는 불리하게 작용한다. 이 경우 민사소송법 제727조를 준용한다.

제127조 변호사 선임의 자유

(1) 보험계약자는 법정절차나 행정절차에서 자신의 이익을 대변할 변호사를 자유로이 선임할 수 있으며, 이 경우 변호사의 보수는 보험자가 보험계약에 의하여 부담한다. 이는 보험계약자가 법적 이익을 기타 방법으로 관철하기 위한 권리보호를 청구하는 경우에도 적용된다.

(2) 2000년 3월 9일 유럽변호사의 독일에서의 활동에 관한 법률(최근 개정: 2003년 10월 26일[BGBl. I S. 2074]) 제1조에 대한 부록에 따라 직업적으로 활동할 권한이 있는 자도 변호사로 본다.

제128조 감정절차

법적 이익의 주장이 성공여부에 관한 충분한 가능성이 없거나 경솔하다고 하여 보험자가 급부의무를 거절하는 경우 보험계약은 감정절차나 법적 절차의 성공가능성이나 부당성에 대하여 당사자 사이에서 의견의 차이를 판단할, 공정성이 보장되는 다른 절차를 예견하고 있어야 한다. 보험자는 자신의 급부를 거절할 때 이러한 점을 알려주어야 한다. 보험계약이 그러한 절차를 예견하고 있지 않거나 보험자가 그 존재를 알리지 않는 경우 개별사례에서 보험계약자의 권리보호의 필요성은 인정된 것으로 본다.

제129조 다른 합의

제126조 내지 제128조의 규정은 보험계약자에게 불리하게 변경할 수 없다.

제3장 운송보험

제130조 위험인수 범위

(1) 육상 또는 내해상에서의 운송위험에 대한 운송보험에 있어 보험자는 운송물이 보험기간중에 직면하는 모든 위험에 대해 책임을 부담한다.

(2) 내수항행의 위험에 대한 선박보험에 있어 보험자는 그 선박이 보험기간중 직면하게 되는 모든 위험을 보장한다. 또한 보험자는 선박충돌 또는 선박과 고정된 또는 부유적(浮游的) 목적물과의 충돌로 인하여 보험계약자가 제3자에게 가한 손해에 대한 배상의무를 부담함으로 인한 손해에 대하여도 책임을 진다.

(3) 내수항행의 위험에 대한 선박보험에서 공동해손조치로 인하여 보험자가 보상할 손해가 줄어드는 경우 대해손(大海損)에 대한 분담금에 대하여도 보험자가 책임을 진다.

제131조 고지의무 위반

(1) 고지의무(Anzeigepflicht) 위반의 경우 제19조 제2항과는 달리 계약해제(Rücktritt)는 인정되지 않는다. 보험자는 고지를 하지 않았거나 부실의 고지를 했다는 사실을 안 날로부터 1개월 내에 계약을 해지하고 급부를 거절할 수 있다. 고지하지 않거나 부실고지한 사실이 보험사고발생이나 급부범위에 영향을 미치지 않았을 경우에는 보험자는 급부를 부담한다.

(2) 보험자가 급부를 거절하면 보험계약자는 계약을 해지할 수 있다. 보험자가 급부를 거절하기로 한 결정이 보험계약자에게 전달된 후 1개월 내에 보험계약자가 해지하지 않으면 해지권은 소멸한다.

제132조 위험변경

(1) 제23조와는 달리 보험계약자는 위험을 증가하거나 다른 방법

으로 변경하거나 제3자에 의한 변경을 허용할 수 있다. 보험계약자는 그 변경을 보험자에게 지체 없이 통지하여야 한다.

(2) 보험계약자가 위험증가를 통지하지 않은 경우에는 그 통지가 보험자에게 보통 도달하였을 시점 이후에 보험사고가 발생하면 보험자는 면책된다. 다음 각호의 경우에는 보험자는 급부의무를 계속 부담한다.

1. 통지가 보통 도달하여야 하였을 시점에 위험증가를 보험자가 알고 있을 때
2. 통지의무위반이 고의나 중과실 없이 행하여진 경우
3. 위험증가가 보험사고발생이나 급부의무의 범위에 영향을 미치지 않은 경우

(3) 제24조와는 달리 보험자는 계약을 위험증가를 이유로 해지할 수 없다.

제133조 계약에 위반된 운송

(1) 부보된 물건이 보험계약에서 정한 선박과는 다른 종류의 선박으로 운송된 경우 또는 직항의 운송이 합의되었음에도 환적된 경우 보험자는 책임을 지지 아니한다. 오로지 특정 운송수단 또는 특정 운송경로가 합의된 경우에도 마찬가지이다.

(2) 그러나 보험이 개시된 후 보험계약자의 동의 없이 또는 보험자가 책임을 부담하는 사고로 인하여 운송이 변경되거나 포기된 경우에는 보험자는 급부책임을 계속하여 부담한다. 이 경우 제132조를 적용한다.

(3) 제2항의 경우 보험은 환적비용 또는 일시적 보관비용 및 계속운송의 초과비용을 포함한다.

제134조 부적합한 운송수단

(1) 화물의 운송을 위하여 특정한 운송수단을 합의하지 않은 경우에는 보험계약자가 운송수단의 선정에 영향을 미칠 수 있는 한

화물의 선적과 운송에 적합한 운송수단을 선정할 의무가 있다.

(2) 보험계약자가 이러한 책무를 고의나 중대한 과실로 위반한 경우 그 위반이 사고발생이나 급부의무의 범위에 영향이 없었던 경우를 제외하고 보험자는 급부의무를 지지 않는다.

(3) 보험계약자가 운송수단이 적합하지 않음을 인지한 경우에는 이 사정을 보험자에게 지체 없이 통지하여야 한다. 이 경우 제132조를 적용한다.

제135조 비용 보상

(1) 보험계약자가 손해의 방지 또는 감소를 위하여 발생한 비용 및 손해의 조사 및 확정을 위한 비용은 그것이 나머지 보상과 더불어 보험금액을 초과하는지 여부에 관계없이 보험자가 부담하여야 한다.

(2) 손해의 방지, 감소 또는 조사와 확정을 위하거나 또는 보험사고로 손상된 물건의 복구, 수선을 위해 비용이 지출되었거나 또는 공동해손분담금이 지급되거나 또는 그러한 분담금의 변제를 위한 보험계약자의 인적 채무가 발생한 경우에는 보험자는 그 후의 보험사고로 야기될 손해에 대하여 보험자가 부담하여야 하는 이전의 비용 및 금액에 상관없이 책임을 져야 한다.

제136조 보험가액

(1) 통상의 거래가격 또한 통상의 거래가격이 없을 때에는 그 물건이 발송지에서 보험개시시에 가지는 통상의 가격에 보험비용 및 운송인이 물건을 수령할 때까지 발생한 비용 및 최종 지급한 운임을 더한 것을 물건의 보험가액으로 한다.

(2) 제1항에 따라서 계산된 물건의 가액은 또한 보험사고발생시의 보험가액으로 본다.

(3) 물건이 손상된 경우 그 물건이 손상된 상태 하에서 인도지에서 가지는 가액은 물건이 발송지에서 손상되지 아니한 상태하

에서 가졌을 가액으로부터 공제한다. 손상되지 아니한 상태하의 물건의 가액에 대한 가치감소의 비율에 상당하는 보험가액의 부분은 이를 손해액으로 본다.

제137조 보험사고의 초래

(1) 보험계약자가 고의 또는 중대한 과실로 보험사고를 초래한 경우에 보험자는 급부의무를 지지 않는다.

(2) 보험계약자는 선박의 운항에서의 선원의 행위에 대하여는 책임을 지지 않는다.

제138조 선박에 대한 책임 배제

선박보험의 경우 보험자는 선박이 감항능력이 없는 상태에서 또는 적절하게 의장되거나 승무원을 승선시키지 아니하고 항해를 개시함으로 인하여 발생한 손해에 대하여 책임을 지지 아니한다. 통상적인 사용으로 인한 선박의 마모손해에 관한 경우에도 마찬가지이다.

제139조 보험목적 또는 화물의 양도

(1) 개별보험증서가 발급된 보험목적이 양도되면 제95조와는 달리 양수인은 보험료지급에 대한 책임을 지지 않는다. 보험자는 양수인이 급부면제의 이유를 알았거나 그를 알았어야 하는 경우가 아닌 한 보험료 부지급이나 담보 불이행으로 인하여 양수인에 대하여 급부면제를 주장할 수 없다.

(2) 제96조와는 달리 보험자는 피보험화물의 양도로 인하여 보험계약을 해지할 권한이 없다.

(3) 제97조와는 달리 보험계약자는 보험자에게 양도를 통지하여야 할 의무를 지지 않는다.

제140조 피보험선박의 양도

피보험선박이 양도되면 제95조와는 달리 선박 양도와 함께 보험은 양수인에게 이전하며, 운송중의 선박이 양도되면 보험은 목적항에서 양수인에게 이전한다.

제141조 보험금액의 지급에 의한 면책

(1) 보험자는 사고발생 이후 보험금액의 지급에 의하여 다른 모든 채무로부터 면책된다. 보험자는 손해의 방지 또는 감소를 위하여 또는 부보된 물건의 복구 또는 수선을 위하여 지출한 비용에 대하여는 보험금의 지급으로 면책되고자 하는 그의 의사표시가 보험계약자에게 도달하기 전에는 보상할 의무를 진다.

(2) 보험금지급으로 면책되는 보험자의 권리는, 그 의사표시가 보험자가 보험사고 및 그의 직접적인 결과를 인지한 시점으로부터 1주일 내에 보험계약자에게 도달되지 않으면 소멸한다.

제4장 건물화재보험

제142조 저당권자에 대한 통지

(1) 건물화재보험에서는 보험자는 일시납보험에서의 보험료 또는 제1회 보험료가 제때 납입되지 않거나 보험계약자에게 계속보험료 납입을 위하여 기간이 정하여진 경우에는 지체 없이 텍스트형식으로 자신의 저당권을 등록한 저당권자에게 통지하여야 한다. 보험계약관계가 계속보험료 미지급으로 인하여 정하여진 기간경과로 해지된 경우에도 마찬가지이다.

(2) 보험자는 손해가 경미한 경우를 제외하고 보험사고발생을 안 후 1주일 내에 자신의 저당권을 등록한 저당권자에게 보험사고 발생을 통지하여야 한다.

제143조 저당권자에 대한 급부의무의 지속기간

(1) 계속보험료를 제때 납입하지 않은 경우에 보험자는 자신의

저당권을 등록한 저당권자에 대하여는 그가 지급기간 결정 후 또는 그 통지가 없었던 경우에는 해지통지를 받은 후 1개월이 지나기까지는 보험 급부책임을 부담한다.

(2) 보험계약관계의 종료는 자신의 저당권을 등록한 저당권자에 대하여는 그 종료의 통지 후, 아직 종료되지 않은 경우에는 종료시점이 보험자에 의하여 통지된 후, 또는 그가 다른 방법으로 종료를 안 후 1개월이 지나야 효력이 있다. 보험료지급지체로 저당권자가 승인한, 보험자의 해제에 의하거나 해지를 통하여 보험관계가 종료한 경우에는 제1문은 적용하지 아니한다.

(3) 제2항 제1문은 보험상의 보호의 범위를 축소하거나 보험자가 부보된 목적의 재건을 위한 보상을 책임지기로 하는 보험자와 보험계약자 사이의 합의가 유효한 경우에 준용한다.

(4) 보험계약의 무효는 자신의 저당권을 등록한 저당권자에 대하여는 주장할 수 없다. 그러나 그 무효를 보험자가 통지하거나 저당권자가 다른 방법으로 그 사실을 알게 된 후 2개월이 지나면 보험관계는 종료한다.

제144조 보험계약자의 해지

저당권자가 자신의 저당권을 등록한 경우에는 보험계약자에 의한 보험관계의 해지는, 제92조 제1항 및 제96조 제2항과 관계없이 보험계약자가 해지가 허용되는 시점에 부동산이 저당권에 의하여 제한되어 있지 않다는 사실 또는 저당권자가 해지에 동의한다는 사실을 보험종료 1개월 전까지는 증명한 경우에 한하여 효력이 있다. 동의는 충분한 근거 없이 거절되어서는 안 된다.

제145조 저당권의 이전

보험자가 제143조에 의하여 저당권자에게 변제한 경우에는 저당권은 보험자에게 이전한다. 그 이전은, 보험자의 급부의무가 존재하였던 동순위 또는 후순위 저당권자에게 불리하게 작용하여서는 안 된다.

제146조 보험자의 확인의무 및 정보의무

보험자는 자신의 저당권을 등록한 저당권자에 대하여 그 등록을 확인하고, 요청이 있을 경우 보험상의 보호의 존재 및 보험금액에 대하여 정보를 제공할 의무를 부담한다.

제147조 저당권자의 주소와 이름의 변경

저당권자가 보험자에게 주소와 이름의 변경에 대하여 통지하지 아니하면 제13조 제1항은 제142조 및 제143조에 의한 보험자의 고지 및 통지에 준용한다.

제148조 기타 부동산담보권

부동산이 토지채무(Grundschuld), 정기토지채무(Rentenschuld) 또는 토지부담(Reallast)에 의하여 담보가 설정된 경우 제142조 내지 제147조를 준용한다.

제149조 소유자부동산담보권

제142조 내지 제148조에 의하여 근거가 된 권리는, 보험계약자에게 귀속되는 저당권, 토지채무 또는 지대채무에 유리하게 주장될 수는 없다.

제5장 생명보험

제150조 피보험자

(1) 생명보험은 보험계약자 자신 또는 다른 사람의 신체에 대하여 인수될 수 있다.

(2) 타인의 사망보험에 대한 보험계약에서 합의된 급부가 통상의 장례비용에 해당하는 금액을 넘는 경우에는 계약이 유효하기 위하여는 그 타인의 서면에 의한 동의가 필요하다. 기업의 노

령연금 영역에서의 단체보험의 경우에는 이를 적용하지 않는다. 타인이 행위무능력자이거나 제한행위능력자이거나 또는 그를 위하여 후견인(Betreuer)이 선임된 경우이고 타인을 위한 대리권이 보험계약자에게 속하는 경우에는 보험계약자는 동의를 함에 있어서 타인을 대리할 수 없다.

(3) 부모 중의 1인이 미성년 자녀의 일신에 대하여 보험을 가입하여 주는 경우, 계약상 피보험자가 7세까지 사망한 경우에도 보험자가 급부의무를 져야만 하고 또 이 사고에 대하여 합의된 급부가 통상의 장례비용의 액을 초과하는 때에는 자녀의 동의는 필요하다.

(4) 감독관청이 통상의 장례비용의 액에 대하여 상한선을 정한 경우에는 그 액수가 표준이 된다.

제151조 의사의 診査

피보험자에 대하여 의사로부터 진사를 받는다는 합의에 의해 진사의 실시를 요구할 보험자의 권리가 생기는 것은 아니다.

제152조 보험계약자의 철회

(1) 생명보험에서는 철회기간은 제8조 제1항 제1문과는 달리 30일이다.

(2) 보험자는 제9조 제1문과는 달리 제169조에 의한 잉여금부분을 포함한 환급금을 지급하여야 한다. 제9조 제2문의 경우에는 보험자는 환급금이나, 만일 그것이 보험계약자에게 유리한 경우에는 첫 1년 동안 납입된 보험료를 반환하여야 한다.

(3) 제33조 제1항과는 달리 일시납보험료 또는 제1회보험료를 보험증권 도달 이후 30일이 지난 후 지체 없이 납입하여야 한다.

제153조 잉여금배당

(1) 보험계약자에게는 명시적 합의에 의해 잉여금배당이 배제되

어 있지 않은 한 잉여금과 평가준비금(Bewertungsreserve)에 참가할 권리(잉여금배당)가 있다. 잉여금배당은 전부에 대해서만 배제할 수 있다.

(2) 보험자는 원인규명절차 이후 잉여금에 대한 참가를 시행하여야 한다. 다른 유사한, 적정한 분배원칙은 당사자가 합의할 수 있다.

(3) 보험자는 평가준비금을 매년 새로이 조사하여야 하며 원인조사에 의하여 회계상 귀속시켜야 한다. 계약종료시에 그 시점까지의 금액의 절반을 분배하고 보험계약자에게 지급하여야 한다. 합의에 의하여 그 이전에 분배할 수도 있다. 자본준비를 위한 감독법규정은 이로 인하여 영향을 받지 않는다.

(4) 연금보험에서는 저축기간의 종료가 제3항 제2문에 의한 시점이 된다.

제154조 표준계산서

(1) 보험자가 생명보험의 청약 또는 계약체결과 관련하여 계약상의 보장된 급부를 초과하여 가능한 급부액에 대한 액수를 제시할 경우에는 보험자는 보험계약자에게, 3개의 상이한 이자율에 의하여 보험료를 산정하는데 계산기초를 근거로 하여 가능한 급부가 적힌 표준계산서(Modellrechnung)를 제시하여야 한다.

(2) 표준계산서는 가정적인 인수에 근거한다는 점 및 보험계약자는 표준계산서로부터는 보험자에 대한 계약상 청구권을 행사할 수 없다는 점을 보험자는 보험계약자에게 분명하고 이해할 수 있게 알려주어야 한다.

제155조 매년의 정보제공

잉여금배당부 보험에서는 보험자는 보험계약자에게 잉여금배당을 언급하며 자신의 청구권의 전개상황에 대하여 매년 텍스트형식으로 알려주어야 한다. 더 나아가 보험자가 잉여금배당에 대하여 숫자로

된 가능한 전개상황에 대하여 알려준 때에는 보험자는 보험계약자에게 초기의 정보와 달라진 경우에 그 차이도 알려주어야 한다.

제156조 피보험자의 인식 및 행동

본법에 의하여 보험계약자의 인식 및 행위가 중요한 경우 타인의 생명보험의 경우에는 타인의 인식 및 행위도 고려하여야 한다.

제157조 부실한 연령고지

그 신체에 대하여 보험이 인수될 자의 연령이 부실하게 고지되고 또 그 부실고지로 인하여 보험료가 지나치게 낮게 책정된 경우 보험자의 급부는 실제의 연령에 상당하는 보험료의 합의된 보험료에 대한 비율로 감소된다. 고지의무위반으로 계약을 해제할 권리는 제19조 제2항과는 달리 그가 정확한 연령을 고지받았다면 계약을 체결하지 않았을 경우에만 인정된다.

제158조 위험변경

(1) 명시적 합의에 의하여 위험변경으로 보아야 하는 위험사정의 변경만을 위험변경으로 본다. 이 때 합의는 서면에 의하여야 한다.
(2) 위험증가 후 5년이 경과한 경우에는 보험자는 더 이상 위험변경을 주장할 수 없다. 보험계약자가 제23조에 의한 자신의 의무를 고의 또는 중대한 과실로 인하여 위반한 경우에는 그 기간은 10년으로 연장된다.
(3) 제41조는 보험료감액이 명시적인 합의에 의하여 위험감소로 간주되는 위험사정의 감소에 의하여만 요구될 수 있는 경우에 적용한다.

제159조 보험수익자 지정

(1) 명시적 합의가 없는 경우 보험계약자는 보험자의 동의 없이

제3자를 보험수익자로 지정하고 이미 지정된 수익자를 그 밖의 타인으로 변경할 권한이 있다.

(2) 지정변경권이 유보된 보험수익자로 지정된 제3자는 보험자의 급부에 대한 권리를 보험사고 발생으로 비로소 취득한다.

(3) 지정변경권이 유보되지 않은 상태의 보험수익자는 보험수익자로의 지정과 동시에 보험자의 급부에 대한 권리를 취득한다.

제160조 보험수익자 지정의 해석

(1) 다수의 자가 그 지분을 정함이 없이 보험수익자로 지정된 경우 이들은 균등하게 수익권을 가진다. 어느 수익자가 취득하지 않은 지분은 나머지 수익자에게 귀속한다.

(2) 보험자의 급부가 보험계약자의 사망 후에 행하여질 것이고 또 상세한 정함 없이 상속인에 대한 지급이 약정된 경우, 의심이 있을 때에는 사망시에 상속인의 자격이 있는 자들이 그 상속분의 비율에 따라 수익을 받을 권리가 있다. 상속의 포기는 수익권에 영향을 미치지 아니한다.

(3) 보험자의 급부에 대한 권리가 수익자인 제3자에 의하여 취득되지 않을 경우에는 이는 보험계약자에게 귀속한다.

(4) 국고가 상속인으로 지정된 때에는 국고는 제2항 제1문의 의미의 수익권을 취득하지 아니한다.

제161조 자 살

(1) 사망을 대상으로 하는 보험에서 피보험자가 보험계약 체결 이후 3년 이내에 고의로 자살한 경우에는 보험자는 급부의무를 면한다. 이는 그 행위가 자유로운 의사결정을 배제하는 상황하에서 정신적인 장애로 이루어진 경우에는 적용하지 아니한다.

(2) 제1항 제1문에 의한 기간은 개별 합의에 의하여 연장될 수 있다.

(3) 보험자가 급부의무를 지지 않는 경우 제169조에 의한 잉여금

부분을 포함한 환급금을 지급하여야 한다.

제162조 급부권리자에 의한 살해

(1) 보험이 보험계약자 이외의 자의 사망에 대하여 인수된 경우에 보험계약자가 고의로 위법한 행위에 의해 타인을 사망하게 한 경우에는 보험자는 급부의무를 면한다.

(2) 제3자를 보험수익자로 지정한 경우 그 지정한 제3자가 고의로 위법한 행위에 의해 피보험자를 사망하게 한 경우에는 그 수익자지정은 이루어지지 않은 것으로 본다.

제163조 보험료 변경 및 급부 변경

(1) 보험자는 다음 각 호의 경우에는 합의된 보험료를 새로이 정할 권리가 있다.

1. 합의된 보험료의 계산기초에 대하여 급부수요가 일시적이지 않고, 예견할 수 없게 변경된 경우
2. 보험급부의 장기적 이행을 보장하기 위하여 새로운 계산기초에 의하여 새로이 결정된 보험료가 적정하고 필요한 경우
3. 독립된 제3관리자가 계산기초 및 제1호 및 제2호의 요건을 심사하고 확인한 경우

보험급부가 최초계산시 또는 새로운 계산시에 부족하게 계산되었고 정상적이고 양식 있는 계리인이 이를 특히 그 시점에 얻을 수 있는 통계적 계산기초 하에 인지하였을 경우에는 보험료의 재책정은 배제된다.

(2) 보험계약자는 제1항에 의한 보험료증액 대신에 보험급부를 상응하게 감소할 것을 요구할 수 있다. 납제보험(prämienfreie Versicherung)에서는 보험자는 제1항의 요건하에 보험급부감축의 권한이 있다.

(3) 보험료의 재책정 및 보험급부의 감축은 보험계약자에 대한 재책정 또는 감축의 통지와 이에 대한 결정적인 근거를 통지한

이후 두 번째 달의 시점에 효력이 있다.

(4) 제1항 제1문 제3호에 의한 수탁자의 관여는 보험료 재책정이나 보험급부의 감축이 감독관청의 승인을 요하는 경우에는 배제된다.

제164조 약관의 조정

(1) 보험자의 보통보험약관에 있는 규정이 최고법원의 판결이나 확정력 있는 행정행위에 의하여 무효로 판결이 날 경우 그렇게 하는 것이 계약의 지속을 위하여 필요한 경우이거나 새로운 규정 없이 계약에 구속되는 것이 상대방의 이익을 고려하더라도 일방당사자에게 가혹한 경우에는 보험자는 그를 새로운 규정으로 대체할 수 있다. 이 새로운 규정은 계약의 목표를 고려하여 보험계약자의 이익을 적정히 고려할 경우에만 유효하다.

(2) 제1항에 의한 새로운 규정은 동 규정의 내용과 이를 위한 결정적인 근거가 보험계약자에게 통지된 후 2주가 지나야 계약의 구성부분이 된다.

제165조 納濟保險

(1) 보험계약자는 합의된 최저보험급부에 도달한 이상 언제든지 진행중인 보험기간의 종결시에 납제보험으로의 보험의 변경을 청구할 수 있다. 합의된 최저보험급부에 도달하지 못한 경우에는 보험자는 잉여금부분을 포함하여 보험에 해당하는 환급금을 제169조에 따라 지급하여야 한다.

(2) 납제보험의 급부는 제169조 제3항 내지 제5항에 의한 적립금에 기초하여 보험료산정의 계산에 따라 공인된 보험계리기법에 의하여 계산하여야 하며 계약에서 매 보험연도에 제시하여야 한다.

(3) 감액납제보험의 급부는 예정된 보험기간의 말에 보험료적립금을 고려하여 계산하여야 한다. 이 경우 잉여금참가로 인한

보험계약자의 청구권에는 아무런 영향을 미치지 아니한다.

제166조 보험자의 해지)

(1) 보험자가 보험계약을 해지하면 해지로 인하여 보험계약은 납제보험으로 변경된다. 이 변경에는 제165조를 적용한다.

(2) 제38조 제2항의 경우에는 보험자는 보험사고발생으로 납제보험으로 변경되었을 경우 보험자가 이행하였어야 할 급부를 부담할 의무가 있다.

(3) 제38조 제1항에 따라 지급기간에는 보험자는 보험에 생긴 변경내용을 알려주어야 한다.

(4) 사용자가 종업원을 위하여 체결한 생명보험에서는 보험자는 제38조 제1항에 의한 지급기간 및 보험의 변경 발생을 텍스트 형식으로 피보험자에게 알려주어야 하며, 피보험자에게 최소 2개월의 지급기간을 보장하여야 한다.

제167조 압류보호취득을 위한 변경

생명보험의 보험계약자는 언제든지 예정된 보험기간 말에 보험을 민사소송법 제851c조 제1항의 요건에 합치하는 보험으로 변경할 것을 청구할 수 있다. 그 변경을 위한 비용은 보험계약자가 부담하여야 한다.

제168조 보험계약자의 해지

(1) 예정 보험료를 지급하면 보험계약자는 보험관계를 예정된 보험기간 말에 언제든지 해지할 수 있다.

(2) 보험자에게 의무가 발생하는 것이 확실한 위험을 담보하는 보험에서는 보험료가 일시납으로 약정된 경우에도 보험계약자에게는 해지권이 부여된다.

(3) 제1항 및 제2항은 보험계약자가 퇴직 이전에 이용하지 않기로 보험자와 합의한 경우의 노령연금을 위한 보험계약에 대하

여는 적용하지 아니한다. 이용제외에 해당하는 청구권의 가치는 사회보험법전 제2편의 제12조 제2항 제3호에 정하여진 금액을 초과할 수 없다.

제169조 환 급 금

(1) 보험자에 의무가 발생하는 것이 확실한 위험을 담보하는 보험이 보험계약자의 해지나 보험자의 해제 또는 취소에 의하여 해소된 경우에는 보험자는 환급금(Rückkaufswert)을 지급하여야 한다.

(2) 환급금은 적립금이 해지시점에 보험사고가 발생할 경우 하게 되는 급부를 초과하지 않는 경우에 한하여 지급할 수 있다. 그에 의하여 지급되지 않은 환급금의 부분은 보험료가 면제되는 보험을 위하여 활용할 수 있다. 보험자의 해제나 취소의 경우에는 환급금 전액을 지급하여야 한다.

(3) 환급금은 보험료계산의 계산기초 하에 공인된 보험수리기법에 의하여 진행 중인 보험기간의 말을 기준으로 계산된 보험보상기금이며, 보험계약해지의 경우에는 감독법상의 공제율을 고려한 체약비용 및 유통비용을 골고루 분배한 이후의 첫 5년에 해당하는 최소한의 보상기금에 해당하여야 한다. 최고찔머[3]율에 대한 감독법상의 규정은 영향을 받지 않는다. 환급금은 계약에서 매 보험연도마다 제시하여야 한다. 환급금과 그 보장된 범위는 보험계약자에게 계약에 대한 의사표시를 하기 전에 통지하여야 한다. 상세한 것은 제7조 제2항에 의한 시행령에서 정한다. 보험자가 그 본점을 유럽연합의 다른 국가에 두거나 유럽경제공동체협약의 다른 계약국가에 두는 경우에는 보험자는 적립금계산을 위하여 전보자본 대신 해당국가에서의 상응하

---

3) 찔머 방식은 독일의 보험수학자인 찔머(Zillmer, 1831~1893)에 의해 명명된, 제1회 보험료를 전부 또는 일부 보험계약 취득비용으로 처리하는 절차를 가리킨다. 그렇게 되면 보험료적립은 그만큼 늦어지게 된다.

는 다른 인수가액을 기초로 삼을 수 있다.

(4) 펀드와 결합한 보험이나 보험감독법 제54b조에 의한 종류의 급부를 예견하고 있는 보험에서는 보험자가 특정한 급부를 보장하지 않는 한 적립금은 보험의 현가치로서 공인된 보험수리기법에 의하여 계산할 수 있다. 그 밖의 경우에는 제3항이 적용된다. 이 경우 계산의 원칙은 계약에서 제시하여야 한다.

(5) 보험자는 제3항 또는 제4항에 의하여 계산된 금액에 대한 감축은 그것이 합의되고, 숫자로 표시되고, 적정한 경우에 한하여 원용할 수 있다. 아직 실행되지 않은 체약비용 및 판매비용을 위한 감액의 합의는 무효이다.

(6) 특히 보험계약으로부터 주어지는 의무의 지속적인 이행을 위태롭게 하는 등 보험계약자의 수요를 위태롭게 하는 것을 막기 위하여 필요한 경우에는 보험자는 제3항에 의하여 계산된 금액을 적정하게 감액할 수 있다. 그 감축은 각각 1년으로 기간이 정하여진다.

(7) 보험자는 제3항 내지 제6항에 의하여 계산된 금액에 더하여 제3항 내지 제6항에 의한 금액에 이미 포함되어 있지 않은 한 계약자에게 부여된 이익잉여금부분 및 보통보험약관에서 해지의 경우에 예견된 종결잉여금부분을 보험계약자에게 지급하여야 한다. 이때 제153조 제3항 제2문은 영향을 미치지 않는다.

제170조 개 입 권

(1) 보험금청구권에 압류가 실행되거나 또는 강제집행이 착수되거나, 또는 보험계약자의 재산에 관하여 파산이 개시된 경우 성명이 기재된 보험수익자는 보험계약자의 동의를 얻어 보험계약상의 그의 지위에 개입할 수 있다. 보험수익자가 개입하는 경우 보험수익자는 집행채권자 또는 파산재단의 채권을 보험자의 보험계약해지시 보험계약자가 지급을 청구할 수 있는 금액까지 변제하여야 한다.

(2) 보험수익자가 지정되지 아니하거나 성명이 기재되지 아니한 경우 보험계약자의 배우자 또는 사실혼관계자 및 자녀에게 동일한 권리가 귀속된다.

(3) 개입은 보험자에 대한 통지로 이루어진다. 통지는 개입권자가 압류를 알거나 또는 파산이 개시된 후 1개월 내에만 가능하다.

제171조 다른 합의

제152조 제1항 및 제2항, 제153조 내지 제155조, 제157조, 제158조, 제161조, 제163조 내지 제170조는 보험계약자, 피보험자 또는 개입권자에게 불리하게 변경할 수 없다. 제165조에 의한 보험계약자의 계약 변경 요청 및 제168조에 의한 보험계약자의 해지를 위하여는 서면형식을 요구하는 것으로 합의할 수 있다.

제6장 직업능력상실보험

제172조 보험자의 급부

(1) 직업능력상실보험에서 보험자는 보험개시 이후 발생하는 직업능력상실에 대하여 합의된 급부를 할 의무를 진다.

(2) 직업능력상실은 건강이상 없이 형성된 종래 영위하던 직업을 질병, 신체상해 또는 나이로 인한 근력상실이외의 사유로 전부 또는 일부 지속적으로 영위할 수 없음이 예견되는 상태를 가리킨다.

(3) 보험자의 급부의무를 위한 그 밖의 요건으로 피보험자가 종래의 교육과 능력에 의하여 또 종래의 생활지위상 할 수 있는 다른 활동을 할 수 없을 것을 합의할 수 있다.

제173조 보상승인

(1) 보험자는 급부신청 이후 만기시에 자신의 급부의무를 승인하

는지 여부를 서면으로 밝혀야 한다.

(2) 그 승인은 단 1회에 한하여 시간상의 제한을 할 수 있다. 그 승인은 그 기간의 만료시까지 구속력이 있다.

제174조 면　책

(1) 보험자는 급부의무를 위한 요건이 상실되었음을 확인한 경우에는 이러한 변경을 보험계약자에게 서면으로 알린 경우에만 면책된다.

(2) 보험자는 제1항에 의한 선언이 보험계약자에게 도달된 이후 3개월이 경과하여야 면책된다.

제175조 다른 합의

제173조, 제174조는 보험계약자에게 불리하게 변경할 수 없다.

제176조 적용 조항

제150조 내지 제170조는 그 성질이 허용하는 한도에서 직업능력상실보험에 준용한다.

제177조 유사 보험계약

(1) 제173조 내지 제176조는 노동능력의 지속적인 상실에 대하여 보험자가 급부를 하기로 하는 모든 계약에 준용한다.

(2) 노동능력상실 위험을 담보하는 상해보험 및 의료보험에는 제1항을 적용하지 아니한다.

제7장 상해보험

제178조 보험자의 급부

(1) 상해보험에서는 보험자가 피보험자의 상해 또는 상해와 동일

시 할 수 있는 사고발생시에 합의된 급부를 이행할 의무를 부담한다.

(2) 보험사고는 피보험자가 급격한, 외래의 사고로 인하여 우연하게 건강에 손상을 입었을 경우에 존재한다. 우연성은 반대의 입증이 있기까지 추정된다.

第179조 피보험자

(1) 상해보험은 보험계약자나 제3자의 사고에 대하여 인수될 수 있다. 타인의 상해에 대한 보험은 의문이 있는 경우 타인을 위하여 인수된 것으로 본다.

(2) 타인의 상해에 대한 보험이 보험계약자에 의하여 자기를 위하여 인수되면 그 계약이 유효하기 위하여는 타인의 서면에 의한 동의를 얻어야 한다. 타인이 행위무능력자이거나 행위능력이 제한되는 경우에는 후견인을 선임하여야 한다. 이 경우 보험계약자가 그 타인을 대리하게 되는 경우에는 보험계약자는 동의를 함에 있어 타인을 대리할 수 없다.

(3) 제2항의 경우 본법에서 보험계약자의 인식이나 행위가 중요할 경우에는 그 타인의 인식이나 행위도 고려하여야 한다.

第180조 근무능력상실

보험자는 피보험자가 상해사고로 인하여 육체적, 정식적 급부능력이 지속적으로 영향을 받은 경우인 근무능력상실(Invalidität)의 경우 합의된 범위에서 급부의무를 진다. 지속적인 영향이란 피보험자가 그 상태가 3년 이상 지속될 것이 예견되고 이 상태가 변화될 것을 기대하기 어려운 경우를 의미한다.

第181조 위험증가

(1) 위험증가는 명시적 합의에 의하여 위험증가라고 볼만한 사정의 변경만을 의미한다. 이 경우 합의는 서면형식을 요한다.

(2) 보험자의 현행보험료율에 의하여 위험증가의 경우에 보험료 변경 없이 더 낮은 보험급부가 있을 때에는 위험증가발생 후 1개월이 경과하면 더 낮은 급부를 합의한 것으로 본다. 보험자는 보험계약자가 위험증가를 악의적으로 알리지 않은 경우만 그 이상의 권리를 주장할 수 있다.

제182조 공동의 원인기여

질병이나 상해가 보험사고로 야기된 건강손상 또는 그 결과가 공동으로 기여하였을 경우 합의된 급부청구권이 소멸하거나 감축된다고 합의한 경우 보험자는 청구권의 소멸 또는 감액을 위한 요건을 증명하여야 한다.

제183조 보험사고의 초래

(1) 제179조 제2항의 경우 보험계약자가 고의로 위법한 행위로 보험사고를 야기한 경우에는 보험자는 면책된다.
(2) 제3자가 수익자로 지정된 경우 그 제3자가 고의로 위법한 행위로 보험사고를 야기한 경우에는 그 지정은 행하여지지 않은 것으로 본다.

제184조 손해의 방어 및 감소

제82조 및 제83조는 상해보험에는 적용하지 아니한다.

제185조 수익자지정

보험자의 급부로서 자본지급이 합의된 경우에는 제159조 및 제160조를 준용한다.

제186조 보험자의 알릴 의무

보험계약자가 사고발생을 통지하면 보험자는 보험계약자에게 계약상의 청구요건, 만기요건 및 준수하여야 할 기간을 서면으로 알려주어야 한다. 보험자가 이를 행하지 않으면 보험자는 기간경과의 효과를 주장할 수 없다.

제187조 승 인

(1) 급부청구 이후 판단을 위하여 필요한 서류의 도달 이후 보험자는 1개월 내에 서면으로 자신의 급부의무의 인정여부 및 어느 범위까지 인정할 것인지를 설명하여야 한다. 근무능력상실 급부가 청구된 경우에는 그 기간은 3개월이 된다.

(2) 보험자가 급부를 승인하거나 보험계약자와 보험자가 청구권의 근거와 액수에 대하여 합의한 경우에는 급부는 2주 내에 이행하여야 한다. 급부의무가 근거만 확정된 경우에는 보험자는 보험계약자의 요구에 의하여 적정한 선급을 하여야 한다.

제188조 근무능력상실

(1) 근무능력상실에 대한 급부가 합의된 경우 각 당사자는 근무능력상실의 정도를 사고발생 후 매년, 길어도 3년까지는 새로이 측정할 권한이 있다. 어린이 상해보험의 경우 그러한 새로운 측정을 요구할 기간을 연장할 수 있다.

(2) 보험자가 급부의무를 인정할 때에 보험계약자에게 근무능력상실을 새로이 평가할 수 있음을 알려주어야 한다. 이를 알리지 않은 경우에는 보험자는 근무능력 상실 정도를 새로운 평가를 하자는 보험계약자의 요구가 너무 늦었다고 주장할 수 없다.

제189조 손해사정인 절차, 손해사정 비용

제84조, 제85조 제1항 및 제3항은 상해보험에 준용한다.

제190조 의무보험

법규정에 의하여 보험계약자가 상해보험을 가입하여야 할 의무가 있는 경우에는 보험자는 보험금액을 적시하면서 법규에 상응하는 보험을 가입하였음을 증명하여야 한다.

제191조 다른 합의

제178조 제2항 제2문, 제181조, 제186조 내지 제188조는 보험계약자나 피보험자에게 불리하게 변경할 수 없다.

제8장 의료보험

제192조 보험자의 전형적인 급부

(1) 의료비용보험에서 보험자는 부보된 범위 내에서 임신, 출산, 법률에 규정된 프로그램에 따른 질병의 조기인식을 위한 검사를 포함한 질병이나 사고결과로 인하여 의학적으로 필요한 치료 비용을 합의된 범위 내에서 보상할 의무를 진다.

(2) 치료나 그 밖의 급부비용이 납입한 급부에 비하여 현저한 불균형에 있을 때에는 보험자는 제1항에 의한 급부의무가 없다.

(3) 의료비용보험의 내용으로 제1항에 의한 급부와 직접적인 관계에 있는, 특히 다음과 같은 급부를 합의할 수 있다.

1. 제1항에 의한 급부 및 그러한 급부의 제공자에 대한 조언
2. 제1항에 의한 급부의 이행자의 대가청구권의 정당성에 대한 조언
3. 제1항에 의한 급부의 이행자의 부당한 대가청구권의 방어
4. 제1항에 의한 급부의 하자있는 이행 및 그로 인한 결과로 인한 청구권의 관철시 피보험자의 지원
5. 제1항에 의한 급부의 그 이행자와의 직접적인 계산

(4) 병원일급금보험(Krankenhaustagegeldversicherung)에서 보험자는 의학적으로 필요한 소정 장소에 머무는 치료에 대하여 부보된 병원일급금을 지급할 의무를 진다.

(5) 의료일급금보험(Krankentagegeldversicherung)에서 보험자는 질병이나 사고로 인한 결과로서 노동능력상실로 인한 수득상실시 부보된 의료일급금을 지급할 의무를 진다.

(6) 개호의료보험에서 보험자는 개호필요성이 있는 경우 합의된 범위 내에서 피보험자의 개호를 위한 비용을 보상할 의무를 지거나(개호비용보험), 합의된 일급금을 지급할 의무를 진다(개호일급금보험). 제2항은 개호비용보험에 준용한다. 사개호보험에 관한 사회보험법전 제11편의 규정은 영향을 받지 않는다.

제193조 피보험자; 보험의무

(1) 의료보험은 보험계약자 또는 제3자의 일신에 대하여 인수할 수 있다. 피보험자는 그에 대하여 보험에 부쳐진 자를 의미한다.

(2) 본법에서 보험계약자의 인식이나 행위가 법적 의미를 갖는 경우 제3자의 신체에 보험을 든 경우에는 제3자의 인식과 행위도 고려하여야 한다.

(3) 내국에 주소를 둔 모든 사람은 자신을 위하여 및 (그들이 스스로 계약을 체결할 수 없는 이상) 자신이 대리하는 사람을 위하여 독일에 사업허가를 받은 보험회사에서 최소한 통원치료 및 입원치료 비용을 보상하여 주고 통원치료 및 입원치료에 대해 자기부담금이 1년에 5,000유로로 제한되는 질병비용보험을 체결하고 유지하여야 한다. 보조자격자에 대하여는 자기부담금이 최고 5,000유로에 대한 보조율에 의하여 전보되지 않은 100분율을 유추적용하여 주어진다. 제1문에 의한 의무가 다음의 사람에게는 없다.

1. 법정 의료보험에 가입하였거나 법정의료보험의무가 있거나 또는
2. 각각의 자격범위에서 무상의 치료의료보호청구권이 있거나 보조금수령자격이 있거나 이에 상응하는 청구권이 있거나

3. 이민신청자급부법 제2조에 의한 급부청구권이 있거나
4. 사회보장법전 제2편의 제3장, 제4장, 제6장 및 제7장에 의한 지속적인 금부수령자는 이 급부수령기간 동안 및 2009년 1월 1일 이전에 급부가 시작된 경우 1개월 이내의 급부중단기간동안의 경우

2007년 4월 1일 이전에 합의된 질병비용보험계약은 제1문의 요건을 충족한다.

(4) 제3항 제1문에 의한 의무성립 후 1개월 이후에 계약청약이 이루어진 경우 보험료추가분을 징수할 수 있다. 보험료추가분은 비보험기간의 추가 시작달의 월보험료에 해당하며, 비료험기간이 6개월 이상인 경우 매달 보험료의 6분의 1이다. 비보험기간을 확인할 수 없는 경우에는 피보험자가 최소한 5년 동안 비보험상태이었다고 적용할 수 있다. 추가보험료는 계속보험료에 1회에 한하여 추가하여 징수한다. 보험계약자는 즉시의 납입이 부당하게 곤란한 경우 또 그 보험료가 적정한 분할납입을 통해 보험자의 이익이 배려되는 경우에는 보험자에게 그 지급의 유예를 요청할 수 있다. 지급유예의 경우에는 이자를 지급하여야 한다.

(5) 보험자는
1. 임의로 법정의료보험에 가입한 피보험자에게
   a) 기초요율도입 이후 6개월 내에
   b) 사회보험법 제5편의, 임의보험에로의 변경가능성개시 이후 6개월 내에
2. 법정의료보험의무가 없는 독일에 주소가 있는 모든 사람, 제1호 또는 제3항 제2문 제3호 및 제4호의 범주에 속하지 않는 사람, 제3항의 의무를 충족하는 독일에 사업허가가 있는 보험자와 사의료보험을 들지 않은 모든 사람에게
3. 보조금수령자격자 또는 그와 유사한 청구권을 갖는 사람에게 제3항 제1문에 의한 의무를 보충하는 보험상의 보호를

이행하기 위하여 필요한 한

4. 제3항의 의미의 사(私)의료비용보험을 국내에 사업허가가 있는 보험자와 합의하였고 그 계약이 2008년 12월 31일 이후에 체결되는 내국에 주소가 있는 모든 사람에게

보험감독법 제12조 제1a항에 의한 기초요율의 보험을 보장하여야 한다. 사의료비용보험이 2009년 1월 1일 이전에 체결되면 계약의 변경 및 해지시에 자신의 보험회사 또는 다른 보험회사와 기초요율에 의한 보험계약체결은 제204조 제1항에 의한 연령의 증가로 인한 추가보험료부담하에 2009년 6월 30일까지만 요구할 수 있다. 청약은, 타보험자에서의 계약이 해지시에는 제205조 제1항 제1문에 의한 해지가 아직 유효하게 되지 않은 때에 이미 승낙되어야 한다. 청약은 피보험자가 보험자에게 이미 보험에 들었거나 보험자가 다음에 해당하는 경우에만 거절할 수 있다.

1. 보험계약을 협박이나 악의의 기망에 의하여 취소한 경우
2. 계약 전의 고지의무에 대하여 고의로 위반하여 보험계약이 해제된 경우

(6) 제3항에 의한 의무를 충족하는 보험계약자가 2개월의 보험료 납입을 지체하는 경우 보험자는 경고를 하여야 한다. 경고가 도착한 후 2주가 지나 지체액수가 1개월 보험료보다 많은 경우 보험자는 급부의 정지를 한다. 급부정지는 그 사실을 보험계약자에게 통지한 후 3일 후에 효력을 발생한다. 제1문에 의한 경고를 할 때 그 점에 대하여 적시를 한 경우에만 그러한 효과가 있다. 모든 제체하고 있는 보험료 및 정지시에 해당하는 보험료를 모두 납입하거나 보험계약자나 피보험자가 사회보장법 제2편의 의료보호금수령자격자가 되면 급부정지는 해소된다. 의료보호금수령자격은 자격자의 신청에 의해 사회보장법 제2편 또는 제12편의 담당자에 의하여 증명되어야 한다. 급부정지기간 동안은 보험자는 극명한 질병, 통증치료 및 임신, 모

성의 치료비용에 대하여만 급부책임을 진다. 보험자는 청구권의 정지사실을 사회보장법 제5편의 제291a조 제1a항에 의하여 전자건강카드에 기록할 수 있다. 더 나아가 보험계약자는 지체의 매월마다 지체이자 대신에 지체액의 100분의 1에 해당하는 지체부가금을 지급하여야 한다. 급부정지개시 이후 1년 내에 해당 보험료, 지체부가금 및 징수비용을 전부 납입하지 아니하면 기초요율에 의한 보험이 계속된다. 제6문은 이로 인하여 영향을 받지 않는다.

(7) 보험감독법 제12조에 의한 기초요율의 보험에서는 피보험자에게 보험감독법 제12조 제1c항에 의한 보험료반액할인에 대하여 지시받은 경우에 한하여 보험회사는 부가보험이 정지됨을 주장할 수 있다.

제194조 준용규정

(1) 보험상의 보호가 손해보험원칙에 의하여 부여되는 경우에는 제74조 내지 제80조 및 제82조 내지 제87조를 적용한다. 제23조 내지 제27조 및 제29조는 의료보험에는 적용하지 아니한다. 제19조 제3항 제2문 및 제4항은 보험계약자가 고지의무위반에 책임이 없을 경우에는 의료보험에는 적용하지 아니한다. 제21조 제3항 제1문과는 달리 보험자의 권리의 행사를 위한 기간은 3년이다.

(2) 제38조는 의료보험에서 지급기간이 제38조 제1항 제1문에 따라 최소한 2개월이라는 전제하에 적용한다. 제38조 제1항 제2문의 사항에 대하여 보험자는 보험계약자에게 다음의 사항을 추가적으로 알려주어야 한다.

1. 제38조 제3항에 의한 보험자의 해지 이후 새로운 의료보험의 체결에는 보험계약자에게 새로운 건강검진, 종래의 보험상의 보호범위의 축소 및 보험료인상이 뒤따를 수 있다는 사실

2. 사회보험법전 제2편의 제26조 제2항의 요건하에 실업급여II를 수령하는 자는 사의료보험이나 개호보험을 위하여 지급하는 보험료에 덧붙여 추가금을 수령할 수 있다는 사실
3. 사회보험법전 제12편의 제32조 제2조 및 제3항의 요건하에 사회부조 보험자는 사의료보험 또는 개호보험을 위한 보험료를 인수할 수 있다는 사실

(3) 보험자가 보험계약에 의거하여 보상급부를 이행한 경우 급부이행자에게 법적 근거 없이 지급된 대가의 반환청구권이 보험계약자나 피보험자에게 귀속될 경우에는 제86조 제1항 및 제2항을 준용한다.

(4) 의료보험에서는 보험계약자가 보험자에 대하여 텍스트형식으로 피보험자를 보험급부의 수령권자로 지정한 경우에는 피보험자만이 보험급부를 청구할 수 있다는 전제하에 제43조 내지 제48조가 적용된다. 그 지정은 철회될 수 있게 또는 철회될 수 없게 행하여질 수 있다. 이러한 조건이 없을 경우에는 보험계약자만이 보험급부를 청구할 수 있다. 보험증권의 제시는 필요하지 않다.

제195조 보험기간

(1) 법률상의 사회보험시스템에서 예정하고 있는 의료보험상의 보호 또는 개호보험상의 보호를 전부 또는 일부 대체할 수 있는 의료보험(대체 의료보험)의 경우에는 제2항, 제3항 및 제196조 내지 제199조의 유보하에 기간의 제한이 없다. 비대체 의료보험이 생명보험종류로 운영될 때에는 제1문을 준용한다.

(2) 교육의료보험, 외국의료보험, 여행의료보험 및 잔여채무의료보험의 경우에는 보험기간을 합의할 수 있다.

(3) 내국에서 기간제한이 있는 체류허가가 있는 사람에 대하여 체결된 의료보험에서는 의료보험이 늦어도 5년 후에는 종료된다는 내용으로 합의될 수 있다. 더 짧은 기간이 합의된 경우에

는 동일한 종류의 새로운 계약은 이미 경과된 계약의 기간을 포함하여 5년을 초과하지 않는 기간을 최고기간으로 하여서만 체결될 수 있다. 이는 새로운 계약이 다른 보험자와 체결되는 경우에도 마찬가지이다.

제196조 의료일급금보험의 기간

(1) 의료일급금보험에서는 피보험자의 연령이 만 65세가 되면 보험도 종료한다는 내용으로 합의될 수 있다. 이 경우 보험계약자는 보험자로 하여금 만 65세에 새로이 시작되고 늦어도 만 70세에 종료되는 새로운 의료일급금보험의 인수를 요구할 수 있다. 보험자는 이 권리에 대하여 보험계약자에게 본 규정의 내용을 첨부한 텍스트형식으로 보험종료 전 6개월 전부터 알려주어야 한다. 청약이 만 65세 이후 2개월이 지나기까지 행하여진 경우에는 종래의 요율에 비해 보험상의 보호가 많지 않거나 더 광범위하지 않은 한 보험자는 보험상의 보호를 위험검사나 대기기간 없이 보험상의 보호를 보장하여야 한다.

(2) 제1항 제3문에 의하여 보험자가 보험계약자에게 보험종료를 알리지 않았고 청약이 66세의 만료 이전에 이루어진 경우에는 보험은 청약시 보험자에게 도달하면 개시되는 내용으로 제1항 제4문을 준용한다. 보험사고가 청약이 도달하기 전에 발생한 경우에는 보험자는 급부의무를 지지 않는다.

(3) 제1항 제4문 또는 제2항 제1문에 의한 보험에 직접적으로 이어 만 75세까지는 종료하는 새로운 의료일급금보험이 청약된 경우에는 제1항 제2문 및 제4항을 준용한다.

(4) 계약당사자는 전항들에서 규정된 연령보다 더 고령의 경우로 합의할 수 있다.

제197조 대기기간

(1) 대기기간이 합의된 경우 이는 의료비용보험, 병원일급금보험,

의료일급금보험에서는 일반 대기기간은 3개월을, 출산, 심리치료, 치아치료, 치아대체 및 턱정형을 하기 위한 특별 대기기간의 경우에는 8개월을 넘지 못한다. 개호의료보험의 경우에는 대기기간은 3년을 넘지 못한다.

(2) 법정 의료보험에서 탈퇴하는 자 또는 의료비용보험에 관한 다른 계약으로부터 제외되는 자는 거기서 계속된 보험기간은 전보험 종료 후 2개월 내에 그에 이어 직접적으로 청약을 한 경우에 한하여 대기기간으로 합산한다. 이는 의료부조급부청구권이 인정되는 공직으로부터 제외되는 사람들에게도 적용한다.

第198조 어린이추가보험

(1) 출생일에 최소한 부모 중 1인을 위하여 보험이 존재하면 보험자는 신생아에 대하여 보험을 위한 등록이 출생일로부터 2개월 내에 이루어진 한 위험보험료추가 및 대기기간 없이 출생시부터 소급적으로 보험상의 보호를 하여야 한다. 이때는 신생아에 대한 보험상의 보호가 청구된 경우 피보험 부모의 보험상의 보호보다 액수가 더 크지 않고 그 범위가 더 넓지 않다.

(2) 입양당시 미성년인 경우에 입양은 출생과 같다. 위험이 더 높을 경우에는 위험보험료증액의 합의는 약간의 보험료인상만 허용된다.

(3) 신생아 또는 입양아에 대한 보험의 조건으로 부모의 최소보험기간이 합의될 수 있다. 이 기간은 3개월을 초과할 수 없다.

(4) 신생아나 입양아를 위하여 내국이나 외국에서 그 밖의 사의료보험이나 법률의료보험상의 보호가 이루어지는 경우에는 외국의료보험 또는 여행의료보험에 대하여는 제1항 내지 제3항은 적용하지 아니한다.

第199조 보조금수령권자

(1) 공직에 대한 규정에 의하여 보조금 청구권이 있는 피보험자

의 의료비용보험에서는 보험상의 보호는 피보험자가 퇴직하는 경우 보조급부지급률의 증가범위에서 종료됨을 합의할 수 있다.

(2) 공직에 대한 규정에 의하여 보조금 청구권이 있는 피보험자에게 보조급부지급률이 변경되거나 보조금청구권이 소멸될 경우 보험계약자는 보험자가 기존 질병비용 요율의 범위 내에서 변경된 보조급부지급률 또는 소멸된 보조금청구권에 상응하게 보험보호를 조정해줄 것을 요구할 수 있다. 이 청구가 변경 후 6개월 이내에 이루어지면 보험자는 조정된 보험상의 보호를 위험검사나 대기기간 없이 보장하여야 한다.

(3) 제2항은 기본요율에서 보험에 대한 보장의 경우에는 적용하지 아니한다.

제200조 이득의 금지

피보험자가 동일한 보험사고로 다수의 보상의무자에 대하여 청구권이 있는 경우 총보상금은 총비용을 초과할 수 없다.

제201조 보험사고의 초래

보험계약자나 피보험자가 고의로 질병이나 사고를 초래한 경우에는 보험자는 면책된다.

제202조 보험자의 정보제공의무; 손해사정비용

보험자는 보험계약자나 피보험자의 요구에 의하여 이들에 의하여 지정된 의사나 변호사에게 자신의 급부의무의 심사시에 의학적 치료의 필요성에 관하여 행하여진 감정 또는 소견에 대한 정보를 제공하여야 한다. 이러한 정보청구권은 각각 해당인이나 그 법정대리인만이 행사할 수 있다. 보험계약자가 보험자의 협조로 감정이나 의견을 제공받은 경우 보험자는 그로 인한 비용을 지급하여야 한다.

제203조 보험료조정 및 약관조정

(1) 보험료를 생명보험의 종류로 계산하는 의료보험에서는 보험자는 보험감독법 제12c조와 결부하여 제12조, 제12a조 및 제12e조에 의한 기술적 계산기초에 상응하는 보험료만을 청구할 수 있다. 위험이 증가된 것을 고려하여 적정하게 위험보험료를 증액하거나 또는 급부면책에 대해 합의하는 것은 영향을 받지 않는다. 보험감독법 제12조에 의한 기초요율에 의한 계약 이외에는 보험자는 증가된 위험을 고려하여 적정한 위험추가보험료 또는 급부면책을 합의할 수 있다. 기초요율에서는 위험심사가 보험감독법 제12g조에 의한 위험정산을 위하여 필요한 경우 또는 추후의 요율변경을 위하여 필요한 경우에만 위험심사가 허용된다.

(2) 의료보험에서 보험자의 정규의 해지권이 법률이나 계약에 의하여 배제된 경우에는 보험료계산의 기준이 되는 계산기초가 단지 일시적인 것으로 간주되지 않게 변경되었을 때에는 독립된 수탁자가 기술적 계산기초를 검토하고 또 보험료조정에 동의한 경우인 한, 수정된 계산기초에 맞추어 보험료를 기존의 계약에 대하여도 새롭게 확정할 권한은 보험자에게 있다. 이때 합의가 되면 금액으로 정하여진 자기부담금도 조정할 수 있으며, 합의되었던 위험보험료증액도 상응하여 변경할 수 있다. 제1문 및 제2문의 의미에서의 척도가 되는 계산기초는 보험급부와 사망확률이다. 보험료, 보험료증액, 자기부담금의 변경 및 관리인에 의한 그 검토 및 동의에 대하여는 보험감독법 제12c조에 기초하여 제정된 법령과 연결된 제12b조 제1항 내지 제2a항이 적용된다.

(3) 제1항 제1문의 의미에서의 의료보험에서 보험자의 정규의 해지권이 법률이나 계약에 의하여 배제된 때에는 보험료산정의 기준이 되는 계산기초의 변경이 일시적이지 않은 경우에는 보험자는 보험계약자의 수요를 충분히 보장하기 위하여 필요하다

고 인정되는 때이고 독립된 검사인이 변경요건을 검토하고 그 적정성을 확증한 경우에는 보통보험약관 및 요율규정을 변경된 사정에 맞추어 조정할 권한이 있다.

(4) 최고법원의 판결이나 확정력 있는 행정행위에 의하여 보험자의 보통보험약관의 규정이 무효로 선언된 경우에도 제164조를 적용한다.

(5) 제2항 및 제3항에 의한 보험료조정 및 변경은 보험료조정이나 약관 등 변경과 그 이유를 보험계약자에게 통지한 후 2개월의 개시시점에 효력을 갖는다.

제204조 요율변경

(1) 현존의 보험관계에서 보험계약자는 보험자에게 다음을 요구할 수 있다.

1. 동일한 보험상의 보호에 대하여 그 계약으로부터 취득된 권리 및 노령화적립금을 고려하여 다른 요율의 보험으로 교체를 인수할 것을 요구할 수 있다. 보험계약자가 변경하려고 하는 요율에서의 급부가 종래의 요율에서보다 고액이거나 더 광범위한 경우 보험자는 추가된 급부에 대하여 급부면책이나 적정한 위험보험료인상 및 그 한도에서 대기기간도 요구할 수 있다. 보험계약자는 추가된 급부와 관련하여 급부면책를 합의하였음을 이유로 위험보험료인상 및 대기기간의 합의를 방어할 수 있다. 기초요율에서 다른 요율로 변경하는 경우에는 보험자는 계약체결시 산출된 위험보험료인상을 요구할 수 있다. 보험자는 종래의 계약으로부터 취득된 권리 및 노령화적립금을 고려하여 다음의 경우에만 기초요율로 변경을 청구할 수 있다.

a) 존속중의 의료비용보험이 2009년 1월 1일 이후에 체결되었거나

b) 보험계약자가 만 55세가 되었거나 만 55세가 되지 않은

경우에는 법정연금청구권에 대한 조건을 충족하였고 이 연금을 청구한 경우이거나 공무원법이나 기타 법규에 의하여 퇴직연금을 수령하거나 사회보장법전 제2편 또는 제12편에 의하여 사회부조수령권자인 경우이거나

c) 존속중의 의료비용보험이 2009년 1월 1일 이전에 체결되었고 기초요율로의 변경이 2009년 7월 1일 이전에 신청된 경우

2. 계약을 해지하고 동시에 전부 또는 일부 법정 사회보험제도에서 예견하고 있는 의료보험상의 보호를 대체할 수 있는 새로운 계약을 체결하는 경우,

a) 해지된 의료비용보험이 2009년 1월 1일 이후에 체결된 경우로서 급부가 기초요율에 상응하는 보험부분의 노령화적립금을 새로운 보험자에게 이전해줄 것을 요구할 수 있다.

b) 해지된 의료비용보험이 2009년 1월 1일 이전에 체결되었고 해지가 2009년 7월 1일 이전에 행하여진 것으로서 기초요율의 계약체결시에 급부가 기초요율에 상응하는 보험부분의 노령화적립금을 새로운 보험자에게 이전해 줄 것을 요구할 수 있다.

그로부터 보험계약자가 이탈하여 다른 것으로 변경하려고 하는 원래의 요율 급부가 기초요율의 경우보다 고액이거나 더 광범위한 경우 보험계약자는 종래의 보험자에게 기초요율을 넘어서는 노령화적립금을 계산하는 추가요율 합의를 요구할 수 있다. 이 경우 제1문 및 제2문의 청구권은 포기될 수 없다.

(2) 제1항은 기한의 정함이 있는 보험관계에 대하여는 적용하지 아니한다.

(3) 의료보험이 생명보험방식으로 운영되는 한 보험계약자나 피보험자는 해지된 보험계약을 기대보험(Anwartschaftsversicherung)

의 형태로 지속시킬 권리가 있다.

제205조 보험계약자의 해지

(1) 의료비용보험과 병원일급금보험에서 합의된 최소계약기간의 준수아래 보험계약자는 1년 이상으로 체결된 의료보험관계를 3월의 기간의 준수하에 1년 말 또는 그에 이어지는 매년 말로 해지할 수 있다. 해지는 개별 피보험자 또는 요율(Tarif)에 한정될 수 있다.

(2) 피보험자가 법률에 의하여 의료보험이나 개호보험을 가입하여야 할 의무가 있는 경우에 보험계약자는 보험가입의무발생 이후 3개월 내 의료비용보험, 병원일급금보험 또는 개호의료보험 및 이들 보험을 위하여 존재하는 기대보험을 보험의무발생 시점으로 소급하여 해지할 수 있다. 보험자가 서면형식으로 보험의무의 증명을 요구한 후 보험계약자가 그 귀책사유로, 보험의무 있음을 2개월 내에 증명하지 못하는 한 해지는 무효이다. 보험계약자가 해지권을 활용하는 경우에는 보험자는 해지시점까지만의 보험료만을 청구할 수 있다. 그 이후 보험계약자는 보험가입의무발생을 증명하는 달의 말로 보험관계를 해지할 수 있다. 이 때 가족보험에 대한 법률상 청구권 또는 공무원관계 또는 그와 유사한 직무관계로부터의 지속적인 치료보호 청구권도 보험가입의무로 인정된다.

(3) 일정한 연령의 도달 또는 계약에서 정한 다른 요건이 충족될 경우 다른 연령 또는 다른 연령층의 보험료를 적용한다고 보험계약에서 정하거나 보험료를 연령경과를 고려하여 계산한다고 정하는 경우 그로 인하여 보험료가 인상될 경우에는 보험계약자는 해당 피보험자에 대하여 그 변경 후 2개월 내에 그 효력발생시점을 향하여 계약을 해지할 수 있다.

(4) 요율조정규정에 의거하여 보험자가 보험료를 인상하거나 그 급부를 축소하는 경우에 보험계약자는 해당 피보험자에 대하여

보험료인상이나 급부감소가 유효하게 되는 시점에 그 변경통지의 도달 이후 1개월 내에 계약을 해지할 수 있다.

(5) 해지는 특정 피보험자 및 특정 요율에 국한된다는 것을 보험자가 유보하고 이 가능성을 활용하는 경우 보험계약자에게 해지의 통지가 도달한 후 2주 내에 해지가 유효하게 되는 시점에 계약의 나머지 부분도 효력을 상실한다. 보험자가 계약 취소나 해제를 특정의 피보험자나 요율에 대하여만 행사하는 경우에 제1문을 준용한다. 이 경우 보험계약자는 그 계약의 효력상실을 보험자의 의사표시가 자신에게 도달된 달의 말로 효력을 갖도록 요구할 수 있다.

(6) 제1항 내지 제5항과는 달리 보험계약자는 피보험자를 위하여 그 의무를 충족하는 새로운 보험자에게서 보험을 드는 경우에만 제193조 제3항 제1문의 의무를 충족하는 보험을 해지할 수 있다. 이 경우 해지는 피보험자가 새로운 보험자에게서 중단없이 보험이 유지된다는 점을 보험계약자가 입증한 경우에 비로소 유효하다.

제206조 보험자의 해지

(1) 제193조 제3항 제1문에 따른 의무를 충족하는 의료비용보험에 대한 보험자의 해지는 허용되지 아니한다. 더 나아가 법정사회보험체계에서 마련하고 있는 의료보험상의 보호 또는 개호보험상의 보호를 대체하는 의료비용보험, 의료일급금보험 및 개호의료보험에 대한 보험자의 해지도 허용되지 않는다. 의료비용완전보험과 같이 존속되는 병원일급금보험에 대한 해지도 허용되지 아니한다. 사용자의 법정 부담금지급청구권이 인정되지 않는 의료일급금보험은 제2문과는 달리 보험자가 매 보험연도 말 3개월의 기간을 준수하여 해지할 수 있다.

(2) 병원일급금보험이나 의료비용일부보험에서 제1항에 의한 요건이 존재하지 않는 경우 보험자는 첫 3년 내에 한하여 보험

연도 말에 계약을 해지할 수 있다. 해지기간은 3개월이다.

(3) 의료비용보험이나 개호의료보험이 보험계약자의 보험료지급지체로 보험자에 의하여 적법하게 해지되면 피보험자는 장래의 보험계약자를 지명하면서 보험관계의 지속을 선언할 권한이 있다. 보험료는 보험관계지속시부터 납부하여야 한다. 피보험자는 해지와 제1문에 의한 권리에 대하여 보험자로부터 텍스트형식으로 통지를 받아야 한다. 이 권리는 피보험자가 그 권리에 대하여 안 후 2개월이 지나면 소멸한다.

(4) 질병위험에 대하여 보장하는 단체보험계약의 보험자에 의한 정규의 해지는 피보험자가 그 동안 계약상 취득된 권리 및 연령증가로 인한 적립이 있을 경우 그 적립을 고려하여 의료보험을 개별보험으로 지속할 수 있는 경우에는 허용된다. 이 경우 제3항 제2문 및 제3문을 준용한다.

제207조 보험관계의 계속

(1) 보험관계가 보험계약자의 사망으로 종료하는 경우 피보험자는 보험계약자의 사망 후 2개월 내에 장래의 보험계약자를 지명하여 보험관계를 지속할 것을 요구할 권한이 있다.

(2) 보험계약자가 보험관계를 전체에 대하여 또는 특정 피보험자에 대하여 해지할 경우 제1항을 준용한다. 이 경우 해지는 피보험자가 해지를 인지한 경우에 한하여 유효하다. 해지된 보험이 단체보험이고 새로운 보험계약자가 지정되지 않으면 피보험자는 그 동안 계약상 취득된 권리 및 연령증가로 인한 적립이 있을 경우 그 적립을 고려하여 의료보험을 개별보험으로 보험관계를 지속할 수 있는 권한이 있다. 제3문에 의한 권리는 피보험자가 이 같은 권리가 있음을 안 후 2개월이 지나면 소멸한다.

(3) 피보험자가 그 주소를 유럽연합의 다른 국가에 갖거나 유럽경제공동체협약의 다른 계약국가에 갖는 경우에는 보험관계는

보험자가 그 피보험자가 주소를 계속 국내에 두었더라면 받게 되었을 급부의 한도로 급부의무를 부담하는 내용으로 지속된다.

제208조 다른 합의

제194조 내지 제199조, 제201조 내지 제207조는 보험계약자나 피보험자에게 불리하게 변경할 수 없다. 제205조에 의한 보험계약자의 해지에 대하여는 서면형식이 합의될 수 있다.

제3편 종　　칙

제209조 재보험, 해상보험

이 법의 규정은 재보험과 해상운송 위험에 대한 보험(해상보험)에는 적용하지 않는다.

제210조 대형위험, 예정보험

본법에 의한 계약자유의 제한은 보험계약법시행법 제10조 제1항 제2문에서 규정하고 있는 대형위험 및 진행중인 보험에 대하여는 적용하지 아니한다.

제211조 퇴직연금금고, 소규모 보험사단, 소액보험

(1) 제37조, 제38조, 제165조, 제166조, 제168조 및 제169조는 감독관청의 승인하에 보험약관에서 달리 규정하고 있는 경우에는 다음의 보험에 대하여는 적용하지 아니한다.

1. 보험감독법 제118b조 제3항, 제4항의 의미에서의 퇴직연금금고(Pensionskasse)의 보험
2. 보험감독법의 의미에서의 소규모 사단이라고 인정된 사단에 의하여 인수된 보험
3. 소액의 생명보험
4. 소액의 상해보험

(2) 제1항 제1호에 언급한 퇴직연금금고에 대하여는 더 나아가 다음 규정들을 적용하지 아니한다.

1. 제6조 내지 제9조, 제11조, 제150조 제2항 내지 제4항 및 제152조 제1항 및 제2항. 이는 제7조 내지 제9조 및 제152조 제1항 및 제2항에 대하여는 민법전 제312b조 제1항 및 제2항의 의미에서의 통신판매계약(Fernabsatzvertrag)의 경우

에는 적용하지 아니한다.
2. 감독관청의 승인하에 보험약관에서 달리 규정하고 있는 경우에의 제153조
(3) 제1항 제3호 및 제4호의 의미에서의 소액보험에 대하여 본법에서 벗어나는 다른 규정을 두는 경우에는 소액보험이 아니라는 이유로 그 규정의 유효성이 부인되지 않는다.

제212조 육아휴업 후의 생명보험의 계속

육아휴업(Elternzeit) 중 기업연금법(Betriebsrentengesetz) 제1a조 제4항에 의한 대가 없이 근로관계가 계속되고 사용자에 의하여 근로자를 위하여 체결된 생명보험이 부모기간 동안의 해당 보험료를 지급하지 않음으로써 보험료면제보험(납제보험)으로 변경된 경우에는 근로자는 육아휴업기간 종료 후 3개월 내에 보험을 변경 전의 관계로 계속될 것을 요청할 수 있다.

제213조 제3자가 가지고 있는 개인건강정보의 입수

개인건강정보의 보험자에 의한 제3자로부터의 입수는 그것이 피보험 위험이나 급부의무를 판단함에 있어서 필요한 경우이어야 하고 형법 제203조 제1항 제1호, 제2호 및 제6호에 언급한 사람 중 하나인 경우에 있어서의 정보가 입수되는 것이고 또 그 해당인이 개별적으로 연방개인정보보호법에 의한 동의를 해준 경우에만 허용된다.

제214조 조정위원회

(1) 연방법무장관은 연방재무부, 연방경제 및 기술부, 연방 식량, 농업 및 소비자보호부의 동의를 얻어 사법적으로 조직된 기구를 다음의 계약이나 분쟁시 법원 밖의 해결을 위한 조정위원회로 인정할 수 있다.
1. 민법 제13조의 의미에서의 소비자와의 보험계약

2. 보험중개자(Versicherungsvermittler) 또는 보험상담사(Versicherungsberater)와 보험계약자 사이의 보험계약중개와 관련하여 발생하는 분쟁

그 인정은 연방관보 또는 연방전자관보에서 공시하여야 한다. 당사자들은 이 조정위원회에 분쟁해결을 신청할 수 있다. 이로 인하여 법원에 제소할 권리는 영향을 받지 아니한다.

(2) 사법적으로 조직된 기구는 그 답변, 제안이나 결정이 독립적이고 타인의 지시를 받지 아니하며 조직상이나 전문성에서 그 과제를 수행할 수 있는 경우에 한하여 조정위원회로 인정될 수 있다.

(3) 인정된 조정위원회는 보험자, 제66조에 의한 보험중개자, 중개자 및 보험조언자에 대한 모든 이의(Beschwerde)에 대하여 답변할 의무가 있다.

(4) 인정된 조정위원회는 제66조에 의한 보험중개인, 중개인 또는 보험조언자로부터 대가를 징수할 수 있다. 명백한 권리남용에 대한 이의제기의 경우에는 보험계약자에게도 대가를 징수할 수 있다. 대가의 액은 인정된 조정위원회의 지출에 비추어 적정하여야 한다.

(5) 사법적으로 조직된 기구를 조정위원회로 지정하지 아니한 경우에는 연방법무부는 연방재무부, 연방경제 및 기술부, 연방 식량, 농업 및 소비자보호부의 동의를 얻어 조정위원회의 업무를 연방상원의 동의 없는 법규명령으로 연방상급기관이나 연방시설에게 부여할 수 있고 그 절차와 수수료 및 지출에 대하여 규정할 수 있다.

제215조 재판관할

(1) 보험계약이나 보험중개로부터 제기되는 소는 보험계약자의 주소지, 그 주소지가 없는 경우에는 그 거소지를 관할하는 법원도 관할이 있다. 보험계약자에 대하여 제기하는 소는 이 법

원이 전속적 관할이 된다.

(2) 민사소송법 제33조 제2항은 타방당사자의 반소(反訴)에는 적용하지 아니한다.

(3) 제1항에서 벗어나는 합의는 보험계약자가 계약체결 이후 그 소지 또는 그 거소지를 본법의 적용범위 밖으로 옮긴 경우이거나 소제기 시점에 그 주소나 거소를 알 수 없는 경우에 한하여 허용된다.

개정 독일 보험계약법 해설*

I. 도 입

독일에서는 보험계약법을 전폭적으로 개정하기 위한 개정위원회가 2000년 6월 7일 구성되어 그 동안 작업한 결과 2004년 4월 19일 개정보고서를 내었다. 그 보고서를 토대로 연방법무부가 심도 있는 토론과 공청회개최 등을 통하여 수집한 자료를 바탕으로 수정하여 2006년 3월 13일 보고자초안(Referententwurf: RefE)을 제출하였다. 이에 기초하여 2006년 10월 11일 정부안(Regierungsentwurf: RegE)이 확정되었으며 예정대로 2007년 7월 5일 연방의회(Bundestag)의 의결과 동년 9월 21일 각주 대표로 구성된 참의원(Bundesrat)의 결의로 개정이 이루어져 동 개정내용이 2008년 1월 1일부터 시행되

---

* 이 부분은 종래 필자들이 발표한 원고를 토대로 이 책의 목적에 맞게 독일 보험계약법의 소개라는 각도에서 일부를 취사선택하고 재구성하여 작성한 것이다. 각 분야별 상세 개정 내용에 대하여는 김은경, “독일 보험계약법 개혁과 그 시사점,” 「상사법연구」 제25권 4호, 2007.2., 223쪽 아래; 김은경, “상법상 보험약관 교부 및 설명의무와 독일 보험계약법 개정안의 소비자정보제공 등의 의무에 대한 고찰,” 「외법논집」 제25집, 2007.2., 209쪽 아래; 최병규, “2007년 독일 보험계약법 개정안에 관한 소고 -통칙부분을 중심으로-,” 「상사판례연구」 제20집 제1권, 2007.3., 179쪽 아래; 최병규, “2007 개정 독일보험계약법 내용에 관한 고찰,” 「손해보험」 제473호, 2008.4., 70쪽 아래; 최병규, “보험료불가분의 원칙에 대한 고찰 -대법원 2008.1.31.선고 2005다57806 판결에 대한 분석을 중심으로-,” 「일감법학」 제13호(2008년 상반기호), 건국대학교 법학연구소, 2008.2., 177쪽 아래; 최병규, “중과실비례보상제도 도입 가능성에 관한 연구,” 「일감법학」 제14호(2008년 하반기호), 건국대학교 법학연구소, 2008.8., 163쪽 아래 참조.

고 있다.[1)]

1908년 5월 30일 이후부터 효력이 인정된 독일 구 보험계약법은 전체 제3절로 구성되어 있는데 보험총칙을 다룬 첫 번째 절은 다시 총 4장으로 나뉘어 제1장(제1조-15조a)에는 일반규정, 제2장(제16조-34조a)에는 고지의무와 위험증가, 제3장(제35조-제42조)에는 보험료, 그리고 제4장(제43조-제48조)에는 보험대리점에 관한 것을 규정하였었다. 제2절에는 손해보험에 관한 것을 정하여 제1장(제49-제80조)에 손해보험 총론을, 제2장 이하에는 손해보험의 각론을 규정하여 화재보험(제81조-제107조), 우박보험(제108조-115조), 동물보험(제116-제128조), 운송보험(제129조-제148조), 책임보험(제149조-158조k)과 권리보호보험(제158조i-제158조o)을 각각 그 내용으로 하고 있었다. 마지막으로 제3절에는 생명보험과 의료보험[2)]에 대한 것으로 다음과 같은 각론을 두었었다. 제1장 생명보험(제159조-178조), 제2장 의료보험(제178조a-제178조o), 제3장 상해보험(제179조-제185조)과 제4장 종결규정(제186조-194조)으로 하여, 구 보험계약법은 전체적으로 총 194개조의 조문으로 이루어졌었다. 권리보험이나 우박보험 또는 동물보험에 관한 규정이 있다는 것, 개별적인 손해보험의 종류로 해상보험에 관한 규정이나 재보험에 관한 사항을 정하고 있지 아니하였다는 것과 피해자의 직접청구권을 구 보험계약법에서는 직접 인정하지 아니하고 단지 자동차보유자를 위한 의무보험법(Gesetz über die Pflichtversicherung für Kraftfahrzeughalter; PflVG, 이하 의무보험법)에서만 이를 허용하였다는 것이 특징적인 것이었다.

이에 반하여 2008년 1월 1일부터 시행이 된 개정 보험계약법은 구 보험계약법과는 구조적인 측면에서 중요한 차이를 보인다. 개정

---

1) Lange, Das Anerkenntnisverbot vor und nach der VVG-Reform, VersR 2006, S.1313.

2) 우리나라의 경우는 이를 질병보험이라고 통칭하나 독일의 경우는 법정 의료보험과 비교하여 사적 의료보험(private Krankenversicherung) 또는 개인 의료보험이라고 하므로 여기에서는 의료보험이라고 정한다.

보험계약법은 기존의 것과는 달리 구성면에서 크게 3편으로 나뉘고 제1편에는 총론(제1조-제99조)과 제2편에는 각론(제100조-제208조), 마지막으로 제3편에서는 종결규정(제209조-제215조)을 두고 있다. 다시 제1편 총론을 두 장로 나누어 그 첫 번째 장에는 모든 보험의 종류에 적용되는 일반규정을, 두 번째 장에는 손해보험에 관한 것을 정하고 있다. 그리하여 결과적으로 제1장은 다시 총 7절(Title)로 구분하여 일반규정(제1조-제18조)을 첫 번째 절에, 고지의무, 위험증가 및 기타 의무를 제2절(제21조-제32조)에, 그리고 보험료에 관한 것을 제3절(제33조-제42조)에 두고 있다. 이어 다음의 4개 절에는 보험계약법에 새롭게 내용 추가가 된 것으로, 제4절에는 타인을 위한 보험계약(제43조-제48조), 제5절은 잠정보상(Vorläufige Deckung, 제49조-제52조), 제6절에는 예정보험(Laufende Versicherung, 제53조-제58조)과 제7절에는 보험중개자(Versicherungsvermittler)[3] 및 보험상담자(Versicherungsberater)[4](제59조-제73조)로 그 내용을 이루고 있다.

제1장이 보험 전반에 걸치는 일반규정을 포함하고 있는 것과는 달리, 제2장은 제74조부터 제99조 사이에서 손해보험을 다루고 있다. 즉 제2장 손해보험 이하에서는 제1절에서 손해보험 일반(Allgemeine Vorschriften, 제74조-제87조)으로, 제2절에서는 물보험

3) 보험계약법 개정안 제1장 제7절 제59조 제1항에서 보험중개자(Versicherungsvermittler)를 보험대리인(Versicherungsvertreter)과 보험중개인(Versicherungsmakler)으로 구분하여 정의하고 있는바, 이에 따라 우리나라에서 'Versicherungsvermittler'를 보험중개인으로 부르는 것에 대한 오해의 소지를 없애기 위하여 위와 같이 보험대리인과 보험중개인을 합쳐 이들의 상위 개념으로서의 보험중개자로 구분하고자 한다.

4) 보험상담자(Versicherungsberater)는 보험계약법 개정에서 새로 도입한 것으로 제59조 4항에 '보험계약의 합의, 변경 또는 심사의 경우나 보험사고가 발생하였을 경우 보험계약으로부터 오는 청구권의 처리 등과 관련해서 영업으로 제3자에게 상담을 하는 자 또는 보험자에 대하여 재판 외에서 대리하는 자로서 보험자로부터 경제적인 이익을 얻지 않거나 여타의 다른 방법으로 보험자에게 종속되지 아니한 자'라고 정의하고 있다.

(Sachversicherung, 제88조-제99조)으로 구분하여 정하고 있다. 이상에서 본 바와 같이 제1편에서 보험에 관한 총론을 일반론으로 정하고 있는 반면에, 제2편에서는 각론으로 구분하여 다시 그 이하에서는 제1장 책임보험(Haftpflichtversicherung, 제100조-제124조), 제2장 권리보호보험(Rechtsschutzversicherung, 제125조-제129조), 제3장 운송보험(Transportversicherung, 제130조-제141조), 제4장 건물화재보험(Gebäudefeuerversicherung, 제142조-149조), 제5장 생명보험(Lebensversicherung, 제150조-171조), 제6장 직업능력상실보험(Berufsunfähigkeitsversicherung, 제172조-179조), 제7장 상해보험(Unfallversicherung, 제178조-191조)과 제8장 의료보험(Krankenversicherung, 제192조-208조)을 그 내용으로 하고 있다. 마지막 제3편은 종결규정(Schlussvorschriften, 제209조-제215조)이다.

이상과 같이 각 보험영역으로 구분하여 규정하고 있어서 구 보험계약법의 구조와는 많은 차이가 있기에 독일에서의 보험계약법에 관한 금번 개정은 가히 개혁에 가까운 것이었다. 여기서 특별된 것은 제192조-제208조의 의료보험에 관한 것은 새보험계약법이 발효된 2008년 1월 1일부터 1년간만 유효한 규정이고 보험법의 개정법(Gesetz zur Reform des versicherungsrechts: Reformsgesetz) 제11조에 따라 2009년 1월 1일부터 새로운 규정으로 다시 대체된다. '법정의료보험계약에 있어서 경쟁강화를 위한 법(Gesetz zur Stärkung des Wettbewerbs in der gesetzlichen Krankenversicherung; GKV-Wettbewerbsstärkungsgesetz, 일명 법정의료보험경쟁강화법)[5]' 제43조에 따라 현존의 보험계약법 일부가 개정되고 그 개정내용이 2009년 1월 1일부로 발효되는 특정조치가 따르게 된다. 즉 보험법의 개정법 제10조에 따라 아직 발효되지 아니한 법정의료보험경쟁강화법 제43조가 완전히 폐지되고 개정법 제11조를 통해 2009년 1

5) BGBl. I S. 3232; vgl. dazu BT-Drucks. 16/3100, 4020, 4200 und 4247.

월 1일부터 보험계약법 제192조에서 제208조가 새롭게 바뀌게 되는 것이다.

II. 개정의 배경과 특징

1. 법정책적 배경

새롭게 변화된 개정 보험계약법에는 국내외 보험시장의 변혁과 유럽 계약법의 발전에 따른 시대적인 요청을 반영하였을 뿐만 아니라 유럽연합 내에서의 역내시장 구축과 관련하여 보험시장의 공동완성에 대한 의지가 내재되어 있다. 특히 유럽연합은 소비자보호주의를 강하게 요구하고 있어서 이를 수용하지 않을 수 없었다.[6] 보험계약법뿐만 아니라 제조물책임법, 방문판매에 관한 법 그리고 모든 금융 등 신용거래에 관한 법에 있어서도 온통 소비자보호가 유럽전역의 화두였다. 경쟁력을 갖춘 보험자란 소비자보호에 만전을 기하는 보험사를 의미하게 되었고, 이와 같은 생각은 하나의 역내시장에서 보험상품을 판매하게 되는 모든 유럽연합회원국에 공동의 관심사가 되었다. 독일의 입장에서도 소비자보호라는 유럽연합의 목표를 수용하여 그들이 일정 역할을 담당할 수 있는 공동시장을 수호하고 유럽단일시장에서 경쟁력을 갖추고자 했으므로 이를 위하여 회원국간 법적 격차를 최소화하는 방향 안에서 새로운 보험계약법을 구축하여야 했던 것이다.

다른 측면에서는 채권법현대화법(Schuldrechtsmodernisierungsgesetz)에 따라 2002년 1월 이후로 개정된 채권법이 가지고 있는 일반적인 계약법적 특징과는 차이가 있는 보험계약법을 개정하여 기본법인 민법과의 관점에서 그 마찰을 제거하자는 데에 있다.[7] 이는 보

6) Gesetzenentwurf der Bundesregierung, Entwurf eines Gesetzes zur Reform-VVG, 11. Oktober, 2006, Drucksache 16/3945, S.118.

험계약법은 계약법적 차원에서 접근하여 채권법과의 상관관계 및 법리적 조화를 유지하는 차원에서 논해지기 때문이다. 그러므로 새롭게 탄생한 채권법과 법논리를 같이하자는 측면에서 계약법적 지도원리를 수용하는 의지를 담아내야 했던 것이다.

더욱이 보험계약법의 개혁과정에는 그 법률형식에 재판법적인 기록 등을 연결시키는 데에 그 목적이 있기도 하다. 특히 시사적이고 현실적인 법률문제에 답하기 위하여 예컨대 생명보험에 관하여 판단을 내려야 했던 연방행정법원(BVerfG)[8)]이나 연방법원(BGH)[9)]과 같은 사법부에 거의 100년이 다 되어가는 오래된 규범을 현실적인 법률분쟁에 억지로 꿰어 맞추는 모순에서 벗어나서 그 규범을 현실적으로 발전시키는 데 일조해야 할 과제가 남아 있기도 하였다. 시대에 적합하지 아니한 보험종목인 동물보험(Tierversicherung)과 우박보험(Hagelversicherung)과 같은 보험계약법상의 특별규정이 이와 같은 맥락에서 폐지되었다.

또한 유럽연합의 지침인 금융서비스에서의 원격판매에 관한 지침(Richtlinie über den Fernabsatz von Finanzdienstleistungen), 일명 통신판매지침 II(Fernabsatz-Richtlinie II)[10)]와 보험중개에 대한 지침(Vermittler-Richtlinie)[11)]을 국내법으로 전환해야만 했다. 이 과정에서 새롭게 만들어진 법으로 보험중개인에 관한 법(Gesetz zur Neu-

---

7) Gesetzenentwurf der Bundesregierung, a.a.O., S.119.

8) BVerfG, NJW 2005, 2376ff; BVerfG, VVG 2005, 1109(1127).

9) BGH, NJW 2005, 3559ff; BGH, VVG 2005, 1565.

10) Richtlinie 2002/65/EG des Europäischen Parlaments und des Rates vom 23. September 2002 über den Fernabsatz von Finanzdienstleistungen an Verbraucher und zur Änderung der RL 90-619 EWG des Rates und zur Änderung der RL 97-7-EG und 98-27-EG(Finanzdienstleistungs-Richtlinie), ABl. L 271 vom 9.10.2002. S.16ff.

11) Richtlinie 2002/92/EG des Europäischen Parlaments und des Rates vom 9. Dezember 2002 über Versicherungsvermittlung, ABl. L 9 vom 15.1.2003, S.3ff.

regelung des Versicherungsvermittlerrechts)[12]이 있는데 위와 같은 지침이나 특정의 국내법이 보험계약법의 개정논리에 배경이 된 것이다.

2. 특 징

(1) 기술진보의 반영

1908년 이후 100여년이 지나면서 비약적인 기술진보가 이루어졌다. 전자매체의 등장으로 새로운 의사소통이 가능하게 된 것이 가장 큰 변화이다. 독일의 입법자는 이러한 변화를 이미 법률에 반영하고 있었다. 그런데 이번 개정에서도 보험자의 각종 상담이나 정보제공을 종래의 문서형식(Schriftform)이 아닌 텍스트형식(Textform)으로 하면 된다고 규정함으로써 반영하였다[가령 개정법 제3조 제1항(보험증권), 제6조, 제7조]. 텍스트형식을 요구할 경우에 문제되는 부분은 정보제공이나 설명의무가 경고기능을 실제로 수행하여야 하는 부분이다. 그 경우에 개정법은 별도의 통지(besondere Mitteilung)를 하도록 요구함으로써 문제를 해결하고 있다(가령 개정법 제19조 제5항 제1문,[13] 제37조 제2항 제2문).

또한 지난 100년 동안 보험기법에서도 대단한 진보가 있었다. 그리하여 가령 보험료불가분의 원칙과 같은 원칙은 더 이상 유지될 수 없게 되었다. 따라서 개정법은 계약이 예정보다 일찍 종료하는 경우 실제 위험을 인수한 부분에 상응하는 일할계산에 의한 보험료반환[14]을 가능하게 하고 있다(개정법 제39조 제1항 제1문).

---

12) BGBl I, Nr. 63, S. 3232. 이 법은 2006년 12월 23일부터 발효되었다.

13) 개정법 제19조 (고지의무) (5) 보험자가 보험계약자에게 **텍스트형식으로 별도의 통지를 통하여** 고지의무위반의 결과를 알려준 경우라면 제3항과 제4항에 따른 권리가 보험자에게 귀속된다. 보험자가 고지되지 않은 위험상황 또는 고지내용의 부정확성을 알았다면 그 권리는 주장할 수 없다.

14) 이에 대한 우리나라의 최근 판례로는 대법원 2008.1.31. 선고 2005다

(2) 사회환경의 변화

기술진보 이외에 사회환경도 많은 변화가 이루어졌다. 특히 생명보험에서 최저 적립금에 관한 내용을 법에서 명문으로 규정한 데에서 그 예를 발견할 수 있다. 독일연방법무부가 구성한 독립된 자문위원회에서 그 근거를 마련한 것으로서 찔머를 하지 않은 전보자본(Deckungskapital)의 50%를 최저적립금으로 결정하게 된 것이다. 계약체결 및 영업비용을 최초 5년으로 분산시키도록 함으로써 최저적립금을 확보하는 조치를 취한 것은 사회환경 변화를 반영한 것으로 여겨지고 있다.[15)]

(3) 소비자보호와 보험자의 상품구성권의 조화

소비자에게 다양한 상품을 제공하는 것, 보험자에게 상품구성권을 보장하는 것이 오히려 부분적으로 소비자보호에 역행할 수도 있다. 이번 독일 개정에서는 양자를 적절히 조화하려고 시도하였다. 다만 그 과정에서 소비자의 복잡한 상품에 대한 분석·판단 능력의 정도도 고려되어야 하며, 충분한 정보제공이 전제가 되어 있다.

(4) 피보험자의 보호와 진정한 소비자보호

소비자 보호 차원에서 중과실 비례보상제도를 도입하고 고지의무

57806 판결("보험료는 원칙적으로 보험자가 위험인수에 대한 대가로서 보험계약자로부터 지급받는 것으로서, 위와 같은 형태의 보험에서 보험계약의 해지 전에 보험사고가 발생함으로써 보험금이 일부 지급되고, 원래 약정된 보험금액에서 이미 발생한 보험사고에 관하여 지급한 보험금액을 감액한 잔액을 나머지 보험기간에 대한 보험금액으로 하여 보험계약을 존속시키는 경우에는, 위와 같이 이미 발생한 보험사고로 인하여 보험자가 담보하는 위험의 크기가 감소하게 되었다고 할 것이므로, 그 후 보험계약이 해지됨으로써 미경과기간에 대한 보험료를 반환하여야 한다고 하더라도, 보험자는 이미 보험금을 지급한 부분에 대하여는 미경과기간의 보험료를 반환할 의무가 없고, 실제로 보험자가 위험의 인수를 면하게 된 부분에 상응하는 보험료를 기준으로 하여 미경과기간의 보험료를 산정·반환할 의무가 있다고 할 것이다") 참조.

15) Präve, Das neue Versicherungsvertragsgesetz, VersR 2007, S.1047.

위반의 효과를 완화하였고 계약체결비용, 즉 보험자의 구체적인 영업비용을 공개하도록 하였다. 그런데 소비자보호는 저렴한 보험료의 상품을 제공하는 데에 있다고 하기 보다는 피보험자에게 더 많은 권리를 주고 피보험자를 지적으로 능력 있게 하는 데에 있다. 또한 보험보호의 여부 및 방법에 대하여 피보험자가 합리적인 판단을 하도록 도와주는 데에 있다.[16] 그리고 재보험과 해상보험을 제외한(개정법 제209조) 기업보험도 강도는 완화된 부분이 있지만(개정법 제210조, 제53조 이하 참조) 함께 규정함으로써 소비자보호와 관련하여서는 피보험자보호의 각도로 이해하여야 한다.

(5) 단체성과 개별성의 조화

개별 보험계약자에게 새로운 권리를 부여하는 것은 보험단체의 이익을 침해하는 면이 있다. 단체성은 보험에서 무시할 수 없는 본질적 요소이기도 하다. 개개의 위험을 집단의 위험으로 변환시키는 것이 보험에는 내재되어 있는 것이다. 그러면서도 개별 보험계약자의 이익을 도외시할 수 없는 점을 이번 개정에서 고심 끝에 반영하였다. 계약을 끝까지 유지하는 자의 이해관계와 계약을 중도에 해약하는 자의 이해관계 사이에서 균형을 유지하도록 절충을 시도한 내용을 입법에 반영하였다.

III. 총론 부분 개정내용

1. 보험에 대한 새로운 개념

보험에 대한 개념을 정립함에 있어서 과거 여러 가지 견해가 있었고 실제적으로 명백하게 정의를 내리는 데에는 어려움이 있었다.

16) Präve, a.a.O., VersR 2007, S.1048.

보험계약을 여러 가지 관점 하에서 분류하였는데 그 중에서도 전형적인 것이 손해보험계약과 인보험계약으로 구분하는 것이다. 손해보험계약에서의 보험의 목적(versicherte Sache)은 피보험자의 재화로, 인보험계약에서는 피보험자의 생명이나 신체로 정의되기 때문에 이를 공통적으로 묶어 단일하게 정의를 내린다는 것은 사실상 곤란하다. 이에 대하여 보험계약에 관하여 손해보상계약설,[17] 수요충족설,[18] 금액급여설,[19] 기술설[20] 및 이원설[21]과 심지어는 보험계약의 공통적인 개념정의를 한다는 것이 용이하지 않다는 이유로 개념정의를 부정하는 부정설[22]이 있을 정도로 현실적인 어려움이 분명히 있었다. 우리 상법 제638조는 이에 대하여 다음과 같이 보험계약을 정의하고 있다. 보험계약이란 '당사자의 일방이 약정한 보험료를 지급하고 상대방이 피보험자의 재산 또는 생명, 신체에 관하여 불확정한 사고가 생길 경우에 일정한 보험금액 기타의 급여를 지급할 것을 약정하는 것'이라 정하고 있어 하나의 내용에 상이한 보험의 목적을 다 포함시켜 정의내리고자 하는 의지가 나타나 있으나 여전히 이분법적인 단점이 있다. 이에 대하여 현재 독일의 보험계약법은 보험계약법 제1조 제1항 제1문에서 손해보험의 계약상 의무를 정하고 있고 제2문에서는 생명보험과 상해보험에 대하여 계약상의 의무를 규정하고 있다. 이에 의하면 '손해보험에 있어서 보험자는 보험사고의 발생 후에 보험계약자에게 그 사고로 생긴 재산상의 손해를 계약에 따라 전보할 의무가 있다'고 한다. 또한 제2문에서는 '생명보험과 상해보험 내지 다른 인보험의 영역에서 보험자는 보험

---

17) Lucena v. Craufurd, 2 Bos. & P.N.R. 260(1806).

18) Bruck, Das Privatversicherungsrecht, 1930, S.57.

19) Gierke, Versicherungsrecht, Erste Hälfte, 1937, S.77f.

20) Edgar Hofmann, Privatversicherungsrecht, 4. Aufl. (C.H. Beck, 1998), S.11, Rn.18.

21) 손주찬, 「상법(하)」, (박영사, 2000), 492면.

22) Rudolf Müller-Erzbach, Deutsches Handelsrecht, 3. Aufl. S.697.

사고 발생 후에 약정한 금액을 일시금이나 연금으로 지불하거나 그 외 합의한 방법으로 실행할 의무가 있다'고 정하여 제1항에서 보험자의 의무를 정하므로 보험계약의 내용을 간접적으로 설명하는 방식을 취하였다. 더욱이 같은 조 제2항에서는 '보험계약자에게 약정한 보험료의 납입의무를 부과하면서 보험계약자가 납입하는 보험료는 보험자에 대한 반대급부의 의미에서 지불하는 금액임'을 명시하고 있다.

그러나 현행 독일 보험계약법이 보험의 의미를 이해하기 위하여 손해보험과 인보험으로 구분하여 그 특징에 따라 분리하여 규정하였던 것을 보험계약법 개정안에서는 통일적으로 보험계약상의 전형적인 의무(Vertragstypische Pflichten)라고 표제를 달아 이전보다는 포괄적이지만 손해보험과 인보험의 특성을 동시에 담는 방법으로 명백하게 그 개념에 접근하고 있다. 즉 개정 보험계약법 제1조에 의하면 '보험자는 약정한 보험사고가 발생한 경우에 급부를 통하여 보험계약자나 제3자의 특정 위험을 안전하게 할 의무를 부담한다. 보험계약자는 보험자에게 약정한 보험료를 지불해야 할 의무가 있다'고 정하여 보험계약의 유상성과 쌍무계약성이라는 계약적 특징과 더불어 보험의 전형적인 특징인 특정의 위험에 의한 보험사고를 담보한다는 사행계약성을 나타냄으로써 그간 이원적으로 보험계약을 정의하던 것에서 손해보험과 인보험에 대하여 동시에 만족할 만한 공통분모를 도출하여 일원적으로 보험계약을 정의하고 있다.

2. 보험자의 상담 및 조언의무

개정 보험계약법은 제6조에서 보험계약자에 대한 상담의무(Beratungspflicht)를 정하고 있어 계약체결여부를 결정하기까지 법정 보호장치가 마련되어 있다. 이 상담의무를 위반하거나 상담내용을 문서화하지 아니하면 손해배상책임의 근거가 될 수 있다. 일각에서는 오히려 보험계약자에 대하여 보험자가 상담의무를 이행함으로써 보험계약에 대한 법적인 정보제공의무(Informationspflichten)의 법정책적인 의미가 감소할 수 있다고 문제삼기도 한다.[23] 그러나 이와 같은 계약체결 전 보험계약자 내지 보험소비자에 대한 이중적인 보호장치는 보험시장에서의 보험자의 경쟁력 강화효과뿐만 아니라 보험소비자를 중심으로 한 보험계약체결의 건전성이 확보되게 하는 견인차 역할을 하게 된다고 보았다. 즉 보험자의 두 가지 의무를 통하여 보험계약자는 단순히 상담을 받는데 그치지 않고, 제공될 보험보호가 보험계약자에게 어떠한 의미가 있는 지, 보험보호가 어느 정도 자신의 생각과 필요에 상응하는 것인지 등을 구체적으로 판단하는 데에 필요한 정보를 포괄적이며, 읽어 이해할 수 있는 내용으로 제공받게 되어 보험계약자를 보호하는 것에 유리하다고 판단한 것이다.

개정 보험계약법 제6조에 따르면 청약이 권유된 보험을 판단하기가 어렵거나 보험계약자의 인적 요소와 상황 등에 대하여 특정의 사유가 존재하는 경우 보험자는 보험계약자의 희망이나 필요에 따라 질의에 답하여야 하고, 상담비용과 보험계약자로부터 지급된 보험료와의 적절한 관계를 고려하여 상담을 해야 하며 특정의 보험에 대하여 해야 할 조언과 관련한 근거 등을 알려주어야 한다. 보험자는 청약이 권유된 보험계약의 다양성을 고려하여 상담내용을 문서화하여야 한다. 보험계약이 보험계약자에게 보험중개인으로부터 중개되거나 민법 제312b조 제1항 및 제2항에서 말하는 통신판매인 경우에는 위 내용이 적용되지 아니한다. 또한 보험자는 보험계약자에게 한 조언과 근거 등을 계약의 체결 전에 명확하고 이해하기 쉽게 서면화하여 송부해야 한다. 보험계약자가 원하거나 보험자가 잠정적인 보상을 보장한 경우에는 이러한 상담의 내용을 구두로 전달할 수 있다. 이 경우에 보험계약체결 후 지체 없이 상담내용을 서

---

23) Niederleithinger, Auf dem Weg zu einer VVG-Reform, VVG 2006, S.440.

면으로 송부해야 하는데 계약이 성립되지 않은 경우와 의무보험의 경우 잠정보상에 대한 계약의 경우에는 이를 적용하지 아니한다.

보험계약자는 보험자로부터 상담 등을 받을 것을 포기하는 것이 보험자에 대하여 손해배상청구권을 행사할 때에 불리하게 영향을 미칠 수 있다는 것에 대하여 분명히 지시받았다는 내용을 서면상 표시로 하는 방법을 통하여 보험자로부터의 상담 등을 포기할 수 있다. 보험계약자가 보험자에게 보험과 관련한 문의와 상담과 관련하여 보험계약체결 후 보험관계가 지속되는 동안에도 보험자의 상담의무는 계속된다. 물론 보험계약자는 개별의 경우에 따라 서면상으로 이러한 상담을 포기할 수 있다. 만일 보험자가 보험계약자에 대하여 상담의무를 포기하는 경우에는 그로 인하여 발생한 손해를 보험계약자에게 배상할 의무가 있으나, 보험자에게 그에 대한 귀책사유가 없는 경우에는 그러하지 아니한다.

3. 정보제공의무

(1) 보험계약에 대한 정보

보험계약자가 여러 가지 보험상품을 놓고 합리적인 선택을 하기 위해서는 보험시장에서 과연 어떠한 보험자가 적절한 역할을 수행할 정도의 경쟁력을 갖추고 보험상품을 판매하고 있는지가 중요한 기준이 될 것이다. 거기에는 보험상품에 대하여 정확한 정보가 덧붙여진다면 보험계약자는 보험소비자로서 보호를 받을 수 있을 것이다.

보험계약법 제7조(보험계약자의 정보) 제1항에 따라 보험자는 보험계약자에게 보통보험약관을 포함하여 법령 제2항에 정해진 정보를 계약체결에 대한 의사표시를 하기 전, 적시에 서면으로 통보해야만 한다. 여기에서 원문상 '계약표시 전 적시에[rechtzeitig vor Abgabe von dessen(Versicherungsnehmer) Vertragserklärung]'라고 하는 시점은 개정된 민법(BGB) 제312c조 제1항을 받아들인 것이다.[24] 여기서 말하는 통보는 정해진 의사전달수단에 따라 명백하고 이해가능하게 전달되어져야 한다. 설령 보험계약자가 계약체결에 대한 의사표시 전에 정보를 서면으로 제공하지 않아도 된다는 요청을 함에 따라 전화나 다른 통신수단을 사용하여 계약이 체결되어졌다 하더라도, 그 정보는 계약체결 후 지체 없이 보충되어져야 한다. 만일 계약체결에 대한 의사표시를 하기 전에 보험계약자가 특별히 서면상의 의사표시를 통하여 정보제공을 받지 않겠다는 의사표시를 명시적으로 한 경우라 할지라도 동일하게 적용된다. 법무부는 관련 부처와의 협조 하에 법령을 통하여 의회의 동의가 없이도 보험계약자에게 포괄적인 정보를 제공할 목적으로 보험정보와 관련한 것을 정할 수 있음을 같은 조 제2항은 정하여 보험시장의 변화에 신속하게 대처하려는 의지를 보여주고 있다. 또한 제3항에서는 보험자가 보험계약이 지속되는 동안에도 서면으로 보험과 관련한 정보를 제공해야 하고 특히 이전에 제공했던 정보가 변경이 된 경우, 의료보험에서 보험료가 증가될 경우, 요율에 변경이 있을 경우 및 생명보험에서의 이익배당에 관한 경우에는 특별히 이 정보제공의무를 공고히 할 것을 정하고 있다. 제4항에 의해 보통보험약관을 포함하여 계약상의 규정을 증권화하여 송달할 것을 보험계약자는 보험자에게 계약기간 중에도 언제든지 요구할 수 있으며, 최초의 비용은 보험자가 부담하는 것으로 한다. 개정 보험계약법 제7조의 규정에 의한 정보의무는 모든 보험계약자에게 근본적으로 적용되지만, 같은 조 제5항에 근거하여 대형위험(Großrisiko)[25]과 관련한 보험계약의 경

24) Niederleithinger, a.a.O., VVG 2006, 440.

25) 대형위험이라 함은 보험계약법 시행을 위한 법(Einführungsgesetz zum VVG) 제10조 제1항 2문에서 정의하고 있는데 보통보험약관에 적용을 받지 아니하는 것으로 철도, 해상, 항공, 내륙항해에 관한 차량 또는 선체보험과 책임보험 및 육상운송보험, 신용보험, 보증보험에 근거한 배상의무를 보험에 든 경우로 다음의 기준 가운데 2개 이상에 해당하는 경우를 말한다. 즉 6천 2백만 ECU의 결산총액, 1억 2천 8백만 ECU의 순매상고 또는 평균적으로 250명 이상의 피용자를 고용하는 경우 중에 해당하여야 한다

우에는 제1항에서 제4항까지 규정이 적용되지 아니한다는 예외를 두고 있다. 그러나 이 같은 계약에 있어서도 같은 항 제2문에 의거하여 보험계약자가 자연인인 경우에는 보험계약의 체결 전에 행사할 수 있는 권리가 무엇인지와 해당보험에 있어서 관련 감독관청은 어디인지를 서면으로 통보하여야 하기 때문에 보험계약자를 보호하고자 하는 최소한의 기준을 제시하고 있다.

(2) 정보제공의무와 소비자의 개념

개정 보험계약법 제7조에 따른 정보제공의무는 근본적으로 모든 보험계약자에게 적용된다. 그러나 제7조 제5항에 그 예외를 인정하고 있는데 대형위험과 관련한 보험계약에 대하여는 정보제공의무가 적용되지 않는다. 통신판매지침(Fernabsatzrichtlinie II) 2편 개념정의[26]에 의하면 보험계약에서의 소비자라 함은 영업상 또는 직업상의 활동에 귀속되지 않을 목적으로 원거리 보험계약을 체결하는 자연인이라고 설명하고 있다. 여기에서 원거리판매계약이란 한 개 또는 여러 가지의 통신수단을 통하여 공급자와 소비자사이에 은행 내지 보험사 등에서 제공하는 금융서비스와 관련하여 체결한 계약을 의미한다. 또한 민법 제13조[27][28]에 따르면 영업상 또는 독자적인

(Schmidt, Versicherungsalphabet, 8.Aufl. VVW, 1991, S.148; http://www.noe-versicherungsmakler.at/dokumente/richtlinien_umsetzung/gewo_grossrisiko.pdf, 2007.2.10), 여기에 덧붙여 대위험이란 인보험 외의 영역에 해당하는 위험을 말한다(Europäische Kommission, E-commerce und Vericherung, Markt/2522/02-DE Rev.1 S.9).

26) Richtlinie 2002/65/EG des Europäischen Parlaments und des Rates vom 23. September 2002 über den Fernabsatz von Finanzdienstleistungen an Verbraucher und zur Änderung der RL 90-619 EWG des Rates und zur Änderung der RL 97-7-EG und 98-27- EG (Finanzdienstleistungs-Richtlinie) ABl. L 271/19 vom 9.10.2002. S.19.

27) BGB §13; Verbraucher ist jede natürliche Person, die ein Rechtsgeschäft zu einem Zwecke abschließt, der weder ihrer gewerblichen noch ihrer selbständigen beruflichen Tätigkeit zugerechnet werden

직업상 활동에 포함되지 아니할 목적으로 법률행위인 계약을 체결하는 자연인을 소비자라고 한다. 그런데 민법의 취지와 같이 단순히 자연인만을 소비자의 범주에 포함시킬 것인가의 문제에 대하여 입법자들은 상당히 진보적인 사고를 가지고 입법과정에 참여하였다. 즉 입법안 보고서에 따르면,[29] 영업상 또는 독자적인 직업상의 활동의 수행으로 보험계약을 체결하는 자의 범주에 소규모사업자와 자영업종사자 등도 포함되는데 그들에 대한 보호필요성이 보통의 소비자보다 일반적으로 더 사소한 것이라고 볼 수 없다고 보았다.

---

kann.

28) 민법 제13조는 다음과 같은 유럽연합지침에 근거하여 개정된 규정이다, Richtlinie 85/577/EWG des Rates vom 20. Dezember 1985 betreffend den Verbraucherschutz im Falle von außerhalb von Geschäftsräumen geschlossenen Verträgen (ABl. EG Nr. L 372 S.31); Richtlinie 87/102/EWG des Rates zur Angleichung der Rechts- und Verwaltungsvorschriften der Mitgliedstaaten über den Verbraucherkredit (ABl. EG Nr. L 42 S. 48), zuletzt geändert durch die Richtlinie 98/7/EG des Europäischen Parlaments und des Rates vom 16. Februar 1998 zur Änderung der Richtlinie 87/102/EWG zur Angleichung der Rechts- und Verwaltungsvorschriften der Mitgliedstaaten über den Verbraucherkredit (ABl. EG Nr. L 101 S.17); Richtlinie 93/13/EWG des Rates vom 5. April 1993 über missbräuchliche Klauseln in Verbraucherverträgen (ABl. EG Nr. L 95 S.29); Richtlinie 94/47/EG des Europäischen Parlaments und des Rates vom 26. Oktober 1994 zum Schutz der Erwerber im Hinblick auf bestimmte Aspekte von Verträgen über den Erwerb von Teilzeitnutzungsrechten an Immobilien (ABl. EG Nr. L 280 S. 82); Richtlinie 97/7/EG des Europäischen Parlaments und des Rates vom 20. Mai 1997 über den Verbraucherschutz bei Vertragsabschlüssen im Fernabsatz (ABl. EG Nr. L 144 S.19); Richtlinie 99/44/EG des Europäischen Parlaments und des Rates vom 25. Mai 1999 zu bestimmten Aspekten des Verbrauchsgüterkaufs und der Garantien für Verbrauchsgüter (ABl. EG Nr. L 171 S.12),

29) Abschlussbericht der Kommission zur Reform des Versicherungsvertragsrechts vom 19. April 2004, a.a.O., S.11-12.

그들도 여전히 보험계약의 체결에 경험이 적은 자들이고 계약과정의 협상에서 전문지식을 가진 자로부터 상담을 받아야 하기 때문에 충분히 보호대상자로 보았던 것이다. 그리하여 민법 제13조에서 의미하는 소비자의 범주에 대한 제한을 보험소비자에 대한 정보제공과 관련하여서는 옳지 않다고 판단하였다. 그 외에도 제3 손해보험지침(3. Schadensrichtlinie)[30]에서 등장한 자연인과 법인과의 구별도 소비자보호가 필요한지의 여부를 판단하는 데 있어서 적절한 기준이 아니라는 판단하에 이 개정에서는 이를 포기하였다.[31]

이상과 같은 취지의 소비자개념을 정립했던 첫 시도인 '1980년 채권관계에 적용될 권리에 대한 로마협정(EVÜ)[32]'에서는 소비자의 의미를 '자신의 직업 내지 영업활동에 귀속되지 않을 목적으로 계약을 체결하는 자'라고 정하였던 것에서부터이다. 여기에서 문제가 되는 것은 소비자의 핵심적인 표지는 자연인에 한하고 계약의 목적을 기준으로 삼고 있으며 직업과 영업활동이라는 목적을 배제하고 있다는 것이다.[33] 물론 그 후 많은 유럽공동체법에서 계약상 전형규정에 독자적인 소비자개념이 형성되었는데 몇 개의 입법지침에서 소비자 개념을 처음부터 언급하고 있는데,[34] 역시 이에 의해서도 소비자는 법률행위영역에서 자신의 업무상의 행위나 직업상의 행위 외에서 거래를 하는 사인(私人)을 말한다고 한다. 이 같은 협의의

---

30) Richtlinie 92/49/EWG des Rates vom 18. Juni 1992 zur Koordinierung der Rechts- und Verwaltungsvorschriften für die Direktversicherung (mit Ausnahme der Lebensversicherung) sowie zur Änderung der Richtlinien 73/239/EWG und 88/357/EWG (Dritte Richtlinie Schadenversicherung), ABl. L 311 vom 14.11.1997,

31) Abschlussbericht der Kommission zur Reform des Versicherungsvertragsrechts vom 19. April 2004, a.a.O., S.12.

32) ABl. L 266/1/EWG vom 9.10.1980.

33) Münchkomm/Weick, Rn.15 zu §Vorbem zu §§13, 14.

34) 이하는 김은경, "유럽법에서의 소비자정책의 개관," 「유럽연구」, 23권(한국유럽학회, 2006), 63면 이하.

소비자개념은 방문판매에 관한 사안에 대한 법원의 해석기준으로부터 이끌어내진 것인데, 일괄여행(일명 패키지여행)지침[35]에서와 같은 특정상황에서도 광범위하게 적용되어졌다.

반면 단순히 자연인이냐 법인이냐의 획일적인 기준을 넘어, 자연인이나 법인이 자신의 거래, 영업 또는 직업적 활동영역 내에 속하면서도 그와는 다른 방향이나 목적으로 가지고 외부적 활동을 하게 되는 경우인 혼합된 활동의 영역, 예컨대 변호사업무를 위하여 자동차를 구매하는 경우 그 자동차의 용도가 공적인 경우와 사적인 경우 동시에 사용되어지는 사례를 해당 자동차의 구매과정과 사용측면에서 과연 어디까지를 소비자가 하는 소비의 양태로 볼 것인가가 문제가 되었다. 이 경우 소비자의 개념과 관련하여 유럽집행위원회 산하 소비자조정위원회[36]는 혼합된 활동에서는 소비자의 개념에 명백한 기준을 제공하기에 어려움이 있으므로 그 혼합된 활동 중 주된 행동이 소비자로서의 행동에 해당하는 경우라면, 즉 전체적으로 주된 목적과의 관계에서 고찰하여 소비자로서 판단되면 소비자보호의 대상이 되게 한다고 정하고 있다[37]고 하여 전체 활동의 주된 목적이 개인적인 소비와 관련이 있다면 소비자로 간주된다는 것이다. 금융서비스분야뿐만 아니라 일반 소비형태에서 등장하게 되는 소비자개념의 문제를 유럽연합차원에서 지속적으로 논의하여 발전시켜나갔고 이를 보험계약법 개정작업에서 고려하여 민법 제13조

35) Richtlinie 90/314/EWG des Rates vom 13. Juni 1990 über Pauschalreisen, ABl. L 158.

36) 유럽공동체는 각 회원국의 법으로 실행되어야 할 표준을 설정하는 업무를 하기도 하는 데, 소비자와 관련된 정책을 확정함에 있어서 유럽위원회 산하 20명으로 구성된 "소비자조정위원회"가 큰 역할을 담당하는 데 그들은 소비자의 개념과 관련하여 지침의 기본 취지에 부합하는 표준정의를 내놓았기도 하였는데 이에 따르면 소비자란 자신의 거래, 영업이나 직업과 관련되지 않은 목적을 주된 목적으로 삼고 활동하는 자연인을 뜻한다.

37) Norbert Reich, Bürgerrechte in der Europäischen Union, (Normos, 1999) S.276.

에서 말하는 소비자의 개념보다는 넓은 범위의 인적영역을 소비자로 보았다. 그리하여 주로 기업보험에서 문제가 되는 대형위험을 보험의 목적으로 하여 보험계약을 체결하려는 자를 제외하고 보험계약에서 계약체결에 협상능력이 낮고 보험계약에 경험이 부족한 경우로 금융서비스를 받는 자로서 보호의 대상이 되는 자를 소비자로 하려는 취지로 보험자의 정보제공의무와 소비자를 연결하여 반영하고 있다.

(3) 정보의 내용

계약체결과정에서 필수적인 정보가 제공되고 보험계약자는 이에 근거하여 계약상 자유재량권(Entscheidungsfreiheit)을 행사하여 균형잡힌 계약을 체결할 수 있도록 할 기회가 있다는 내용의 독일 보험계약법은 유럽법에서 추구하는 소비자보호와 융화를 이루는 것이다. 여기에서 제공되어야 하는 정보의 내용과 관련하여 입법안보고서[38]에 따르면 구체적인 것은 법무부의 법령을 통하여 정하여진다고 하였다. 민법의 정보제공의무에 관한 규정(BGB-Informationspflichten-Verordnung)이 그 모범례가 될 것이지만, 반면 보험계약법 제7조 제2항에 의하여 법무부는 재경부의 동의 하에 법령을 만들어 낼 것이라는 것에는 차이가 있다. 이 같은 수권규정 이외에도 보험자의 정보내용은 매우 상세한 규정을 정한 통신판매지침(Fernansatz-richtlinie II)과 생명보험지침(Lebensversicherungsrichtlinie)[39]을 기초하여 정하여진다. 정보에 대한 최소범위는 기본적으로 관련 지침을 통하여 정해졌으며, 구체적인 것에 대하여는 법령권자가 특정의 보험계약을 체결하려고 하는 보험계약자의 결정에 의미가 있다고 보

38) Abschlussbericht der Kommission zur Reform des Versicherungs-vertragsrechts vom 19. April 2004, a.a.O., S.12.

39) Richtlinie 2002/83/EG des Europäischen Parlaments und des Rates vom 5. November 2002 über Lebensversicherungen, ABl. L 34519. 12.2002.

이는 정보내용을 포괄적으로 정할 수 있다. 유럽위원회의 보고서[40]는 유럽사법재판소의 판례[41]를 인용하여 보험계약체결 전에 보험계약자 측에서 보험계약의 내용을 실제적으로 이해하는 데에 필요한 정보가 구축되어야 하는데, 정보에 대한 구체적인 내용은 유럽연합의 지침에 근거하여 회원국법과 일치하는 범위 내에서 정할 수 있다고 제언한 바 있다. 이상의 취지를 모아 법령 제2조에 정한 정보를 보험계약자에게 제공되어져야 하는 최소한의 것으로 볼 수 있다. 이는 주로 보험의 목적, 보험보호의 범위, 보험료와 보험기간 중 및 계약의 종료까지의 보험계약자측의 의무, 생명보험에서의 보험료산출근거 및 이익배당의 문제 등을 포함하는 것이다.

4. 철 회 권

(1) 철회권의 구성

보험계약자의 일반적인 철회권에 대한 규정은 금융서비스에서의 통신판매계약에 대한 규정의 개정을 위한 법(Gesetz zur Änderung der Vorschriften über Fernabsatzverträge bei Finabzdienstleistungen)[42] 제6조를 통하여 편입되어진 구보험계약법 제48조c 제1항에서 제4항까지의 규정과 내용상 일치하는 것이다. 특징적인 것은 보험계약법 제152조 제1항의 생명보험계약과 관련한 것을 제외하고는 구보험계약법 제5a조, 제8조 제4항과 제5항의 철회권, 이의권 및 해지권이 보험계약법 제8조에 의해 하나로 묶어 통일적으로 적용되게 한 것이다. 이 제8조의 규정은 통신판매지침(II)의 취지에 상응하는 것이지만, 이 지침의 적용범위에 대한 제한은 보험대상인 인적범위

---

40) Europäische Kommission, E-commerce und Vericherung, Markt/2522/02-DE Rev.1 S.9.

41) EuGH vom 5. März 2002, RS. C-386/00, Axa/Ochoa.

42) Gesetz zur Änderung der Vorschriften über Fernabsatzverträge bei Finabzdienstleistungen vom 2. Dezember 2004, BGBl. I S.3102.

와 관련해서나 보험계약의 성립방법과 관련해서도 객관적으로 옳지 못하기 때문에 그 보호법익을 포괄적으로 넓힌 것도 또 하나의 특징이다. 즉 제7조 제1항의 정보제공의 대상을 대위험에 대한 보험계약의 경우를 제외하고 민법 제13조상의 소비자뿐만 아니라 모든 자연인과 법인도 동일하게 보호할 필요가 있다고 하여 철회권의 행사의 경우에도 소비자의 범위를 넓게 인정하고 있다. 그러므로 보험계약법 제8조 제1항은 구 보험계약법 제48a조 제1항과 결합한 제48c조와는 달리 '모든' 보험계약자에게 계약체결에 대한 의사표시를 한 날로부터 철회를 할 수 있는 권리를 부여하고 있다. 철회권의 행사는 보험자에 대하여 서면으로 하며 철회를 함에 있어서 근거를 필요로 하지 않는다는 것을 명시하고 있다. 즉 아무런 근거 없이도 보험계약자의 의사에 따라 철회할 수 있는 것이다.

(2) 철회의 기간

보험계약법 제18조 제1항에 모든 보험계약자는 계약의 의사표시를 2주 내에 철회할 수 있다. 이때에 적시에 발송하면(rechtzeitige Absendung) 기간엄수로 족하다. 철회의 기산점은 제2항에 의거 보통보험약관을 포함한 보험증권, 계약상의 규정 및 제7조 제1항과 제2항에 따라 제공된 그 외의 보험자의 정보 등의 서류가 보험계약자에게 도달되면 시작한다. 이때 보험계약자에게 허용된 통신방법의 조건에 맞추어 철회의 상대방에게 이름과 주소 및 기산점과 철회행사 방법 등을 포함하여 철회권의 존재 및 철회의 결과에 대하여 알기 쉽게 구성한 지시내용[43]도 함께 도달되어야 한다. 이상의 서류가 도달한 때로부터 시작하는 철회의 기산점은 현 보험계약법 제48c조 제2항의 기산점인 보험계약체결시점과는 분명히 차이가 있다. 보험계약시점이 현실적으로 어느 때인지가 보험계약의 양 당사

43) 보험계약법 제8조 제2항 2문에 따라 법무부에서 법령에 근거하여 공개한 양식을 사용하게 된다면 이는 일반적인 지도방법으로 적합하다고 보았다.

자에게 불분명한 경우가 보통이었기에 보험증권의 도달에 맞추어 기산점을 산정하는 것이 그 기준이 명백하므로 분쟁의 소지가 적다. 보험증권 등 서류의 도달에 대한 증명책임은 같은 항 3문에 따라 보험자에게 있다.

구체적인 경우 계약의 성립시기와 관련해서는 달라진 것은 없다. 다만 보험계약자를 보호하기 위하여 2주간의 철회기간이 계약의 체결에 의해 기산되는 것이 아니고 보험계약법 제7조 제1항과 제2항에서 정한 전체 서류와 정보 및 서면상의 지도내용이 보험계약자에게 도달된 때부터 시작한다는 것이 결정적인 것이다.[44]

(3) 철회권 행사의 예외

보험계약법 제8조 제3항에서 철회권이 존재하지 않는 경우에 대하여 정하고 있다. 철회권은 보험계약의 기간이 1개월 미만의 경우, 민법 제312b조 제1항과 제2항의 의미에서 통신판매 계약의 문제가 아닌 것으로써의 잠정보상(vorläufige Deckung)과 관련한 보험계약, 고용계약규정에 기인한 연금공제에서의 보험계약[45] 또는 보험계약법의 시행법 제10조 제1항 제2문에서의 대형위험에 대한 보험계약[46]에서는 철회권이 인정되지 않는다. 물론 보험계약자가 자신의 철회권을 행사하기 전에 보험계약자의 명시적인 의사에 따라 양 계약당사자가 계약의 내용을 이미 완벽하게 이행한 경우라면 철회권의 행사는 인정되지 않는다.

(4) 철회권 행사의 결과

보험계약자에게 인정된 철회권이 행사됨에 따라 어떠한 법률적

---

44) Gesetzenentwurf der Bundesregierung, a.a.O., S.155.

45) 고용계약 규정에 근거한 연금공제와의 보험계약에 대한 예외는 이미 구 보험계약법 제5조a 제1항 2문과 일치하는 것이다.

46) 대형위험에 대한 계약의 경우에도 철회권을 인정하지 않는 것은 보험계약법 제7조 제5항 1문의 정보제공의무에 대한 규정과 동일한 취지에서이다.

결과가 나타나는지에 대하여는 보험계약법 제9조가 구체적으로 정하고 있다. 제8조 제2항 제1문에 따라 철회권의 존재여부와 철회의 결과 등에 대하여 보험자를 통하여 지시를 받았고 보험계약자가 보험상의 보호가 철회기간의 종료 전에 시작한다는 것에 동의한 바 있다면, 보험계약법 제8조 제1항에서 정한 보험계약자의 철회권 행사의 경우에는 보험자는 철회권의 도달 이후의 시기에 해당하는 보험료는 상환하여야 한다. 이 상환의무는 철회의 도달 후 적어도 30일 내에 지체 없이 이행되어야 한다. 만일 위에서 언급한 보험자 측의 지시 등이 행해지지 않은 경우라면 보험자는 보험상의 보호를 위해 지불된 첫해 보험료도 추가적으로 상환하여야 한다. 그러나 보험계약자가 보험계약상의 이행급부를 청구한 경우라면 이는 적용되지 않는다. 이와 같은 취지의 규정은 통신판매지침(II) 제7조를 고려하여 정한 것이며,[47] 금융서비스에서의 통신판매계약에 대한 규정의 개정을 위한 법(Gesetz zur Änderung der Vorschriften über Fernabsatzverträge bei Finanzdienstleistungen)[48] 제6조를 통하여 보험법에 편입되어진 구 보험계약법 제48c조 제5항의 규정을 그대로 전용한 것이다. 그러므로 철회의 결과에 관한 규정은 보험계약법 개정위원회의 제안과는 그 내용을 달리 하는데,[49] 개정위원회의 제안에 의하면 보험계약자가 철회의 법률적인 결과를 알지 못하는 상황 하에서 철회를 하였다면 이미 받은 보험급부를 보험자에게 돌려주어야 하는 불이익을 당할 수 있기에 이러한 취지를 담고 있는 규정을 정부안으로 받아들이지 아니한 것이다.

---

47) Gesetzenentwurf der Bundesregierung, a.a.O., S.156.

48) Gesetz zur Änderung der Vorschriften über Fernabsatzverträge bei Finanzdienstleistungen vom 2. Dezember 2004, BGBl. I S.3102.

49) 실제적으로 보험계약법 개정위원회에서 제안한 철회의 효과에 대한 규정과는 다소 차이가 있다. 이에 대한 자세한 사항은 Abschlussbericht der Kommission zur Reform des Versicherungsvertragsrechts vom 19. April 2004, a.a.O., S.200 이하와 S.298 이하를 참조.

5. 보험계약기간 변화

보험계약자의 이익을 위하여 개정법은 계약기간 3년이 끝나는 시점과 그 이후 매 1년마다의 강행적인 특별해지권을 부여하였다. 그런데 그로 인하여 계약의 사실상의 존속기간을 단축하는 것은 아니다. 보험계약자나 보험자가 합의된 정규의 해지권, 다른 해지권 혹은 앞의 특별해지권을 행사하지 않는 한 계약은 존속되는 것이다. 그러나 계약당사자는 계약을 3년 이상 해지할 수 없는 방식으로 체결할 수는 없다. 바로 보험계약자가 3년이 끝나는 시점에 특별해지권을 가지기 때문이다. 보험자도 그에 상응하는 해지권을 보험약관에서 유보할 수 있다. 그로써 개정법은 구 보험계약법 제8조 제3항의 5년의 고정계약기간을 3년으로 단축한 결과로 되었다. 이는 계약기간 1년만 지나면 해지할 수 있도록 하자는 주장과 개정 전의 5년 사이에서 절충한 결과였으며, 이 절충은 수용할 수 있는 것으로 평가하고 있다.[50]

6. 보험료불가분원칙의 포기

보험료불가분의 원칙(Das Prinzip der Unteilbarkeit der Prämie)이란 보험관계가 의무위반이나 위험증가로 인하여 해지 또는 해제되거나 보험계약이 보험자를 통하여 취소된 경우 의무위반, 위험증가 또는 취소의 원인을 안 날로부터 보험기간의 종료 때까지의 보험료가 보험자에게 귀속되어야 한다는 것으로 구 보험계약법 제40조 제1항에 의하여 인정되었다. 또한 제2항에 따라 보험료납입의 지체를 이유로 보험관계가 제39조에 의거하여 해지되었다면, 계속되는 보험기간의 종료 때까지 보험료가 보험자에게 귀속된다는 것도 포함된다. 그러나 보험계약법 제74조 제2항 제2문에는 보험계약이 무효가 되는 상황을 안 시점까지의 보험료가 보험자에게 귀속된다고 하여 지

50) Begründung des Entwurfs(RegE), II, 3.

금까지 원칙론으로 고수하던 보험료불가분의 원칙을 폐지하였다.

비록 이 규정에 의해 원론적인 보험료불가분의 원칙은 폐지될지라도 보험계약이 무효가 된 이유가 보험계약자의 악의에 의한 경우, 즉 법에 반하여 재산상의 이익을 편취할 목적으로 초과보험을 체결한 경우를 무효로 한 것으로, 이는 제한적인 범위 안에서 보험계약이 무효가 됨을 안 시점까지의 보험료는 보험자에게 귀속시키는 방법으로 보험계약법적 제재를 여전히 고수하고 있다. 더욱이 이는 보험료를 보험자에게 귀속시킴으로써 불법적으로 재산상의 이익을 얻으려는 보험계약자의 시도를 성과가 없도록 하게 하는 징벌적 또는 예방적인 목적규정이기도 하다.[51] 여기에 덧붙여 제87조의 취지에 따라 제74조 제2항 제2문은 보험계약자에게 불이익이 되게 보험약관이나 개별적인 계약으로 변경할 수 없는 상대적 강행규정(halbzwingend)으로서의 특징을 가지고 있다.

7. All or nothing 원칙의 포기

구 보험계약법은 보험계약자 측의 계약적 또는 법적 의무위반과 위험증가금지 및 고지의무위반의 경우에 특정의 전제조건하에서 보험자를 면책하게 하여 그 결과 보험계약자를 간접적으로 제재하고 있다. 즉 보험계약자는 자신이 유발한 위반사항으로 보험상의 보호를 전혀 받지 못하게 되는데, 이를 All or nothing 원칙(Alles-oder-Nichts-Prinzip)이라고 한다. 이는 사실상 보험계약자의 계약위반과 책임의 확정에 따라 보험자의 급부가 전부 또는 전무하게 이루어진다는 아주 단순한 논리적 규정이다. 그러나 보험자의 면책을 이끌어내는 전제조건 자체가 객관적으로 정당하지 못한 경우가 있을 뿐만 아니라, 보험계약자가 이를 쉽게 이해하고 수용할 수 있는 것도 아니었다. 무엇보다도 면책과 관련한 모든 규정[52]이 보험계약자에

---

51) Gesetzenentwurf der Bundesregierung, a.a.O., S.197.

게 완전한 계약상의 보험급부로 되거나, 정반대로 완벽한 보험면책으로 되는 All or nothing 원칙에 근거한다는 것에 대하여 실무에서는 부정적인 시각이 지배적이었다. 특히 All or nothing 원칙에 근거한 규정은 보험계약자의 책임이 그의 고의와 과실에 의한 것인지에 대한 정확한 경계가 결정되어져야 하는 문제이기 때문에 과연 절대적 고의에 의한 것인지, 인식있는 과실에 의한 것인지 또는 과실이라 할지라도 경과실인지 중과실인지에 따라 보험자의 급부가 정해지므로 이에 따라 급부가 전부 또는 전무하게 결정된다는 것에 문제가 있다고 보았다. 보험계약자의 책임의 정도가 수량으로 표시할 수 있는 것이 아니고 오히려 주관적인 요소에 의하여 결정되는 사안이기 때문에 지속적으로 논쟁거리가 된 것이었다.[53)]

보험계약법 개정작업에서 이 문제를 각각의 개별규정에 의해서 바로 잡으려 한 것이 아니라, 보험계약자의 계약상의 총체적인 의무위반, 즉 위험상황의 통지나 위험증가금지와 같은 사항에 대하여 보험계약에 관련한 모든 자들이 수용할 수 있고, 그들의 이해관계를 적절하게 반영하여 포괄적이고 통일적인 제도를 정하려고 하였다.[54)] 이에 따라 다음과 같은 기본원칙을 정하였다. 첫째, 보험자가 보험계약을 해지하거나 높은 보험료를 요구할 수 있는 경우라면 법률결과로서의 보험자는 굳이 면책되지 않는다. 둘째, 보험사고나 보험자의 이행의 범위에 인과관계가 되는 위반은 근본적으로 보험자의 면책을 끌어낼 수 있다. 단 보험사고 전후에 보험계약자의 사기행위는 그것이 사고에 원인이 되지 않았다 할지라도 예외적으로 보험자의 면책으로 한다. 셋째, 단순히 과실에 기인한 위반에 대하여 보험자가 면책되지 않는다. 넷째, 고의에 의한 위반은 보험자의 책임이 면제된다. 다섯째, 보험계약자의 의무사항에 대하여 중과실에 의한 위반의 경우에는 책임의 정도에 따라 보험자가 그의 이행을

52) 예컨대 구 보험계약법 제6조, 제23조 이하, 제61조 및 제71조 등이다.

53) Gesetzenentwurf der Bundesregierung, a.a.O., S.123.

54) Gesetzenentwurf der Bundesregierung, a.a.O., S.123.

줄일 수 있다. 여섯째, 보험자의 면책이 보험계약자에게 의외의 것이 아니어야 한다. 더불어 보험계약자에게 주의를 주고 바른 행동양태로 가게 하는 보험자의 지도 내지 지시의무(Belehrungspflichten)가 있었어야 한다. 일곱째, 증명책임이 명백하고 통일적으로 규정되어진다. 주로 고의에 대한 증명은 보험자가 해야 하고, 중과실에 대해서는 보험계약자에게 증명책임이 있다. 그러나 인과관계에 대한 증명에 있어서 변함없이 보험계약자의 행동에 인과관계가 없다는 것이 증명된다면 의무위반은 아무런 문제가 없는 것으로 된다.[55)]

이상에 근거하여 보험계약법 제26조 제1항 위험증가의 경우, 제28조 제2항 계약체결 후 고의에 의한 의무위반의 경우, 제81조 제2항 보험사고발생의 경우에는 All or nothing 원칙을 폐기하자는 취지이다. 제26조 제1항 제1문은 보험계약자가 제23조 제1항에서 언급한 바와 같이 계약체결의 의사표시 후에 자신이나 제3자의 고의에 의한 위험증가가 있었고 위험증가에 따라 보험사고가 발생한 경우라면 보험자는 면책된다는 것이다. 제2문에서는 중과실에 의한 위반의 경우라면 보험계약자의 책임의 정도에 비례하여 보험자의 이행을 줄일 수 있다고 하면서 중과실의 부존재(Nichtvorliegen)에 대하여는 보험계약자에게 증명책임이 있다고 덧붙이고 있다.[56)] 또한 제28조 제2항은 보험자가 보험계약자로부터 이행되어야 하는 계약상의 의무를 위반한 경우에는 보험자가 면책될 것임을 계약에 정하였다면 보험계약자가 고의로 의무를 위반한 때에만 면책이 된다고 하여 계약체결 후 발생한 고의에 의한 의무위반만을 보험자의 면책의 대상으로 제한하였다. 중과실에 의한 의무위반의 경우에는

---

55) Gesetzenentwurf der Bundesregierung, a.a.O., S.124.

56) 그러나 이 경우에서 보험계약자의 책임문제와 관련하여 일반적인 증명의 문제는 구 보험계약법이 적용되어 여전히 보험자가 보험계약자의 고의뿐만 아니라 중과실에 대하여 증명해야 한다. 다만 중과실의 부존재에 대하여는 보험계약자에게 증명책임이 있는 것이다; Gesetzenentwurf der Bundesregierung, a.a.O., S.200.

보험계약자의 책임의 정도에 비례하여 보험자에게는 이행을 줄일 권한이 있다고 하면서 제26조 제1항의 취지와 마찬가지로 중과실의 부존재에 대하여는 보험계약자에게 증명책임이 있음을 확인하고 있다. 그 외에도 제81조 제2항에서는 보험계약자가 손해보험에서 보험사고를 중과실로 일으킨 때에는 보험계약자의 책임의 정도에 비례하여 그의 이행을 줄일 수 있다고 정하고 있다.

이는 보험자의 면책의 조건을 크게 고의에 의한 경우와 중과실에 의한 경우로 구분하여 정한 것이 특징이다. 고의로 인한 위험증가가 보험사고의 원인이 된 경우와 계약상의 의무위반을 면책사항으로 할 것임을 계약의 내용으로 한 것 중 이를 고의로 의무위반을 한 경우는 보험자의 면책사유로 하고 있다. 이상 두 가지 양태의 고의에 대하여 보험자가 면책이 되는 것과 달리 보험계약자의 중과실에 의한 위험증가, 의무위반 및 보험사고발생에 대하여 보험자는 자신의 이행책임으로부터 완전히 면책되는 것이 아니고, 오히려 보험계약자의 책임 정도에 따라 보험자의 이행을 줄일 권한이 있다고 한다. 중과실의 경우에는 보험계약자의 개별적인 보호이익을 고려하여 구체적인 사건에 따라 판단하여 All or nothing 원칙을 비율 내지 할당(Quotelung)[57]을 통하여 대체하고, 이행의 범위는 보험계약자의 책임의 정도에 따라 결정되기 때문에 구체적인 사건에서 중과실이 조건부 고의(bedingter Vorsatz)에 가까운지 경과실과의 경계선상에 있는 것인지에 따라 그 정도는 달라질 수 있다.[58]

8. 증권모델폐지와 청약모델도입

(1) 증권모델의 개념

증권모델(Policenmodell)이라 함은 보험계약의 체결에서 보험계약

57) Römer, Zu ausgewählten Problemen der VVG-Reform nach dem Referentenentwurf vom 13. März 2006(Teil I), VVG 2006, 740.

58) Gesetzenentwurf der Bundesregierung, a.a.O., S.200.

자가 계약체결 전에, 즉 보험청약서에 서명을 하기 전에 보험약관 또는 보험감독법(Versicherungsaufsichtsgesetz; VAG) 제10a조에 의거하여 작성된 소비자정보, 혹은 양자 모두를 보험사로부터 전달받지 않는 행동방식을 말한다. 이는 보험계약자는 보험약관이나 보험소비자정보를 송부된 보험증권과 함께 받는 방식으로 증권절차(Policenverfahren)라고도 한다.[59] 보험계약자는 우선 청약을 하게 되고, 보험자의 승낙의 의사표시와 함께 보험계약자에게 중요한 소비자정보와 보험약관을 보내게 되는데 이때에 흔히 보험증권(Versicherungsschein, Police)을 송부함으로써 계약을 체결하게 되는데 이를 증권모델이라 부르는 것이다.[60] 구 보험계약법 제5a조 제1항에 '보험자가 보험계약자에게 보험약관을 교부하지 않았거나 보험감독법 제10a조에 의한 소비자정보를 제공하지 아니한 경우에는 보험계약자가 보험증권, 보험약관 및 기타 계약상 토대가 될 소비자정보에 관련한 서류를 받은 후 14일 이내에 서면상 이의를 제기하지 아니하면 계약은 체결된 것으로 간주한다'고 하였는데 이 규정이 증권모델과 일치하는 부분으로 보면 된다. 즉 이 같은 계약체결방법은 청약당시에 보험계약자에게 보험약관이 제공되지 않았다는 것에 대한 보완책으로 14일안에 이의권을 행사할 수 있도록 허용함으로 문제를 해결하고 있다.[61] 보험계약에서 보통의 소비자, 즉 경험이 부족한 보험계약자에게는 계약의 최종적인 효력발생 전에 계약과 관련하여 충분한 정보와 적정한 숙고기간이 주어지지 않아 문제가 되는 것이다. 보험계약자는 일반적인 경우 보험증권과 함께 위에 언급한 자료들을 송부받기 때문에 계약 전에 자료의 검토를

---

59) http://www.wgv-online.de/wgv/owa/WDB.GLOSSAR_FORM?p_frames=NFRAM&p_mode=SPEZ&p_value=P&p_sid=, 2006.12.20,

60) Gesetzenentwurf der Bundesregierung, a.a.O., S.121; Abschlussbericht der Kommission zur Reform des Versicherungsvertragsrechts vom 19. April 2004, a.a.O., S.18.

61) Römer, a.a.O., VVG 2006, 740.

통하여 합리적으로 계약체결여부를 결정한다는 것은 어려울 수 있고 이것이 곧 소비자보호에 역행하는 것일 수 있다. 이에 대하여 실제로 관련 판례[62]가 나오고, 그간 구 보험계약법 제5a조를 포괄적으로 해석하여 유럽연합의 법에 부합하도록 노력했던 것[63] 등을 감안하여 입법자는 진지하게 증권모델을 폐지하자는 것으로 원칙을 정하였다.

(2) 청약모델로의 변화

청약모델(Antragsmodell)이라 함은 보험계약의 체결에 있어서 보험계약자가 계약체결 전에 또는 보험청약서에 서명을 하기 전에 이미 보험감독법 제10a조에 따라 충분하고 자세한 소비자정보를 받는 양태를 말한다.[64] 이 소비자정보는 주로 계약의 내용을 이루는 것으로 보험약관과 연관이 되는 경우가 보통이다. 이 청약모델을 청약절차(Antragsverfahren)라고 부르기도 한다.[65] 주로 보험계약은 보험계약자가 민법 제145조의 의미 안에서 청약의 의사표시를 하고 제148조에 따라 일반적으로 정해진 기간 안에 보험자가 이를 수용하거나 또는 거절함으로써 체결되어진다. 이 같은 행동양태는 독일 보험자들로 하여금 특별히 표준약관을 통하여 이미 광범위하게 실행되고 있었다. 보험계약자의 청약서에 보험자의 승낙을 결정하는데 필요로 하는 모든 사항이 기재되고 보험계약자가 이전에 이미 모든 정보를 제공받았다면 그 계약은 비교적 간단하고 가능한 한 신속하게 성사되는 것이다. 이를 통상적으로 계약체결에 있어서 청

62) 각주 8과 9 참조.

63) Römer/Langheid, VVG 2. Aufl, 2003 §5a Rn.3.

64) www.cecu.de/372+M50a2f712884; http://www.wgv-online.de/wgv/owa/WDB.GLOSSAR_FORM?p_frames=NFRAM&p_mode=SPEZ&p_value=A&p_sid=, 2006.12.20.

65) www.cecu.de/372+M50a2f712884; http://www.wgv-online.de/wgv/owa/WDB.GLOSSAR_FORM?p_frames=NFRAM&p_mode=SPEZ&p_value=A&p_sid=, 2006.12.20.

약모델이라고 하는 것이다.[66]

현실적으로 위에서 언급한 증권모델에 비하여 청약모델은 보험계약자가 보험자로부터 시기적으로 빨리 정보를 제공받고 그에 근거하여 계약을 체결할 수 있다는 데에 근본적인 장점에 있다. 소비자보호를 위한 근거로서의 보험감독법 제10a조는 감독법규의 지위로 공법적인 규정이며 감독청에 대하여 보험자의 공법상의 의무를 정한 것이다. 소비자정보라고 하는 것이 보험계약자에게 보험계약체결 전, 또는 적어도 그 체결과정에서 보험상품에 대하여 정보로 제공되는 것에 의미가 있기 때문에 처음부터 보험계약자에 대하여 정보제공에 관한 사법상의 의무가 보험자에게 있는 것인지에 대하여 논쟁이 있었다.[67] 사실상 이 보험계약법의 개정입법절차가 진행되는 과정에서 선제적으로 도입된 구 보험계약법 제5a조 규정은 소비자보호에 대한 취지를 담은 것으로, 계약법상 소비자보호의 중요성을 명문상으로 이미 확인한 것이라고 볼 수 있다. 이러한 현상이 혁신적으로 반영된 것이 곧 보험계약법 제7조인데, 이는 보험계약자에 대한 보험자의 정보제공의무가 종합적이며 직접적으로 계약법에 규정된 것이다. 이를 통하여 보험감독법 제10a조는 보험계약법으로 교체된 것일 뿐만 아니라, 제3 손해보험지침(3. Schadensrichtlinie)[68]과 통신판매지침(Fernabsatzrichtlinie II)에 따른 보험자의 포괄적인 정보제공의무를 내용으로 하는 유럽공동체법의 규정이 국내법으로

---

66) Gesetzenentwurf der Bundesregierung, a.a.O., S.121; Abschlussbericht der Kommission zur Reform des Versicherungsvertragsrechts vom 19. April 2004, a.a.O., S.17.

67) Abschlussbericht der Kommission zur Reform des Versicherungsvertragsrechts vom 19. April 2004, a.a.O., S.11.

68) Richtlinie 92/49/EWG des Rates vom 18. Juni 1992 zur Koordinierung der Rechts- und Verwaltungsvorschriften für die Direktversicherung (mit Ausnahme der Lebensversicherung) sowie zur Änderung der Richtlinien 73/239/EWG und 88/357/EWG (Dritte Richtlinie Schadenversicherung), ABl. L 311 vom 14.11.1997, S.42.

변환되는 것이다. 이 보험감독법 제10a조의 취지인 청약모델은 구 보험계약법 제5a조가 보험계약법 제7조와 제8조로 변화되어 내용 및 절차상 현실적인 변혁을 가져오게 된다. 보험자의 명문상의 의무는 계약체결 전에 관련 내용을 상담하고, 계약의 내용을 설명하며, 정보를 제공하는 것인데, 이에 대하여는 다음에서 기술한다.

9. 고지의무 변화

보험계약법 제19조 제4항[69]에 의하면 보험자가 보험계약자가 알리지 않은 사항을 알면서, 설사 다른 조건으로라도 계약을 체결한 경우에는 중과실에 의한 고지의무위반으로 인한 보험자의 해제권 및 제3항 제2문에 의한 보험자의 해지권은 인정되지 않는다. 이 경우 다른 조건은 보험자의 요청에 의해 보통의 경우 소급적으로, 보험계약자의 책임 없는 의무위반의 경우에는 현재의 보험기간으로부터 계약구성내용으로 되도록 규정되어 있다. 이 부분은 개정내용이 보고자초안과는 달리되어 있었다. 원래 보고자초안에 의하면 보험자가 보험계약자가 중요한 사항을 알리지 않은 사정을 알면서 계약을 체결한 경우에는 해제권이나 해지권을 원칙적으로 행사할 수 없다고 하면서, 다만 보험계약자가 고지의무를 고의나 중과실에 의하여 위반한 경우에는 그 내용이 적용되지 않도록 규정하고 있었다. 이에 대한 근거로 입법이유는 중과실에 의하여 고지의무를 위반하는 보험계약자와의 계약에 보험자가 기속될 것을 기대하기가 어렵다는 점을 들고 있었으나,[70] 이 점은 독일 학자들에 의하여 비판받고 있

69) 보험계약법 제19조 제4항: "보험자가 보험계약자가 알리지 않은 사항을 알면서, 설사 다른 조건으로라도 계약을 체결한 경우에는 중과실에 의한 고지의무위반으로 인한 보험자의 해제권 및 제3항 제2문에 의한 보험자의 해지권은 배제된다. 다른 조건은 보험자의 요청에 의해 소급적으로, 보험계약자의 책임 없는 의무위반의 경우에는 현재의 보험기간으로부터 계약구성내용으로 된다."

었다.[71] 원래 고지의무는 정보의 비대칭으로 인하여 보험계약자측이 충분히 정보를 획득할 수 없으므로 중요한 사항을 보험계약자측으로 하여금 미리 알리게 하는 것이다. 나중에 불고지든 부실고지든 고지의무위반이 보험자가 보험계약을 승낙하기로 결정하는데 영향을 미치지 않았음이 밝혀지면 보험자로서는 원래 받아주려는 계약이었으므로 계약을 유지하게 하는 것이 합리적인 면이 있다. 그리하여 고의가 아닌 중과실에 의한 고지의무위반의 경우에는 해제권을 배제하는 쪽으로 개정법에서 규정하게 된 것이다. 또한 보험계약자가 잘못된 정보를 주어 다른 조건으로(위험면책 관련한 사항, 보험료 증액 등) 계약이 체결되게 되었다면 보험계약법 제19조 제4항에서는 보험자의 요구에 의하여 다른 조건은 소급적으로나 당해 보험기간으로부터 계약내용이 된다고 규정하고 있다. 그 밖에 고지의무와 인과관계에 대하여는 보험계약법 제21조 제2항[72]에서 규정하고 있다.[73]

또한 제21조 제3항에 의하면 보험계약자가 고지의무를 위반하였지만 계약체결 이후 5년이 지났다면 보험자는 자신의 권리를 행사할 수 없다. 악의적인 기망의 경우에는 그 기간은 10년이다.[74] 일

70) Begründung des Entwurfs(RefE), S.50.

71) Niederleithinger, Auf dem Weg zu einer VVG-Reform, VersR 2006, S.437, 444.

72) 보험계약법 제21조 제2항: "보험사고 후 제19조 제2항에 의한 해제의 경우에 고지의무위반이 보험사고의 발생이나 확정에 영향이 없었던 경우를 제외하고는 보험자는 급부의무를 지지 않는다. 보험계약자가 고지의무를 악의적으로 위반한 경우에는 보험자는 급부의무가 없다."

73) 독일 법에서는 고지의무위반과 사고발생 간에 인관관계 없을 경우에도 앞으로의 계약에 대한 해지는 가능하도록 하고 있다. 우리의 경우에도 상법개정시 상법 제655조와 관련하여 고지의무위반이 사고발생과 인과관계가 없을 경우에도 장래를 향하여 하는 계약해지는 가능하다는 취지로 개정하는 것이 바람직하다.

74) 우리의 경우는 해지권 제척기간은 3년이고 약관에서 뚜렷한 사기의사가 있는 경우에는 제재권 행사가능 기간이 5년으로 늘어나게끔 규정하고 있

정기간이 지나면 계약존속에 대하여 안정성을 확보하여야 하기 때문에 동 규정은 보험계약자의 이해관계에 합당하다고 평가한다.[75] 그러나 이러한 해석이 잘못된 고지를 하여 위험평가를 잘못되게 하는 보험계약자를 배제하여야 한다는 보험단체의 이해관계에는 부합하지 않는 면이 있다. 그러나 보험단체의 이익은 반드시 우선적으로 인정하여야 할 것은 아니라고 보고 있다. 독일의 경우 연방헌법재판소[76]의 판결도 그렇고 특히 연방대법원[77]의 판결에 의하면 개개의 보험계약자와 보험단체의 이해가 충돌할 경우에는 이익형량에 의하여 판단하여야 함을 밝히고 있다. 개정법에서 제안하고 있는 내용은 그러한 이익형량에 부합한다고 평가되고 있다. 5년이라는 기간[78]은 보험계약자가 그 기간경과를 기대하며 의도적으로 잘못된 고지를 하는 것에 대처하는 데 충분하다고 독일에서는 보고 있는 것이다.

10. 제소기간 폐지

구 보험계약법 제12조 3항에 의하면 보험계약자가 6개월 내에 재판상 이행청구권을 행사하지 아니하면, 보험자는 급부를 이행할 책임이 면제됨을 정하고 있었다. 즉 이행청구권을 재판상 주장하지 아니하면 보험자는 급부책임으로부터 면제된다는 것인데 이와 같은 보험자의 면책조항을 보험계약법에서는 폐기하였다. 보험계약자 측으로부터 주장되지 아니하는 청구권을 보험자가 고려하여야만 하는지에 대하여 가능하면 신속히 확정하는 것이 보험자의 이익과 관련

다.

75) Begründung des Entwurfes(RefE), S.53.

76) BVerfG v. 26.7.2005, VersR 2005, S.1109, 1127.

77) BGH v. 12.10. 2005, VersR 2005, S.1565.

78) 원래 개정위원회의 보고서에서는 3년을 제안하였다. Abschlußbericht der Kommission, §23 Abs. 3.

이 있다는 것이다.

11. 잠정보상규정 신설

잠정보상(vorläufige Deckung)79)은 몇 개의 보험영역에서 보험계약자뿐만 아니라 보험자의 이해관계와 관련해서 아주 중요한 경제적인 의미를 가진다. 목적했던 보험계약이 체결되기 전에 미리 보험상의 보호가 확보되어 아직까지는 완전히 보험계약체결이 확정되지 아니한 미보험상태의 자동차로부터 사고를 당한 피해자의 경우라도 보상을 받을 수 있는 길이 열려 있으므로 잠정보상의 허용여부에 따라 이해관계에 대하여 중대한 변화가 생겨나는 것이다. 보험계약을 체결하는 과정에서 보험자와 보험계약자가 신속한 협의에 의하여 바로 계약이 체결되고 즉시 계약적 효과가 발생할 수 있다면 큰 어려움이 없겠지만 사실상 계약과정에서는 계약체결을 위하여 최소한의 시간을 요하는 경우가 많다. 예컨대 최종적으로 계약체결여부를 결정하기 위하여 보험계약자에게 필수적인 서류를 제출하게 하려고 보험자에 의하여 보험의 대상이 되는 위험심사와 보험요율의 확정 등 보험계약자 측의 청약에 대하여 보험심사를 하는 과정에서 더욱이 보험계약법이 정한 정보를 제공하는 과정 등에서 보험계약체결상 어느 정도 시간이 적절하게 필요한 것인데, 현실적으로는 이 시간 동안에도 보험사고는 발생할 수 있다. 그러므로 잠재적인 피해자의 보호를 위해서나 무보험상태를 방지하기 위하여 시급하게 보험상 보호가 요구되는 경우에 잠정보상이라는 제도를 통하여 이러한 시간적 간극을 보충해 주게 되는 것이다. 계약적으로 아직까지 구속되지 아니한 이해관계자를 우선적으로 관련보험자와 계약상의 협력관계를 유지시키게 하려는 것이 곧 잠정보상으

---

79) 이를 잠적적인 보상승인(vorläufige Deckungszusage)이라고 칭하는 경우도 있다: 이기수/최병규/김인현, 보험·해상법(박영사, 2008), 60면.

로,[80] 보험시장에서 어느 정도로 보험자가 보험계약자나 제3자를 위하여 이를 인정해주느냐에 따라 시장친화적인 보험자와 그렇지 못한 보험자가 구별이 되는 것이므로 잠정보상의 문제는 보험자끼리의 경쟁수단으로 작용할 수 있는 것이다. 보험계약상 잠정보상제도의 인정은 일종의 계약법적인 측면의 효과라기보다는 보험계약의 사회적인 역할을 강조한 합목적적인 고려에서 출발한 것으로 보인다.

구 보험계약법에서는 이 잠정보상을 명문으로 언급하지 않았다. 단지 자동차의무보험에 대한 규정에서 잠정보상에 관하여 몇 개의 필요규정만을 가지고 있었는데, 이는 자동차등록을 위한 조건으로 보험보호가 전제되어야 하고 최종적인 계약은 자동차등록 후에 체결되는 제도적인 특징에서 비롯된 것이다. 보험계약법에서는 잠정보상 제도의 사회적인 기여와 합목적적인 이유에 근거하여 제49조에서 제52조 사이에 이 잠정보상에 관한 규정을 신설하고 있다.

12. 소멸시효 변화

독일의 경우 보험금청구권 시효는 2년이며 생명보험의 경우 5년으로 되어 있었다. 그러나 보험계약법에 의하면 이를 민법의 일반원칙으로 돌려 보험료, 보험금에 대한 시효를 공히 3년으로 하였다.

이와 같이 독일 보험계약법 개정내용에 의하면 보험계약에서 소멸시효기간에 대한 특별규정이 삭제된다. 구 보험계약법에 의하면 보험계약상의 청구권은 2년으로 소멸시효가 완성하며, 생명보험의 경우는 그것이 5년이었다. 이 소멸시효기간은 독일에서 2002년 발효된 채권법 현대화법의 소멸시효에 관한 새로운 규정과 달랐다. 독일 민법에 의하면 보통의 소멸시효기간은 3년이다(독일 민법 제195조[81] 참조). 그런데 이번 개정에서 보험계약에서는 민법의 전형

80) Gesetzenentwurf der Bundesregierung, a.a.O., S.125.

81) 독일민법(BGB) 제195조(보통의 소멸시효기간) 보통의 소멸시효기간은 3년이다.

* 소멸시효에 관한 구 보험계약법과 개정된 보험계약법 내용 비교

<table>
<tr><th>구 독일 보험계약법(WG) 제12조(소멸시효; 제소기간)</th><th>개정 독일 보험계약법
제15조(소멸시효의 중단)</th></tr>
<tr><td>(1) 보험계약으로 인한 청구권은 2년으로 소멸시효가 완성한다. 생명보험의 경우에는 5년이다. 소멸시효는 보험급부를 청구할 수 있는 해의 말로부터 진행한다.</td><td rowspan="3">보험계약으로부터의 청구권이 보험자에게 신고된 경우에는 소멸시효는 보험자의 결정이 청구자에게 텍스트형식으로 도달할 때까지는 중단된다.</td></tr>
<tr><td>(2) 보험계약자의 청구권이 보험자에게 신고된 경우에는 소멸시효는 보험자의 서면에 의한 결정(schriftliche Entscheidung des Versicherers)이 도달할 때까지 중단된다.</td></tr>
<tr><td>(3) 청구권이 6개월 내에 법원에서 주장되지 않는 한 보험자는 면책된다. 이 기간은 보험자가 보험계약자에게 기간경과로 인한 법적 효과를 알려주면서 보험계약자의 청구권을 서면으로 거절한 때로부터 진행한다.</td></tr>
</table>

적인 소멸시효기간에서 벗어나야 할 계약상대방(보험계약자)의 보호이익이 존재하지 않는다는 점이 확인되었다. 그리하여 2007년 개정에서는 소멸시효기간을 삭제한 것이다. 따라서 소멸시효기간의 개시, 기간 및 중단은 앞으로 전적으로 독일 민법(BGB) 제195조 이하에 의하게 되었다.

Ⅳ. 각　　론

1. 의무보험

(1) 제3자에 대한 직접청구권의 인정

보험관계에 근거하여 보험자의 급부범위 안에서 제3자는 보험자에게 직접적으로 손해배상의 청구권을 행사할 수 있도록 하는 것이 제3자의 직접청구권(Direktanspruch)이다. 직접청구권은 보험계약법

의 특별법인 의무보험법(Pflichtversicherungsgesetz; PflVG) 제3조에서 제한적으로 인정되던 것이었으나 보험계약법 제115조에서는 일반론으로 받아들여 규정하고 있다. 제3자인 피해자의 직접청구권을 일반적인 의무보험에서도 인정하게 되어 피해자의 손해배상청구권 행사를 용이하게 하여 피해자보호에 그 의미를 두게 되었다. 직접청구권의 인정은 전혀 보험계약관계에 있지 아니한 피해자인 제3자에게 가해자의 보험자에 대하여 배상청구권을 행사하게 함으로써 그간 사법에서 일반적으로 고수되었던 분리주의(Trennungsprinzip)[82]를 예외적으로 포기하는 것으로 볼 수 있다. 특히나 직접청구권의 법적 성질이 손해배상의 병존적 채무인수(Schuldbeitritt)[83]인지 보험법상의 지급청구권의 행사[84]인지 논란을 불식하고 명문으로 보험자에게 직접적으로 손해배상을 청구한다고 정하여 그간의 논쟁에 대하여 판례의 취지와 통설적 견해를 명문화한 것이다. 보험자는 배상책임이 있는 보험계약자와 연대채무자(Gesamtschuldner)로서의 책임이 있음에 대하여 제1항 제3문에서 정하고 있다. 더욱이 이 직접청구권의 소멸시효를 배상책임이 있는 보험계약자에 대한 손해배상청구권의 소멸시효와 동일하다는 의무보험법 제3조 제3항의 취지를 다시 확인하여 직접청구권의 소멸시효를 가해자에 대한 손해배상청구권의 소멸시효인 3년으로 정하였다. 그 외에도 소멸시효의 기산점과 관련하여 통일적으로 손해배상청구권의 소멸시효의 시점

---

82) Kim, Eun-Kyung, Die Rechtsstellung des Geschädigten in der Kraftfahrzeug-Haftpflichtversicherung im deutschen und koreanischen Recht, Diss. Mannheim, 1999, S.75ff.

83) Sieg, ZVersWiss 1965, 357(378); Prölss, NJW 1965, 1737(1739); BGHZ 79,170=BGH NJW 1981, 925.

84) Bott, Der Schutz des Unfallgeschädigten durch die Kraftfahrzeug-pflichtversicherung, Karlsruhe, 1964, S.76ff.; Landwehr, VersR 1965, 1113(1113/1114) Seidel, Zur Struktur und Inhalt der Rechts-beziehungen in der Kraftfahrzeugpflichtversicherung, Mannheim 1979, S.48.

과 동일하게 취급하고 있다. 보험자에게 제3자가 직접청구권에 근거하여 청구를 하게 되면 소멸시효는 중단된다.

(2) 위험부담의 문제

의무보험(Pflichtversicherung)에서 특징적인 것으로 보험계약법 제117조 제1항에 의하여 보험계약상 보험자가 보험계약자 측에 대하여 이행이 면제되는 경우라도 보험자는 제3자인 피해자에게 이것으로 항변할 수 없다. 보험사고가 발생한 후 제3자가 보험자에게 직접청구권에 근거하여 배상을 받은 경우 보험자는 보험계약자에 대한 면책사유에 근거하여 계약당사자에게 구상권을 행사하고, 만일 보험계약자가 변제능력이 없는 경우라면 그 지불불능의 위험(Insolvenzrisiko)을 부담하게 된다는 것이다. 또한 제114조 제2항에 의해 보험계약자의 자기부담부분(Selbstbehalt)에 대하여 합의가 있었던 경우에도 제3자에게 이에 대하여 이의를 제기할 수 없고, 공동피보험자(mitversicherte Person)에 대하여도 이를 주장할 수 없어서 위험의 이동(Risikoverlagerung)이 있게 된다.[85] 그러므로 현재는 자기부담분과 관련한 지불불능 위험을 제3자가 부담하고 있지만, 향후에는 제3자가 직접청구권을 보험자에 대하여 행사함으로써 이미 유효하게 합의한 자기부담부분에 대하여는 보험자가 보험계약자에게 구상권을 행사하는 방법으로 해결하여야 하는 것이다.

2. 책임보험

구 보험계약법 제149조에서는 책임보험의 보험자는 보험계약자가 보험기간 중의 사고에 대하여 자신의 책임 있는 사유로 제3자에게 배상할 책임을 진 경우에 이를 보상한다고 하여 보험자의 책임의 범위를 정함으로써 책임보험을 간접적으로 정의하고 있었다. 개정

85) Gesetzenentwurf der Bundesregierung, a.a.O., S.127.

보험계약법은 동일한 취지의 것을 제100조에서 정하고 있지만 보험자의 급부라는 제목하에서 보험사고가 발생한 경우 그간 인정되어 온 보험자의 방어의무를 명문상 인정하여 보험자의 의무를 더 확장하여 구체적으로 정하고 있다. 제100조에 따르면 책임보험의 보험자는 보험기간 중에 발생한 사고에 대한 보험계약자의 책임에 근거하여 제3자가 주장한 청구를 면하게 하고 근거 없는 청구를 방어할 의무를 진다.

제3자의 가해자에 대한 청구권에 대한 면책이나 그 청구의 방어를 내용으로 하고 있다. 이는 구 보험계약법에서는 보험기간 중에 발생한 사고에 대하여 보험계약자가 제3자에 대한 급부의 이행을 전제하고 있으며 이 이행부분에 대하여 보험자가 보상을 한다고 정한 반면 개정 보험계약법은 보험자에게 보험계약자를 면책하게 하고 근거 없는 피해자의 청구권 행사에 대해서는 방어의무를 부과하고 있다는 것에 차이가 있다. 보험계약자 내지 피보험자가 피해자에게 이행한 급부를 보험자가 보상하던 기존의 체계에서 벗어나 보험계약자가 피해자에게 책임이 있다고 판단된 경우 보험자는 보험계약 외적 존재인 피해자의 보험계약자에 대한 청구에 대하여 면책하게 하고 피해자의 근거 없는 청구를 적극적으로 방어할 의무를 부담한다고 하여 보험계약자가 굳이 피해자에게 직접적으로 배상하지 않아도 되며 더불어 피해자 보호의 견지에서 운용되었던 피해자의 직접청구권 행사의 현실적 의미를 구체화시킨 것으로 평가된다.

더욱이 독일의 의무보험법에서만 특별하게 인정되었던 피해자의 직접청구권을 개정 보험계약법 제2편 제1장 제2절의 의무보험영역 제115조에서 직접적으로 정하여 특별법에서 일반법의 원칙으로 보편화시켰다.[86] 이에 따라 피해자는 손해배상청구권을 직접 보험회

---

86) 개정법 제115조(직접청구권) (1) 제3자는 보험계약으로부터의 보험자의 급부범위 내에서 그리고 제3자의 급부의무는 존재하지 않는 한도에서 제117조 제1항 내지 제4항의 범주에서 손해배상청구권을 보험자에게 직접 주장할 수 있다. 보험자는 손해배상을 금전으로 이행하여야 한다. 보험자

사에 청구할 수 있다. 사실상 독일은 피보험자인 가해자와 제3자인 피해자 사이의 책임관계와 가해자 측인 보험계약자와 보험자 사이의 보험관계를 분리하는 분리주의(Trennungsprinzip)[87]를 고수하였기에 직접청구권을 일반 법규화하여 인정하는 것이 용이하지 않았다. 그러나 보험계약법의 개정을 통하여 이러한 독일 보험계약법 중 책임보험법에 대한 구조적 및 법적 개념에 대하여 전향적 자세를 보이고 있는데 이는 책임보험의 발생초기와는 다른 법이론적 현실을 반영하는 것이다. 이제 보험계약법 제100조 전단에서 '책임보험의 보험자는 보험기간 중에 발생한 사고에 대한 보험계약자의 책임에 근거하여 제3자가 주장한 청구를 면하게 하고'라고 정함으로써 피해자의 손해배상청구권(Schadensanspruch)[88] 대신에 보험자에 대한 가해자의 배상채무의 면책청구권(Freistellungsanspruch)을 직접적으로 인정한 것이며,[89] 후단은 '근거 없는 청구를 방어할 의무를 짐'으로써 보험계약자가 일종의 권리보호(Rechtsschutz)를 요구하는 것으로[90] 지금까지의 해석론을 법규범화한 것으로 보인다.

또한 구 보험계약법 제154조 제2항에서는 책임보험의 경우 피보험자가 보험자의 동의 없이 제3자의 청구권을 승인하거나 이행하는 경우 보험자가 면책될 수 있음을 규정하고 있었다. 그에 따라 실제 약관에서 대부분 청구권 승인 등을 허용하지 않고 있었다. 이러한 승인금지규정에 위배되는 경우 대부분 보험금청구권을 상실하도록 되어 있었다. 그리고 책임보험에서는 최종적으로 확정되지 않은 보

와 급부의무 있는 보험계약자는 연대채무자(Gesamtschuldner)로서 책임을 부담한다.

87) Kim Eun-Kyung, a.a.O., Diss. 1999, S.79.

88) 이에 대하여 보험금지급청구권 또는 보험금지급청구권의 대위행사로 보는 의견도 있었다.

89) Gesetzenentwurf der Bundesregierung, Entwurf eines Gesetzes zur Reform-VVG, 11. Oktober, 2006, BR-Drucksache 16/3945. S.85.

90) Mexiner/Steinbeck, Das neue Versicherungsvertragsrecht, Verlag C.H. Beck, 2008, S.145.

험상의 청구권을 양도하는 것이 금지되어 있었다.

개정 보험계약법 제105조[91]에 의하여 구법 제154조 제2항의 내용은 삭제되었다. 그 배경에는 종래의 규정은 보험회사의 이익에서도 적정하지 않았으며 효과적이지도 않다는 점에서 찾을 수 있다. 보험계약자가 제3자의 청구권을 승인한다고 하여 보험자에게 불리하게 새로운 청구권을 발생시키는 것도 아니고 보험사고를 초래하는 것도 아니기 때문이다.

그 외에도 개정 보험계약법에서는 보험금청구권과 관련한 양도금지도 삭제되었다. 개정법 제108조[92] 제2항은 가해자인 보험계약자는 보험자에 대한 보험금청구권을 피해자인 제3자에게 양도할 수 있다. 이로써 독일 책임보험약관 제7조 제3호에 대한 대법원 판례를 법률을 통하여 번복한 것이다.

3. 권리보호보험

책임보험과 구별하여야 할 것에 권리보호보험 또는 법무보험(Rechtsschutzversicherung)이라는 것이 있다. 법무보험이라 함은 보험계약자가 타인에 대해 배상청구권을 가지는 경우 그 권리행사를 용이하게 하거나 또는 과실여부가 판명되지 않은 상태에서 상대방의 청구에 대하여 방어하기 위하여 소요된 비용 등을 전보함을 목적으로 하는 보험이다. 이 보험에 가입하면 가령 자신의 집에 있는

91) 개정법 제105조(보험계약자의 인락) 자신의 동의 없이 보험계약자가 제3자에게 급부를 하거나 그 청구를 인락하는 경우에는 보험자가 면책된다는 합의는 무효이다.

92) 개정법 제108조(보험금청구권에 대한 처분) (1) 보험관계에서 발생한 보험금청구권에 대한 보험계약자의 처분은 제3자에 대하여는 효력이 없다. 법률행위에 의한 처분과 강제집행이나 압류절차에서 행하여진 처분과 같다.
(2) 보험금청구권의 제3자에 대한 양도는 보통보험약관에 의하여서도 배제할 수 없다.

나무가 이웃 담을 넘은 경우 법적분쟁 등의 경우에 보호 받는다. 이 법무보험은 외국에서는 잘 개발되어 있고 또 실제 활용도 많으나 우리나라에서는 아직까지는 개발도 부진하고 활용도 부진한 상황이다. 이와 같이 법무보험은 자신의 권리행사를 위하여 소요된 변호사비용을 포함한 소송비용과 또 부당한 청구권으로부터 방어하기 위한 비용을 전보하기 위한 보험이므로 자신이 직접 타인에게 배상책임을 부담할 때 그 책임을 인수해주는 것이 주목적인 책임보험과는 다르다. 그러나 양자는 일부 중복되는 부분도 있다. 독일의 경우 각 보험종목을 보험업법에 비교적 세분하여 열거하여 두고 이들 종목별로 보험사업의 허가를 해준다. 그리고 그 허가과정에서 일정하게 유사성을 가진 영역은 같이 허용해주는 것이 가능하게 되어 있다. 그 결과 자동차보험, 해상운송보험, 항공운송보험, 화재 및 일반손해보험, 책임보험, 신용 및 보증보험, 사고 및 상해보험, 권리보호보험, 생명보험, 펀드와 결합된 생명보험 등으로 영업분류가 가능하게 된다.

이번 보험계약법에서도 권리보호 보험의 최저 보장 수준을 법정하기 위한 측면에서의 개정이 이루어졌다. 우선 보험보호와 관련하여 권리보호보험에서 보험자는 보험계약자나 피보험자의 법적 이익을 주장하기 위하여 필요한 급부를 합의된 범위 안에서 이행하여야 할 의무를 부담하도록 보험계약법 제125조는 규정하고 있다.

권리보호보험 영역으로부터의 위험이 다른 위험과 같이 부보된 경우에는 보험증권에 권리보호보험의 보상범위 및 이를 위한 보험료를 별도로 알려야 한다. 제126조 제1항에 따라 보험자가 급부처리에 대해 독립된 손해사정사에게 위탁할 경우 그 손해사정사를 보험증권에 표기하여야 한다. 제126조 제2항 제1문에 의해 급부처리에 대해 독립된 손해사정사가 위탁된 경우에 권리보호보험계약으로부터의 보험급부청구권은 바로 그 손해사정사에 대하여만 행사할 수 있다. 그리고 제127조 제1항에 따라서 권리보호보험과 관련하여 보험계약자는 법정절차나 행정절차에서 자신의 이익을 대변할 변호사를 자유로이 선임할 수 있으며, 이 경우 변호사의 보수는 보험자가 보험계약에 의하여 부담한다. 이는 보험계약자가 법적 이익을 기타 방법으로 관철하기 위한 권리보호를 청구하는 경우에도 적용된다. 한편 제128조에 의거 법적 이익의 주장이 성공에의 충분한 가능성이 없거나 경솔하다고 하여 보험자가 급부의무를 거절하는 경우 보험계약은 감정절차나 법적절차의 성공가능성이나 부당성에 대하여 당사자 사이에서 의견의 차이를 판단하고 공정성이 보장되는 다른 절차를 예견하여야 한다. 보험자는 자신의 급부를 거절할 때 이러한 점을 알려주어야 한다. 보험계약이 그러한 절차를 예견하고 있지 않거나 보험자가 그 존재를 알려주지 않는 경우 개별사례에서 보험계약자의 권리보호의 필요성은 인정된 것으로 본다.

그리고 보험계약법은 제129조에 취지에 따라 권리보호보험을 대부분 편면적 강행규정으로 하고 있다.

4. 생명보험

이번 보험계약법에서는 소비자보호와 생명보험의 현대화 및 계약법적인 측면에서 투명성확보 등의 목표를 구현하기 위하여[93] 생명보험부분에서 새로운 규정을 두었다. 물론 보험사에게 생명보험업무의 구성이나 상품구성과 관련하여 자유가 인정되고 이에 대하여 보험계약자에게는 선택의 자유가 있는 것이지만 손해보험에 비하여 자본의 움직임이 크고 보험기간도 장기이며 보험료의 쓰임이 보장성뿐만 아니라 저축성의 용도로 구분되어 운영되기에 경제적인 관점에서 그 의미가 크다. 또한 보험계약을 체결하는 과정에서 손해보험에 비하여 복잡한 과정을 거치기 때문에 실제로 요구되는 과다한 계약체결비용의 문제가 발생하고 환급금이나 이익참여에 대한

93) http://dip.bundestag.de/gesta/16/C084.pdf 2006.12.29; Gesetzenentwurf der Bundesregierung, a.a.O., S.1.

산정의 불확실성 등이 논쟁의 대상이 된다. 이러한 여러 가지 문제점을 최소화하기 위하여 보험계약법에서는 다음과 같은 새로운 내용을 담고 있다.

(1) 잉여배당의 신설

1) 잉여금배당 규정도입 배경

생명보험은 대부분 계약기간이 길다. 독일에서 자본생명보험의 평균 보험기간은 26년이다.[94] 그렇게 계약기간이 길면 계약의 전개상황을 자세히 예측하기가 어렵다. 그렇기 때문에 보험자는 상인으로서 보험급부와 보험료를 매우 신중하게, 보수적으로 계산하여야 할 필요성이 있다. 이는 계약종료 후 실제로 이행하여야 할 급부보다 계약체결시에는 더 낮게 보험계약자에게 약속하는 것을 의미한다. 달리 보면 보험자는 계약종료시점에 사후계산하는 경우보다 더 많은 보험료를 요구한다는 것이 된다. 이렇게 조심스럽게 계산하는 것은 더구나 독일 보험감독법(Versicherungsaufsichtsgesetz; VAG)에서도 의무사항으로 되어 있기도 하다(독일 보험감독법 제11조). 보험자는 조심스럽게 계산한 기초급부에 대해서는 의무를 지고 있고 그를 넘어서는 부가급부나 보험료감액에 대해서는 가능성을 제시하기만 한다. 그러한 장래 전망에 대한 약속의 법적 성격은 일의적이지 않다. 그러나 계약체결시에는 그러한 추가급부나 보험료감액의 액수를 미리 확정적으로 숫자로 제시할 수는 없다는 데에 문제가 있다.

잉여금배당보험료와 급부의 관계를 조심스럽게 계산하고 보험계약자의 불이익을 피하기 위하여 보험자는 생명보험에서 보장된 보험급부에 대하여 추가적으로 잉여금배당제도를 도입하였다. 독일 보험감독법에서도 제81c조에서 그를 부분적으로 규정하고 있다. 잉여금배당은 보험계약자에게는 매우 중요한 역할을 수행한다.[95] 장기

94) Begründung des RegE, A. II 8.

자본생명보험에서는 확정적 급부보다 그러한 추가급부와 이자가 더 클 수도 있다. 장기 저축기간 및 장기 연금수급기간으로 구성되어 있는 연금보험에서는 부가급부에 해당하는 추가연금이 원래 합의한 확정적 연금보다도 클 수 있다.[96]

개정 독일 보험계약법에는 잉여금배당에 대한 규정이 없다. 다만 개정 보험계약법 제172조 제1항 제2문의 경우와 같이 법률은 당사자가 그를 합의한 경우를 전제하는 경우는 있다. 보험감독법에도 보험자가 일반적으로나 일정한 계약에 대하여 잉여금배당을 할 의무를 질 수 있도록 하는 규정은 없다. 그렇기 때문에 잉여금배당약속은 약관에서 규정을 두어 하는 보험자의 임의적 결정에 근거하고 있는 실정이다. 그리고 법개정 이전에도 계약상에서 합의한 청구권을 넘어서서 잉여금배당을 가능하게 하는 고정준비금을 둘러싼 다툼이 계속되던 상황이었다.[97] 그러나 종래에도 보험자사이의 경쟁으로 인하여 계약자에게 잉여금배당을 하지 않을 수 없는 상황으로 되어 있다. 기존에도 잉여금배당을 하기로 한 계약에 대해서는 일부 감독법규정이 적용된다.

보험계약법의 개정내용에서 새로이 규정된 잉여금배당의 계산에 대해서는 앞으로도 감독법규정이 적용된다. 잉여금배당이 약속되어 있으면 보험계약자 전체의 적립금에서 원인분석절차에 의하여 매년의 분배를 수행하여야 한다. 보험회사의 잉여금결정에서는 상법의 규정도 적용된다. 그리고 잉여금배당 없는 계약체결도 물론 가능하다.[98]

2) 개정과정의 법안 비교

원래 보고자 초안(RefE)과 최종개정내용 사이에 잉여금배당에 관

---

95) 김은경, 독일 보험계약법 개혁과 그 시사점, 상사법연구 제25권 제4호(통권 제53호), 2007, 250면.

96) Begründung des RegE, A. II 8.

97) 이에 대하여는 Römer/Langheid, a.a.O., S.1120 참조.

98) Begründung des RegE, A. II 8.

한 독일 보험계약법 제153조에 차이가 있었다.[99)]

제153조(잉여금배당)		
항 / 구분	보고자초안(RefE)	최종개정내용
(1)	잉여금배당이 명시적 합의에 의하여 배제되지 않은 한 보험계약자에게는 잉여금배당이 귀속된다.	보험계약자에게는 명시적 합의에 의해 잉여금배당이 배제되어 있지 않은 한 잉여금과 가치평가준비금(Bewertungsreserve)에 참가할 권리(잉여금배당)가 있다.
(2)	잉여금배당부 계약에서는 보험자는 이익을 연말결산의 기초하에 정하여야 한다. 잉여금배당의 목적으로 잉여금액을 결정함에 있어서는 유가증권과 부동산의 취득원가와 그 이후의 시가상승으로 인한 현시가의 차이를 적정히 고려하여야 한다. 그 차액의 절반까지 고려하였으면 적정한 고려로 인정된다.	보험자는 원인규명절차 이후 잉여금에 대한 참가를 시행하여야 한다. 다른 유사한, 적정한 분배원칙은 당사자가 합의할 수 있다.
(3)	보험자는 잉여금배당을 위하여 정해진 금액에 대하여 원인규명절차에 의한 이익잉여금 조사 후 2년 내에 즉시 배분을 하여야 한다. 다른 유사한, 적정한 분배원칙은 당사자가 합의할 수 있다.	보험자는 가치평가준비금을 매년 새로이 조사하여야 하며 원인규명절차에 의하여 회계적으로 귀속시켜야 한다. 계약종료시에 그 시점까지의 금액의 절반을 분배하고 보험계약자에게 지급하여야 한다. 합의에 의하여 그 이전에 분배할 수도 있다. 자본준비를 위한 감독법규정은 이로 인하여 영향을 받지 않는다.
(4)		연금보험에서는 비축시점의 종료시점은 제3항 제2문에 의한 시점이 된다.

99) 보험계약법개정위원회안과 보고자초안의 차이에 대하여는 Niederleithinger, a.a.O., S.446 참조.

3) 독일의 전개에 대한 평가

독일에서 잉여금배당에 대하여 새로이 규정하는 것과 관련하여 규정의 보호목적을 확정하는 것이 중요하다고 보고 있었다. 그를 통하여 계약진행중의 시간경과에 합당하고 원인규명적 절차에 의하여 잉여금 배당이 이루어져야 한다는 점이 중요하다고 평가하고 있다.[100] 이를 통해서 피보험자는 계약관계지속 중에 일정금액이 지속적으로 지급이 될 것이라고 안내된 경우 그에 참가할 수 있으며 동시에 그를 박탈당하지 않게 된다. 그를 통하여 보험에서의 개별적 정의를 실현할 수 있게 된다. 그러나 이와 같이 잉여금배당을 법정하는 것에 대하여 문제제기도 있다. 계약기간 중 잉여금배당을 하는 것은 종결 시의 잉여금배당에 부담을 주면서 보험자로부터 융통성을 박탈하고, 사안의 내용을 고정하는 문제점이 있는 것이다. 한편 그와 같이 중간에 정기적으로 잉여금배당을 하라고 하는 것이 장점도 있는 바, 잉여금배당을 통하여 보험계약자단체가 성장할 수 있다는 점을 독일 학자들은 지적하고 있다.[101] 그런데 보험자가 보험계약자의 보험료를 가지고 이어서 투자를 하여야 하는데 그때 보험자는 중간의 기간경과에 합당한 잉여금배당을 가능하게끔 투자결정을 하여야 한다. 가치평가잉여금(Bewertungsreserve)으로는 그 기능을 대체할 수 없다. 그리고 감독법상의 지급능력보장조치가 일부 보험사의 경우에는 위태롭게 될 수도 있다. 이와 같이 너무 지나치게 개별화를 추구하다보면 보험제도운용에 무리가 갈 수도 있음을 독일의 잉여금배당규정을 통하여 알 수 있다.

독일의 경우 원래 배당상품의 배당액결정 내용이 불투명하다는 헌법재판소의 문제제기가 있었고 그 법개정 권고를 헌법재판소가 제시한 기한에 맞추어 입법으로 반영한 것이다. 그런데 독일에서 이익배당부 생명보험에서 잉여금배당을 계약중간에도 정기적으로

---

100) Präve, Das Individuelle und das Kollektive in der Privatversicherung-dargestellt am Beispiel der Lebensversicherung, VersR 2006, S.1193.

101) Präve, a.a.O., S.1193.

실시하도록 보험계약법에서 규정을 두도록 하는 것은 시사하는 바가 있다. 특히 독일 헌법재판소의 판결과 그 이후의 보험계약법 개정논의에서 우리가 고려하여야 할 사항으로는 앞으로 보험감독법 개정시 보험료를 통하여 형성된 자금의 자산운용 후 적립금에 대한 투명성을 확보하도록 노력하여야 한다는 점을 들 수 있다.

(2) 모델견적의 신설

보험계약자는 계약의 준비단계에서 계약이 체결되면 보험자로부터 어떤 급부를 기초급부내용 이상의 것으로 기대할 수 있는 것인지에 대하여 현실적으로 관심을 가지고 있다. 보험자는 이러한 관심에 대하여 그들이 제공하는 급부능력을 다른 보험자나 여타의 금융서비스 제공자와 비교하여 보여주게 되므로, 많은 경우에 보험상품을 상담하러 찾아온 보험계약자에게 예시견적(Beispielrechnung)을 제시하게 된다. 그러나 이 예시견적은 특정한 경우 오용되기도 한다. 보험계약자 입장에서는 그 견적이 실제적이거나 현실성이 없음에도 이를 전문적인 경제전망으로 간주하기도 하는데, 사실상 이와 같은 것이 지난 20년 이상 계속되어 온 자본시장의 추이와 비교하여 볼 때, 그다지 신뢰할 만한 것이 못 된다는 결론에 이르게 되었다.[102] 그래서 보험계약법 제154조 제1항에서는 보험계약자에게 넘겨주는 모델견적(Modellrechnung)이 추후에 정해진 산정내역과 일치해야만 한다는 것을 정하고 있다. 그야말로 근거 없는 보험견적은 산출하지 말아야 한다는 의미를 담고 있는 것이다. 이는 구체적으로 세 가지의 각기 다른 이자율에 근거하여 보험료를 산출하고 이에 대한 견적근거를 제시하여 계약상 가능한 급부양태가 어떠한 것인지를 나타내는 것이어야 한다. 거기에 덧붙여 제2항에 따라 보험자는 모델견적이 가정적인 측면과 개연율에 근거하여 산출된 모델에 불과하며 이 견적에 근거하여 보험자에게 어떠한 계약상의 청구

---

102) Gesetzenentwurf der Bundesregierung, a.a.O., S.131.

를 할 수 없다는 사실을 보험계약자가 이해할 수 있도록 명백하게 알려주어야 할 지시의무가 있다.

(3) 환급금 규정의 변화

생명보험계약은 장기간의 보험기간을 내용으로 하는 계약이므로 보험계약자 입장에서 자신의 장기적인 경제적 상황을 확정적으로 예견하는 것은 어려워서 보험료납부와 관련한 구속적인 의무를 지속시킬 수 없는 경우와 조우할 수도 있다. 이에 구 보험계약법은 제165조부터 제174조까지의 강제규정을 통하여 정규적인 해지권과 보험료가 면제되는 보험으로의 변경청구권을 인정하였다. 이 규정은 여전히 보험계약법에서도 유지하고 있다. 그런데 환급금(Rückkaufwert)에 대해서는 구 보험계약법 제176조가 관련규정을 가지고 있었으나, 이는 사망을 보험사고로 하는 자금보험(Kapitalveraicherung für den Todesfall)에 한정하고 있으며, 환급금의 산정에 관한 기준을 구체적으로 제시하고 있지 않은 것에 그 한계가 있었다. 그러나 개정 보험계약법 제169조에서 정하고 있는 환급금에 대한 규정은 노령연금계약 공증에 관한 법(Gesetz über die Zertifizierung von Altersvorsorgeverträgen; Alt-ZertG)[103] 제1조 제1항 제1문 제1호를 그 모범례로 하여 개편한 것이다.

보험기간을 장기간으로 하는 보통의 생명보험계약은 계약체결 후 짧은 기간 안에 해지되거나 심지어는 철회될 수도 있다. 이 때 자금생명보험과 같은 경우는 보장성과 함께 저축성으로 운영이 되어 납입한 보험료 중의 일부가 저축성으로 적립되는 것이 보통인데 보험계약의 해지나 철회의 경우 보험자는 환급금을 개정 보험계약법 제169조 제1항에 근거하여 지급하여야 한다. 물론 첫 해에 보험계약이 해지가 되는 경우에는 환급금이 지급되지 않는다. 이 환급금은 해지시점에 보험사고가 발생하여 보험자가 지급하게 될 급부를

103) BGBl. I S. 1322 vom 26. Juni 2001.

초과하지 않는 한도 내에서만 지급된다는 것을 제2항 제1문에서 정하고 있다. 그러나 제3문에서는 철회나 취소의 경우에는 완전한 환급금이 지급되어져야 한다는 것을 덧붙이고 있다. 그 외에도 제3항 이하에서 환급금을 정하는 기준을 제시하고 있는데 주로 보험기간과 관련하여 첫 5년간의 계약연도(auf die ersten fünf Vertragsjahre)로 균등하게 나누어 산정한 계약체결비용(Abschlusskosten) 및 보험판매비용(Vertriebskosten) 등을 고려하여야 한다.

5. 직업능력상실보험

특정 직업을 수행할 능력의 감소 내지는 약화에 대한 위험을 보험의 대상으로 하는 것을 직업능력상실보험(Berufsunfähigkeitsversicherung)이라 하는데, 이 보험에 관하여 지금까지 명문상의 규정은 없었다. 직업능력상실보험에 대하여는 판례[104]와 학술적인 견해[105]에 의하여 새롭게 보험계약법에 규정되기에 이르렀다. 직업능력상실보험은 생명보험계약시 함께 체결되는 직업능력상실추가보험(Berufsunfähigkeitszusatzversicherung)의 형태로뿐만 아니라 독자적인 직업능력상실보험의 형태로 전반적으로 생명보험의 범주에 포함시키고 있다.[106] 그러므로 생명보험의 개념과 접목되는 부분이 있다면 관련 법영역의 규정이 허용되고 직업능력상실보험의 특이성이 그에 반하지 않는 한 생명보험에 관한 규정이 직업능력상실보험에도 적용된다. 직업능력상실보험과 관련해서는 보험계약법 제172조에서 제177조까지 규정하고 있는데 특히 제172조 제2항에 의해 직업능력상실(berufsunfähig)은 '직업을 수행하던 자가 질병, 부상 또는 나이에 상응하는 체력쇠퇴 이상의 상태로 전체 또는 일부에 대하여

104) BGH VersR 1988, 1233; BGH VersR 1991, 289.

105) Pröss/Martin, Versicherungsvertragsgesetz, 26. Aufl. Teil III, I III, Rn.3.

106) Gesetzenentwurf der Bundesregierung, a.a.O., S.137.

지속적으로 더 이상은 직업을 수행할 수 없다는 것'으로 정의하고 있다. 이상의 원인 외에도 3항에 따라 보험자는 보험계약자와 직업을 수행할 수 없는 그 외의 조건들에 대하여 당사자 간에 합의하여 보험상의 급부를 할 수 있다.

6. 의료보험

독일의 경우는 법정 의료보험과 개인 의료보험으로 별개의 구성과 재정적 체계를 가진 두 개의 의료보험체계가 각각 존재한다. 이 두 가지 의료보험체계에 관련한 피보험자의 90%가 법정 의료보험에 의하여 보험보호를 받고 있으며, 나머지 10%가 개인 의료보험으로부터 보험보장을 받는다.[107] 법정 의료보험은 가입이 강제되는데 보험료는 구성원의 수입의 정도에 따라 구분되고 현물보험급여원칙(das gesetzliche Sachleistungsprinzip)에 따라 위험인수인인 의료보험조합과 의학적 급부제공자 사이의 직접적인 계약관계가 중심이 된다. 그러나 개인 의료보험은 이중적인 계약모델에 의한다. 즉 개인이 환자로서 의학적 급부제공자와 치료계약을 체결하고 그것과는 별개로 피보험자로서 치료비의 상환을 위해 보험계약을 체결하는 것이다. 여기에서 보험자는 의학적 급부이행자와는 직접적인 보험관계를 가지고 있지 않으며 그에 따라 의학적인 이행의 질과 횟수에 대하여 전혀 영향을 받지 않는다. 횟수에 기준을 두는 보수구조를 보험자는 계약을 통하여 바꿀 수 있는 것도 아니다.[108]

이상의 특징을 가지고 있는 개인 의료보험은 보험계약법에 의해 그 법적 근거를 마련하고 있는데 개정작업에서는 노령화사회를 위한 보험료 산출과 그 운영을 법적으로 어떻게 할 것인지를 고심하였다. 특히 개정 보험계약법 제192조에서는 보험자가 계약상 전형

107) Abschlussbericht der Kommission zur Reform des Versicherungsvertragsrechts vom 19. April 2004, a.a.O., S.138.

108) Gesetzenentwurf der Bundesregierung, a.a.O., S.138.

적으로 이행해야 할 급부내용을 새롭게 담고 있다. 이에 따라 보험자의 이행의무와 관련해서 의학적으로 필수적인 치료행위, 즉 질병이나 사고결과로 인한 필수적인 치료와 그 외 합의한 급부 및 임신과 출산을 포함하여 질병에의 조기발견을 위한 외래의 정기건강진단의 비용정도로 제한했을 뿐만 아니라, 제공된 의학적 급부와 비교했을 때 현저히 불균형한 비용과 그것으로 인하여 과잉보수를 지급하게 하는 비용은 포함시키지 않아야 한다는 취지로 보험자의 급부의무의 범위를 제1항과 제2항을 통하여 정하고 있으며, 특히 제192조 제1항의 규정은 구 보험계약법 제178조b 제1항의 보험자 이행의무에 대하여 정의를 내렸던 판례의 결정[109]을 그대로 받아들인 것이다. 제3항에서는 보험계약에서 당사자 간의 합의로 추가적인 급부의 가능성을 정하고 있는데 이에 대하여도 앞에서 제한한 급부와의 연관관계가 있는 것으로 그 범위를 정하고 있다. 즉 보험의 대상이 되는 급부내용과 관련하여 보험계약자가 필요로 하는 서비스, 상담 및 기타 보조적으로 지출되는 비용도 계약상 부보의 대상이 되는 것으로 하였다. 또한 계속보험료의 미납과 관련하여 기본원칙은 보험계약법 제38조 제1항에 따라 보험계약자가 계속보험료를 제때에 납입하지 않을 경우, 보험자는 보험계약자의 비용으로 서면에 의하여 적어도 2주간이라는 지불기간을 정할 수 있는 데 반하여, 의료보험의 경우에는 보험계약법 제194조 제2항에는 그 기간을 2개월로 연장하여 보험계약자를 특별히 보호하고자 하여 일반적인 경우와 달리 규정하고 있다. 그 외에도 의료보험에서는 부당이득을 금지하고 있는데 보험계약법 제200조에 따라 피보험자가 동일한 보험사고로 다수의 상환의무자, 예컨대 법정 의료보험, 개인 의료보험과 개호 의무보험(Pflege-Pflichtversicherung)의 보험자 및 사회개호보험(soziale Pflegeversicherung)의 보험자에게 청구권을 가진 경우에 총상환액이 총비용을 초과할 수 없다고 하여 일반적 의

109) BGH VersR 2003, 581.

료보험과 같은 인보험은 중복보험이 가능하여 보험사고로 지출한 비용보다 지급된 보험금이 더 과다할 경우가 있는 것과는 비교된다.

V. 독일 보험계약법에 대한 재고

독일 보험계약법은 구 보험계약법의 기본적 틀을 상당부분 바꾸고 각론에서도 그 규정을 기존의 것보다 더 구체화시켜서 보험계약법의 현대화에 각별의 노력을 기울인 흔적이 역력하다. 이 개정법의 내용을 고찰을 함에 있어서 그 내용 자체의 방대함으로 인하여 개괄적으로 이루어졌고, 주로 보험계약법에서 기존의 틀을 크게 바꿔 놓은 것을 중심으로 우리에게 의미가 있을 만한 것을 대상으로 이루어졌다. 이 고찰과정에서 다음과 같은 문제점을 발견하였는데, 그 문제점을 재고하여 향후 우리의 보험법 개정논의에 있어서 도움이 되고자 한다.

독일 보험계약법 개정안에서 나타난 정보제공의무에 대한 섬세하고 구체적인 규정의 신설은 소비자보호를 위한 하나의 초석이 되리라고 생각된다. 그러나 그 상세함에도 불구하고 문맥상 이해하기 어려운 부분이 있다. 정보제공의무의 시점과 관련하여 제7조 제1항에서 '계약표시 전에(vor der Vertragserklärung)'라는 표현을 쓰고 있는데,[110] 이는 '계약체결에 대한 의사표시의 전'에로 바꾸는 것이 바람직하다.[111] 계약표시라는 개념은 지나치게 추상적이어서 구체적인 사례에 적용하는 과정에서 오해의 소지가 있을 수 있다. 더욱

110) 관련 문구는 보험계약법 제7조 제1항 외에도 제2조 제2항과 제8조 제1항 제1문에도 등장한다.

111) 이에 대하여는 독일연방상원의회도 입장표명(Stellungsnahme)를 통하여 동일한 제언을 한 바 있다: Bundesrat, Drucksache 707/06(Beschluss) vom 24.11.2006.

이 계약체결의 의사표시 전 '적시에(rechtzeitig)'에서 적시가 가르치는 불분명함도 문제이다. 또한 정보제공이 어느 시점에 있었느냐의 문제도 계약체결을 위한 판단의 요소가 되지만 그에 못지않게 중요한 것이 제공을 받아 숙지해야 할 보험계약자가 실제로 그것을 읽어 이해하는 것 자체가 어려운 데에 문제가 있는 것이다. 즉 보험약관이 이해할 수 없게 구성되어 있거나 그런 어려움으로 이것 자체를 보험소비자가 읽으려고 애쓰지 않는 데에 문제가 있다. 현재 독일의 경우에는 우리와는 달리 보험약관에 대하여 감독관청에 의하여 사전적인 감독을 받는 것이 아니고 보험소비자와의 사이에 분쟁이 생기면 사법부를 통하여 사후적인 제재방법으로 해결하고 있다. 이러한 감독체계를 볼 때 보험계약자에게 계약체결을 위한 정보를 제공하는 경우에 이 설명의무를 잘 운용하기 위해서는 우선적으로 보험약관의 내용 중에 계약내용의 핵심을 이룰 수 있는 중요한 부분을 요점만을 추려서 일상적인 언어로 구성하여 간소하고 명백하게 서술하여 제공하는 편이 나을 수도 있고 이 같은 정보가 제공되어 계약이 체결되었음을 증명할 자료를 상담의무의 이행과 같이 서면화하는 것도 필요하리라 생각한다.

이번 보험계약법에 나타난 특징적인 것 중의 하나가 All or nothing 원칙의 포기이다. All or nothing 원칙을 포기하고 보험자와 보험계약자 측면에서 이해관계를 비례적으로 조정한다는 것은 사실상 적절하지 못하다는 견해도 있는데,[112] 이는 All or nothing 원칙의 폐기가 법적 불안정성(Rechtsunsicherheit)을 불러일으킬 수 있다는 이유에서 그러하다. 이는 중과실의 경우에 급부이행청구권이 완전히 없어지는 것이 아니고 과실책임의 할당분에 따라 보험자의 책임이 남아 있으므로 주관적 요소인 과실정도를 정하는 것이 법적 불안정성을 끌어낼 수 있다는 우려에서 비롯된 것이라 여겨진다.

112) Staudinger, Versicherungsrechtsmodernisierung-Kritikpunkte aus nationalem und europäischem Blickwinkel, 24. 11. 2006 Münsterischer Versicherungstag, S.3.

결국 과실정도에 대하여는 법원에서 판단할 문제가 되고 그 판단에 대한 결정으로 급부이행의 정도가 달라지므로 보험계약자에게는 그 이해관계가 커져서 오히려 분쟁의 씨앗이 될 수 있다. 그러므로 중과실과 관련하여 그 기준을 명백하게 정할 필요가 있다.

철회권 행사의 효과와 관련해서 보험계약법 제9조는 근본적으로 민법 제355조 제2항을 그 기본모델로 삼았는데, 이는 양 법체계 사이의 조화를 목적으로 하였기 때문이다. 그러나 정부 개정안과 민법의 해당규정과는 중요한 차이가 있다. 보험계약법은 보험자가 보험계약자에게 해야 할 철회의 내용과 관련한 지시 내지 지도(Belehrung)의 시기를 놓고 계약체결 전의 지시인지 계약 이후의 추가적으로 한 것인지를 구분하지 아니하고 일률적으로 보험료상환의무를 정하고 있다. 그러나 민법 제355조 제2항에는 추가적으로 한 지도의 경우에 기간을 1개월로 하여 각 경우의 결과를 구분하고 있다. 민법의 이 같은 취지는 소비자를 보호하고자 하는 취지로 계약체결 전의 지도와 체결 후에 추가적으로 이루어진 지도 사이를 구분하는 것으로 보험계약법에서 객관적인 근거 없이 양 경우를 동일하게 취급한 철회기간에 대한 규정보다 설득력이 더 있다고 보인다. 그 외에도 보험자가 철회와 관련한 사항을 보험계약자에게 지도함에 있어, 과연 현실적으로 계약체결 후에도 이를 추가적으로 할 수 있을 것인가도 의문이다. 사실상 방문판매철회지침[113]에서는 추가적인 철회지도가 허용되지 않는다고 하여 보험계약에서의 철회에 대한 지도의 시기문제에 대하여 구분하지 않는 것과는 비교가 된다. 그러므로 각종 법들 간의 상관관계 및 조화를 필요로 하는 부분이고 실제로 그렇게 일률적으로 적용하는 것은 보험계약자에게 불이익한 것으로 되기에 재고를 요하는 부분으로 생각된다.

---

113) Richtlinie 85/577/EWG des Rates vom 20. Dezember 1985 betreffend den Verbraucherschutz im Falle von außerhalb von Geschäftsräume geschlossenen Verträgen (Hautürwiderrufsrichtlinie), ABl. L 372 vom 31.12.1985.

독일 연방하원의회(Bundestag)의 보험계약법 개정을 위한 입법안에 대한 의결에 과정에서 연방상원의회(Bundesrat)는 해당 입법안과 관련하여 몇 가지 입장을 표명한 바 있었다. 정부안에 대하여 크게 변혁을 가져올 만한 정도의 것은 아니고 단지 오해의 소지를 불러 일으킬 만한 단어선택의 문제와 필요에 따라 새로운 조문을 추가하자는 것이었다. 더욱이 정부가 내놓았던 2008년 1월 1일부터의 발효시기와 관련하여 보험자에게 새 보험계약법에의 적응기를 충분히 주어 시장에서 경쟁력을 갖추고 소비자를 보호하게 하려고 2010년 1월 1일 정도로 늦추자는 제안을 하기도 하였다.[114] 그만큼 신중하자는 태도였는데 보험계약법의 개정을 위하여 법무부를 통하여 2000년 6월 7일에 위원회가 정해지고 4년여의 걸친 작업 중 중간보고서를 2002년 5월 30일에, 최종제안서를 2004년 4월 19일에 제출하고 이 후 정부에서 다시 심의하여 지난 2006년 10월 11일에 정부안이 의결되는 과정에서[115] 유럽연합의 지침의 영향 및 국내법원의 판례 등을 참고하여 시대적인 요청을 반영하려고 오랜 기간 동안 심혈을 기울였고 2008년 1월 1일 드디어 새로운 보험계약법의 시대를 맞이한 것이었다.

보험계약법의 개혁은 유럽연합의 지침에 따라 유럽연합의 법정책에 상응하게 국내법을 전환시키는 데에 큰 목적이 있고 그 배경에는 우선 소비자보호와 유럽의 역내 금융시장에서의 경쟁력 확보 내지 강화뿐만 아니라 무엇보다도 독일채권법현대화법의 개정에 따라 보험계약법에도 그 영향을 미치고 그 전에 보험계약에 간접적으로 영향을 미치던 약관규제법이 채권법영역에 포함되어 폐지됨에 따라 하나의 통일적인 기준을 마련했기에 이와 균형을 맞추어야 한다는 명제에 부합한다는데 큰 의미가 있다.

---

114) Bundesrat, Drucksache 707/06(Beschluss) vom 24.11.2006.

115) Abschlussbericht der Kommission zur Reform des Versicherungsvertragsrechts vom 19. April 2004, a.a.O., S.1ff.

Gesetz über den Versicherungsvertrag*
(Versicherungsvertragsgesetz-VVG)

Inhaltsübersicht

Teil 1 Allgemeiner Teil

Kapitel 1 Vorschriften für alle Versicherungszweige

---

* Ab 1. Januar 2009 geltende Neufassung nach Art. 11 des Reformgesetzes.

§59 Begriffsbestimmungen
§60 Beratungsgrundlage des Versicherungsvermittlers
§61 Beratungs- und Dokumentationspflichten des Versicherungsvermittlers
§62 Zeitpunkt und Form der Information
§63 Schadensersatzpflicht
§64 Zahlungssicherung zugunsten des Versicherungsnehmers
§65 Großrisiken
§66 Sonstige Ausnahmen
§67 Abweichende Vereinbarungen
§68 Versicherungsberater

Unterabschnitt 2 Vertretungsmacht
§69 Gesetzliche Vollmacht
§70 Kenntnis des Versicherungsvertreters
§71 Abschlussvollmacht
§72 Beschränkung der Vertretungsmacht
§73 Angestellte und nicht gewerbsmäßig tätige Vermittler

Kapitel 2 Schadensversicherung

Abschnitt 1 Allgemeine Vorschriften
§74 Überversicherung
§75 Unterversicherung
§76 Taxe
§77 Mehrere Versicherer
§78 Haftung bei Mehrfachversicherung
§79 Beseitigung der Mehrfachversicherung
§80 Fehlendes versichertes Interesse

§81 Herbeiführung des Versicherungsfalles
§82 Abwendung und Minderung des Schadens
§83 Aufwendungsersatz
§84 Sachverständigenverfahren
§85 Schadensermittlungskosten
§86 Übergang von Ersatzansprüchen
§87 Abweichende Vereinbarungen

Abschnitt 2 Sachversicherung
§88 Versicherungswert
§89 Versicherung für Inbegriff von Sachen
§90 Erweiterter Aufwendungsersatz
§91 Verzinsung der Entschädigung
§92 Kündigung nach Versicherungsfall
§93 Wiederherstellungsklausel
§94 Wirksamkeit der Zahlung gegenüber Hypothekengläubigern
§95 Veräußerung der versicherten Sache
§96 Kündigung nach Veräußerung
§97 Anzeige der Veräußerung
§98 Schutz des Erwerbers
§99 Zwangsversteigerung, Erwerb des Nutzungsrechts

Teil 2 Einzelne Versicherungszweige

Kapitel 1 Haftpflichtversicherung

Abschnitt 1 Allgemeine Vorschriften
§100 Leistung des Versicherers

§101 Kosten des Rechtsschutzes
§102 Betriebshaftpflichtversicherung
§103 Herbeiführung des Versicherungsfalles
§104 Anzeigepflicht des Versicherungsnehmers
§105 Anerkenntnis des Versicherungsnehmers
§106 Fälligkeit der Versicherungsleistung
§107 Rentenanspruch
§108 Verfügung über den Freistellungsanspruch
§109 Mehrere Geschädigte
§110 Insolvenz des Versicherungsnehmers
§111 Kündigung nach Versicherungsfall
§112 Abweichende Vereinbarungen

Abschnitt 2 Pflichtversicherung

§113 Pflichtversicherung
§114 Umfang des Versicherungsschutzes
§115 Direktanspruch
§116 Gesamtschuldner
§117 Leistungspflicht gegenüber Dritten
§118 Rangfolge mehrerer Ansprüche
§119 Obliegenheiten des Dritten
§120 Obliegenheitsverletzung des Dritten
§121 Aufrechnung gegenüber Dritten
§122 Veräußerung der von der Versicherung erfassten Sache
§123 Rückgriff bei mehreren Versicherten
§124 Rechtskrafterstreckung

Kapitel 2 Rechtsschutzversicherung

§125 Leistung des Versicherers

Kapitel 5 Lebensversicherung

§ 150 Versicherte Person

§ 151 Ärztliche Untersuchung

§ 152 Widerruf des Versicherungsnehmers

§ 153 Überschussbeteiligung

§ 154 Modellrechnung

§ 155 Jährliche Unterrichtung

§ 156 Kenntnis und Verhalten der versicherten Person

§ 157 Unrichtige Altersangabe

§ 158 Gefahränderung

§ 159 Bezugsberechtigung

§ 160 Auslegung der Bezugsberechtigung

§ 161 Selbsttötung

§ 162 Tötung durch Leistungsberechtigten

§ 163 Prämien- und Leistungsänderung

§ 164 Bedingungsanpassung

§ 165 Prämienfreie Versicherung

§ 166 Kündigung des Versicherers

§ 167 Umwandlung zur Erlangung eines Pfändungsschutzes

§ 168 Kündigung des Versicherungsnehmers

§ 169 Rückkaufswert

§ 170 Eintrittsrecht

§ 171 Abweichende Vereinbarungen

Kapitel 6 Berufsunfähigkeitsversicherung

§ 172 Leistung des Versicherers

§ 173 Anerkenntnis

§ 174 Leistungsfreiheit

§ 175 Abweichende Vereinbarungen

Kapitel 7 Unfallversicherung

Kapitel 8 Krankenversicherung

Gesetz über den Versicherungsvertrag (Versicherungsvertragsgesetz-VVG)

Teil 1
Allgemeiner Teil

Kapitel 1
Vorschriften für alle Versicherungszweige

Abschnitt 1
Allgemeine Vorschriften

§1 Vertragstypische Pflichten

Der Versicherer verpflichtet sich mit dem Versicherungsvertrag, ein bestimmtes Risiko des Versicherungsnehmers oder eines Dritten durch eine Leistung abzusichern, die er bei Eintritt des vereinbarten Versicherungsfalles zu erbringen hat. Der Versicherungsnehmer ist verpflichtet, an den Versicherer die vereinbarte Zahlung (Prämie) zu leisten.

§2 Rückwärtsversicherung

(1) Der Versicherungsvertrag kann vorsehen, dass der Versicherungsschutz vor dem Zeitpunkt des Vertragsschlusses beginnt (Rückwärtsversicherung).

(2) Hat der Versicherer bei Abgabe seiner Vertragserklärung davon Kenntnis, dass der Eintritt eines Versicherungsfalles ausgeschlossen ist, steht ihm ein Anspruch auf die Prämie

nicht zu. Hat der Versicherungsnehmer bei Abgabe seiner Vertragserklärung davon Kenntnis, dass ein Versicherungsfall schon eingetreten ist, ist der Versicherer nicht zur Leistung verpflichtet.

(3) Wird der Vertrag von einem Vertreter geschlossen, ist in den Fällen des Absatzes 2 sowohl die Kenntnis des Vertreters als auch die Kenntnis des Vertretenen zu berücksichtigen.

(4) §37 Abs. 2 ist auf die Rückwärtsversicherung nicht anzuwenden.

§3 Versicherungsschein

(1) Der Versicherer hat dem Versicherungsnehmer einen Versicherungsschein in Textform, auf dessen Verlangen als Urkunde, zu übermitteln.

(2) Wird der Vertrag nicht durch eine Niederlassung des Versicherers im Inland geschlossen, ist im Versicherungsschein die Anschrift des Versicherers und der Niederlassung, über die der Vertrag geschlossen worden ist, anzugeben.

(3) Ist ein Versicherungsschein abhandengekommen oder vernichtet, kann der Versicherungsnehmer vom Versicherer die Ausstellung eines neuen Versicherungsscheins verlangen. Unterliegt der Versicherungsschein der Kraftloserklärung, ist der Versicherer erst nach der Kraftloserklärung zur Ausstellung verpflichtet.

(4) Der Versicherungsnehmer kann jederzeit vom Versicherer Abschriften der Erklärungen verlangen, die er mit Bezug auf den Vertrag abgegeben hat. Benötigt der Versicherungsnehmer die Abschriften für die Vornahme von

Handlungen gegenüber dem Versicherer, die an eine bestimmte Frist gebunden sind, und sind sie ihm nicht schon früher vom Versicherer übermittelt worden, ist der Lauf der Frist vom Zugang des Verlangens beim Versicherer bis zum Eingang der Abschriften beim Versicherungsnehmer gehemmt.

(5) Die Kosten für die Erteilung eines neuen Versicherungsscheins nach Absatz 3 und der Abschriften nach Absatz 4 hat der Versicherungsnehmer zu tragen und auf Verlangen vorzuschießen.

§4 Versicherungsschein auf den Inhaber

(1) Auf einen als Urkunde auf den Inhaber ausgestellten Versicherungsschein ist §808 des Bürgerlichen Gesetzbuchs anzuwenden.

(2) Ist im Vertrag bestimmt, dass der Versicherer nur gegen Rückgabe eines als Urkunde ausgestellten Versicherungsscheins zu leisten hat, genügt, wenn der Versicherungsnehmer erklärt, zur Rückgabe außerstande zu sein, das öffentlich beglaubigte Anerkenntnis, dass die Schuld erloschen sei. Satz 1 ist nicht anzuwenden, wenn der Versicherungsschein der Kraftloserklärung unterliegt.

§5 Abweichender Versicherungsschein

(1) Weicht der Inhalt des Versicherungsscheins von dem Antrag des Versicherungsnehmers oder den getroffenen Vereinbarungen ab, gilt die Abweichung als genehmigt, wenn die Voraussetzungen des Absatzes 2 erfüllt sind und der Versicherungsnehmer nicht innerhalb eines Monats nach Zugang des Versicherungsscheins in Textform

widerspricht.

(2) Der Versicherer hat den Versicherungsnehmer bei Übermittlung des Versicherungsscheins darauf hinzuweisen, dass Abweichungen als genehmigt gelten, wenn der Versicherungsnehmer nicht innerhalb eines Monats nach Zugang des Versicherungsscheins in Textform widerspricht. Auf jede Abweichung und die hiermit verbundenen Rechtsfolgen ist der Versicherungsnehmer durch einen auffälligen Hinweis im Versicherungsschein aufmerksam zu machen.

(3) Hat der Versicherer die Verpflichtungen nach Absatz 2 nicht erfüllt, gilt der Vertrag als mit dem Inhalt des Antrags des Versicherungsnehmers geschlossen.

(4) Eine Vereinbarung, durch die der Versicherungsnehmer darauf verzichtet, den Vertrag wegen Irrtums anzufechten, ist unwirksam.

§6 Beratung des Versicherungsnehmers

(1) Der Versicherer hat den Versicherungsnehmer, soweit nach der Schwierigkeit, die angebotene Versicherung zu beurteilen, oder der Person des Versicherungsnehmers und dessen Situation hierfür Anlass besteht, nach seinen Wünschen und Bedürfnissen zu befragen und, auch unter Berücksichtigung eines angemessenen Verhältnisses zwischen Beratungsaufwand und der vom Versicherungsnehmer zu zahlenden Prämien, zu beraten sowie die Gründe für jeden zu einer bestimmten Versicherung erteilten Rat anzugeben. Er hat dies unter Berücksichtigung der Komplexität des angebotenen Versicherungsvertrags zu dokumentieren.

(2) Der Versicherer hat dem Versicherungsnehmer den

erteilten Rat und die Gründe hierfür klar und verständlich vor dem Abschluss des Vertrags in Textform zu übermitteln. Die Angaben dürfen mündlich übermittelt werden, wenn der Versicherungsnehmer dies wünscht oder wenn und soweit der Versicherer vorläufige Deckung gewärrt. In diesen Fällen sind die Angaben unverzüglich nach Vertragsschluss dem Versicherungsnehmer in Textform zu übermitteln; dies gilt nicht, wenn ein Vertrag nicht zustande kommt und für Verträge über vorläufige Deckung bei Pflichtversicherungen.

(3) Der Versicherungsnehmer kann auf die Beratung und Dokumentation nach den Absätzen 1 und 2 durch eine gesonderte schriftliche Erklärung verzichten, in der er vom Versicherer ausdrücklich darauf hingewiesen wird, dass sich ein Verzicht nachteilig auf seine Möglichkeit auswirken kann, gegen den Versicherer einen Schadensersatzanspruch nach Absatz 5 geltend zu machen.

(4) Die Verpflichtung nach Absatz 1 Satz 1 besteht auch nach Vertragsschluss während der Dauer des Versicherungsverhältnisses, soweit für den Versicherer ein Anlass für eine Nachfrage und Beratung des Versicherungsnehmers erkennbar ist. Der Versicherungsnehmer kann im Einzelfall auf eine Beratung durch schriftliche Erklärung verzichten.

(5) Verletzt der Versicherer eine Verpflichtung nach Absatz 1, 2 oder 4, ist er dem Versicherungsnehmer zum Ersatz des hierdurch entstehenden Schadens verpflichtet. Dies gilt nicht, wenn der Versicherer die Pflichtverletzung nicht zu vertreten hat.

(6) Die Absätze 1 bis 5 sind auf Versicherungsverträge über ein Großrisiko im Sinn des Artikels 10 Abs. 1 Satz 2 des

Einführungsgesetzes zum Versicherungsvertragsgesetz nicht anzuwenden, ferner dann nicht, wenn der Vertrag mit dem Versicherungsnehmer von einem Versicherungsmakler vermittelt wird oder wenn es sich um einen Vertrag im Fernabsatz im Sinn des §312b Abs. 1 und 2 des Bürgerlichen Gesetzbuchs handelt.

§7 Information des Versicherungsnehmers

(1) Der Versicherer hat dem Versicherungsnehmer rechtzeitig vor Abgabe von dessen Vertragserklärung seine Vertragsbestimmungen einschließlich der Allgemeinen Versicherungsbedingungen sowie die in einer Rechtsverordnung nach Absatz 2 bestimmten Informationen in Textform mitzuteilen. Die Mitteilungen sind in einer dem eingesetzten Kommunikationsmittel entsprechenden Weise klar und verständlich zu übermitteln. Wird der Vertrag auf Verlangen des Versicherungsnehmers telefonisch oder unter Verwendung eines anderen Kommunikationsmittels geschlossen, das die Information in Textform vor der Vertragserklärung des Versicherungsnehmers nicht gestattet, muss die Information unverzüglich nach Vertragsschluss nachgeholt werden; dies gilt auch, wenn der Versicherungsnehmer durch eine gesonderte schriftliche Erklärung auf eine Information vor Abgabe seiner Vertragserklärung ausdrücklich verzichtet.

(2) Das Bundesministerium der Justiz wird ermächtigt, im Einvernehmen mit dem Bundesministerium der Finanzen und im Benehmen mit dem Bundesministerium für Ernährung, Landwirtschaft und Verbraucherschutz durch Rechtsverordnung ohne Zustimmung des Bundesrates zum

Zweck einer umfassenden Information des Versicherungsnehmers festzulegen,

1. welche Einzelheiten des Vertrags, insbesondere zum Versicherer, zur angebotenen Leistung und zu den Allgemeinen Versicherungsbedingungen sowie zum Bestehen eines Widerrufsrechts, dem Versicherungsnehmer mitzuteilen sind,
2. welche weiteren Informationen dem Versicherungsnehmer bei der Lebensversicherung, insbesondere über die zu erwartenden Leistungen, ihre Ermittlung und Berechnung, über eine Modellrechnung sowie über die Abschluss- und Vertriebskosten, soweit eine Verrechnung mit Prämien erfolgt, und über sonstige Kosten mitzuteilen sind,
3. welche weiteren Informationen bei der Krankenversicherung, insbesondere über die Prämienentwicklung und -gestaltung sowie die Abschluss- und Vertriebskosten, mitzuteilen sind,
4. was dem Versicherungsnehmer mitzuteilen ist, wenn der Versicherer mit ihm telefonisch Kontakt aufgenommen hat und
5. in welcher Art und Weise die Informationen zu erteilen sind.

Bei der Festlegung der Mitteilungen nach Satz 1 sind die vorgeschriebenen Angaben nach der Richtlinie 92/49/EWG des Rates vom 18. Juni 1992 zur Koordinierung der Rechts- und Verwaltungsvorschriften für die Direktversicherung (mit Ausnahme der Lebensversicherung) sowie zur derung der Richtlinien 73/239/EWG und 88/357/EWG (ABl. EG Nr. L 228 S.1), der Richtlinie 2002/65/EG des

Europäischen Parlaments und des Rates vom 23. September 2002 über den Fernabsatz von Finanzdienstleistungen an Verbraucher und zur Änderung der Richtlinie 90/619/EWG des Rates und der Richtlinien 97/7/EG und 98/27/EG (ABl. EG Nr. L 271 S.16) sowie der Richtlinie 2002/83/EG des Europäischen Parlaments und des Rates vom 5. November 2002 über Lebensversicherungen (ABl. EG Nr. L 345 S.1) zu beachten.

(3) In der Rechtsverordnung nach Absatz 2 ist ferner zu bestimmen, was der Versicherer während der Laufzeit des Vertrags in Textform mitteilen muss; dies gilt insbesondere bei Änderungen früherer Informationen, ferner bei der Krankenversicherung bei Prämienerhöhungen und hinsichtlich der Möglichkeit eines Tarifwechsels sowie bei der Lebensversicherung mit Überschussbeteiligung hinsichtlich der Entwicklung der Ansprüche des Versicherungsnehmers.

(4) Der Versicherungsnehmer kann während der Laufzeit des Vertrags jederzeit vom Versicherer verlangen, dass ihm dieser die Vertragsbestimmungen einschließlich der Allgemeinen Versicherungsbedingungen in einer Urkunde übermittelt; die Kosten für die erste Übermittlung hat der Versicherer zu tragen.

(5) Die Absätze 1 bis 4 sind auf Versicherungsverträge über ein Großrisiko im Sinn des Artikels 10 Abs. 1 Satz 2 des Einführungsgesetzes zum Versicherungsvertragsgesetz nicht anzuwenden. Ist bei einem solchen Vertrag der Versicherungsnehmer eine natürliche Person, hat ihm der Versicherer vor Vertragsschluss das anwendbare Recht und die zuständige Aufsichtsbehörde in Textform mit-

zuteilen.

§8 Widerrufsrecht des Versicherungsnehmers

(1) Der Versicherungsnehmer kann seine Vertragserklärung innerhalb von zwei Wochen widerrufen. Der Widerruf ist in Textform gegenüber dem Versicherer zu erklären und muss keine Begründung enthalten; zur Fristwahrung genügt die rechtzeitige Absendung.

(2) Die Widerrufsfrist beginnt zu dem Zeitpunkt, zu dem folgende Unterlagen dem Versicherungsnehmer in Textform zugegangen sind:

1. der Versicherungsschein und die Vertragsbestimmungen einschließlich der Allgemeinen Versicherungsbedingungen sowie die weiteren Informationen nach §7 Abs. 1 und 2 und
2. eine deutlich gestaltete Belehrung über das Widerrufsrecht und über die Rechtsfolgen des Widerrufs, die dem Versicherungsnehmer seine Rechte entsprechend den Erfordernissen des eingesetzten Kommunikationsmittels deutlich macht und die den Namen und die Anschrift desjenigen, gegenüber dem der Widerruf zu erklären ist, sowie einen Hinweis auf den Fristbeginn und auf die Regelungen des Absatzes 1 Satz 2 enthält.

Die Belehrung genügt den Anforderungen des Satzes 1 Nr. 2, wenn das vom Bundesministerium der Justiz auf Grund einer Rechtsverordnung nach Absatz 5 veröffentlichte Muster verwendet wird. Der Nachweis über den Zugang der Unterlagen nach Satz 1 obliegt dem Versicherer.

(3) Das Widerrufsrecht besteht nicht

1. bei Versicherungsverträgen mit einer Laufzeit von

weniger als einem Monat,

2. bei Versicherungsverträgen über vorläufige Deckung, es sei denn, es handelt sich um einen Fernabsatzvertrag im Sinn des §312b Abs. 1 und 2 des Bürgerlichen Gesetzbuchs,
3. bei Versicherungsverträgen bei Pensionskassen, die auf arbeitsvertraglichen Regelungen beruhen, es sei denn, es handelt sich um einen Fernabsatzvertrag im Sinn des §312b Abs. 1 und 2 des Bürgerlichen Gesetzbuchs,
4. bei Versicherungsverträgen über ein Großrisiko im Sinn des Artikels 10 Abs. 1 Satz 2 des Einführungsgesetzes zum Versicherungsvertragsgesetz.

Das Widerrufsrecht ist ausgeschlossen bei Versicherungsverträgen, die von beiden Vertragsparteien auf ausdrücklichen Wunsch des Versicherungsnehmers vollständig erfüllt sind, bevor der Versicherungsnehmer sein Widerrufsrecht ausgeübt hat.

(4) Im elektronischen Geschäftsverkehr beginnt die Widerrufsfrist abweichend von Absatz 2 Satz 1 nicht vor Erfüllung auch der in §312e Abs. 1 Satz 1 des Bürgerlichen Gesetzbuchs geregelten Pflichten.

(5) Das Bundesministerium der Justiz wird ermächtigt, durch Rechtsverordnung ohne Zustimmung des Bundesrates Inhalt und Gestaltung der dem Versicherungsnehmer nach Absatz 2 Satz 1 Nr. 2 mitzuteilenden Belehrung über das Widerrufsrecht festzulegen.

§9 Rechtsfolgen des Widerrufs

Übt der Versicherungsnehmer das Widerrufsrecht nach §8 Abs. 1 aus, hat der Versicherer nur den auf die Zeit nach

Zugang des Widerrufs entfallenden Teil der Prämien zu erstatten, wenn der Versicherungsnehmer in der Belehrung nach §8 Abs. 2 Satz 1 Nr. 2 auf sein Widerrufsrecht, die Rechtsfolgen des Widerrufs und den zu zahlenden Betrag hingewiesen worden ist und zugestimmt hat, dass der Versicherungsschutz vor Ende der Widerrufsfrist beginnt; die Erstattungspflicht ist unverzüglich, spätestens 30 Tage nach Zugang des Widerrufs zu erfüllen. Ist der in Satz 1 genannte Hinweis unterblieben, hat der Versicherer zusätzlich die für das erste Jahr des Versicherungsschutzes gezahlten Prämien zu erstatten; dies gilt nicht, wenn der Versicherungsnehmer Leistungen aus dem Versicherungsvertrag in Anspruch genommen hat.

§10 Beginn und Ende der Versicherung

Ist die Dauer der Versicherung nach Tagen, Wochen, Monaten oder einem mehrere Monate umfassenden Zeitraum bestimmt, beginnt die Versicherung mit Beginn des Tages, an dem der Vertrag geschlossen wird; er endet mit Ablauf des letzten Tages der Vertragszeit.

§11 Verlängerung, Kündigung

(1) Wird bei einem auf eine bestimmte Zeit eingegangenen Versicherungsverhältnis im Voraus eine Verlängerung für den Fall vereinbart, dass das Versicherungsverhältnis nicht vor Ablauf der Vertragszeit gekündigt wird, ist die Verlängerung unwirksam, soweit sie sich jeweils auf mehr als ein Jahr erstreckt.

(2) Ist ein Versicherungsverhältnis auf unbestimmte Zeit eingegangen, kann es von beiden Vertragsparteien nur für

den Schluss der laufenden Versicherungsperiode gekündigt werden. Auf das Kündigungsrecht können sie einvernehmlich bis zur Dauer von zwei Jahren verzichten.

(3) Die Kündigungsfrist muss für beide Vertragsparteien gleich sein; sie darf nicht weniger als einen Monat und nicht mehr als drei Monate betragen.

(4) Ein Versicherungsvertrag, der für die Dauer von mehr als drei Jahren geschlossen worden ist, kann vom Versicherungsnehmer zum Schluss des dritten oder jedes darauf folgenden Jahres unter Einhaltung einer Frist von drei Monaten gekündigt werden.

§12 Versicherungsperiode

Als Versicherungsperiode gilt, falls nicht die Prämie nach kürzeren Zeitabschnitten bemessen ist, der Zeitraum eines Jahres.

§13 Änderung von Anschrift und Name

(1) Hat der Versicherungsnehmer eine Änderung seiner Anschrift dem Versicherer nicht mitgeteilt, genügt für eine dem Versicherungsnehmer gegenüber abzugebende Willenserklärung die Absendung eines eingeschriebenen Briefes an die letzte dem Versicherer bekannte Anschrift des Versicherungsnehmers. Die Erklärung gilt drei Tage nach der Absendung des Briefes als zugegangen. Die Sätze 1 und 2 sind im Fall einer Namensänderung des Versicherungsnehmers entsprechend anzuwenden.

(2) Hat der Versicherungsnehmer die Versicherung in seinem Gewerbebetrieb genommen, ist bei einer Verlegung der gewerblichen Niederlassung Absatz 1 Satz 1 und 2

entsprechend anzuwenden.

§14 Fälligkeit der Geldleistung

(1) Geldleistungen des Versicherers sind fällig mit der Beendigung der zur Feststellung des Versicherungsfalles und des Umfanges der Leistung des Versicherers notwendigen Erhebungen.

(2) Sind diese Erhebungen nicht bis zum Ablauf eines Monats seit der Anzeige des Versicherungsfalles beendet, kann der Versicherungsnehmer Abschlagszahlungen in Höhe des Betrags verlangen, den der Versicherer voraussichtlich mindestens zu zahlen hat.
Der Lauf der Frist ist gehemmt, solange die Erhebungen infolge eines Verschuldens des Versicherungsnehmers nicht beendet werden können.

(3) Eine Vereinbarung, durch die der Versicherer von der Verpflichtung zur Zahlung von Verzugszinsen befreit wird, ist unwirksam.

§15 Hemmung der Verjährung

Ist ein Anspruch aus dem Versicherungsvertrag beim Versicherer angemeldet worden, ist die Verjährung bis zu dem Zeitpunkt gehemmt, zu dem die Entscheidung des Versicherers dem Anspruchsteller in Textform zugeht.

§16 Insolvenz des Versicherers

(1) Wird über das Vermögen des Versicherers das Insolvenzverfahren eröffnet, endet das Versicherungsverhältnis mit Ablauf eines Monats seit der Eröffnung; bis zu diesem Zeitpunkt bleibt es der Insolvenzmasse

gegenüber wirksam.

(2) Die Vorschriften des Versicherungsaufsichtsgesetzes über die Wirkungen der Insolvenzeröffnung bleiben unberührt.

§17 Abtretungsverbot bei unpfändbaren Sachen

Soweit sich die Versicherung auf unpfändbare Sachen bezieht, kann eine Forderung aus der Versicherung nur auf solche Gläubiger des Versicherungsnehmers übertragen werden, die diesem zum Ersatz der zerstörten oder beschädigten Sachen andere Sachen geliefert haben.

§18 Abweichende Vereinbarungen

Von §3 Abs. 1 bis 4, §5 Abs. 1 bis 3, den §§6 bis 9 und 11 Abs. 2 bis 4, §14 Abs. 2 Satz 1 und §15 kann nicht zum Nachteil des Versicherungsnehmers abgewichen werden.

Abschnitt 2
Anzeigepflicht, Gefahrerhöhung, andere Obliegenheiten

§19 Anzeigepflicht

(1) Der Versicherungsnehmer hat bis zur Abgabe seiner Vertragserklärung die ihm bekannten Gefahrumstände, die für den Entschluss des Versicherers, den Vertrag mit dem vereinbarten Inhalt zu schließen, erheblich sind und nach denen der Versicherer in Textform gefragt hat, dem Versicherer anzuzeigen. Stellt der Versicherer nach der Vertragserklärung des Versicherungsnehmers, aber vor Vertragsannahme Fragen im Sinn des Satzes 1, ist der Versicherungsnehmer auch insoweit zur Anzeige verpflichtet.

(2) Verletzt der Versicherungsnehmer seine Anzeigepflicht nach Absatz 1, kann der Versicherer vom Vertrag zurücktreten.

(3) Das Rücktrittsrecht des Versicherers ist ausgeschlossen, wenn der Versicherungsnehmer die Anzeigepflicht weder vorsätzlich noch grob fahrlässig verletzt hat. In diesem Fall hat der Versicherer das Recht, den Vertrag unter Einhaltung einer Frist von einem Monat zu kündigen.

(4) Das Rücktrittsrecht des Versicherers wegen grob fahrlässiger Verletzung der Anzeigepflicht und sein Kündigungsrecht nach Absatz 3 Satz 2 sind ausgeschlossen, wenn er den Vertrag auch bei Kenntnis der nicht angezeigten Umstände, wenn auch zu anderen Bedingungen, geschlossen hätte. Die anderen Bedingungen werden auf Verlangen des Versicherers rückwirkend, bei einer vom Versicherungsnehmer nicht zu vertretenden Pflichtverletzung ab der laufenden Versicherungsperiode Vertragsbestandteil.

(5) Dem Versicherer stehen die Rechte nach den Absätzen 2 bis 4 nur zu, wenn er den Versicherungsnehmer durch gesonderte Mitteilung in Textform auf die Folgen einer Anzeigepflichtverletzung hingewiesen hat. Die Rechte sind ausgeschlossen, wenn der Versicherer den nicht angezeigten Gefahrumstand oder die Unrichtigkeit der Anzeige kannte.

(6) Erhöht sich im Fall des Absatzes 4 Satz 2 durch eine Vertragsänderung die Prämie um mehr als 10 Prozent oder schließt der Versicherer die Gefahrabsicherung für den nicht angezeigten Umstand aus, kann der Versicherungsnehmer den Vertrag innerhalb eines Monats nach Zugang

der Mitteilung des Versicherers ohne Einhaltung einer Frist kündigen. Der Versicherer hat den Versicherungsnehmer in der Mitteilung auf dieses Recht hinzuweisen.

§20 Vertreter des Versicherungsnehmers

Wird der Vertrag von einem Vertreter des Versicherungsnehmers geschlossen, sind bei der Anwendung des §19 Abs. 1 bis 4 und des §21 Abs. 2 Satz 2 sowie Abs. 3 Satz 2 sowohl die Kenntnis und die Arglist des Vertreters als auch die Kenntnis und die Arglist des Versicherungsnehmers zu berücksichtigen. Der Versicherungsnehmer kann sich darauf, dass die Anzeigepflicht nicht vorsätzlich oder grob fahrlässig verletzt worden ist, nur berufen, wenn weder dem Vertreter noch dem Versicherungsnehmer Vorsatz oder grobe Fahrlässigkeit zur Last fällt.

§21 Ausübung der Rechte des Versicherers

(1) Der Versicherer muss die ihm nach §19 Abs. 2 bis 4 zustehenden Rechte innerhalb eines Monats schriftlich geltend machen. Die Frist beginnt mit dem Zeitpunkt, zu dem der Versicherer von der Verletzung der Anzeigepflicht, die das von ihm geltend gemachte Recht begründet, Kenntnis erlangt. Der Versicherer hat bei der Ausübung seiner Rechte die Umstände anzugeben, auf die er seine Erklärung stützt; er darf nachträglich weitere Umstände zur Begründung seiner Erklärung angeben, wenn für diese die Frist nach Satz 1 nicht verstrichen ist.

(2) Im Fall eines Rücktrittes nach §19 Abs. 2 nach Eintritt des Versicherungsfalles ist der Versicherer nicht zur Leistung verpflichtet, es sei denn, die Verletzung der

Anzeigepflicht bezieht sich auf einen Umstand, der weder für den Eintritt oder die Feststellung des Versicherungsfalles noch für die Feststellung oder den Umfang der Leistungspflicht des Versicherers ursächlich ist. Hat der Versicherungsnehmer die Anzeigepflicht arglistig verletzt, ist der Versicherer nicht zur Leistung verpflichtet.

(3) Die Rechte des Versicherers nach §19 Abs. 2 bis 4 erlöschen nach Ablauf von fünf Jahren nach Vertragsschluss; dies gilt nicht für Versicherungsfälle, die vor Ablauf dieser Frist eingetreten sind. Hat der Versicherungsnehmer die Anzeigepflicht vorsätzlich oder arglistig verletzt, beläuft sich die Frist auf zehn Jahre.

§22 Arglistige Täuschung

Das Recht des Versicherers, den Vertrag wegen arglistiger Täuschung anzufechten, bleibt unberührt.

§23 Gefahrerhöhung

(1) Der Versicherungsnehmer darf nach Abgabe seiner Vertragserklärung ohne Einwilligung des Versicherers keine Gefahrerhöhung vornehmen oder deren Vornahme durch einen Dritten gestatten.

(2) Erkennt der Versicherungsnehmer nachträglich, dass er ohne Einwilligung des Versicherers eine Gefahrerhöhung vorgenommen oder gestattet hat, hat er die Gefahrerhöhung dem Versicherer unverzüglich anzuzeigen.

(3) Tritt nach Abgabe der Vertragserklärung des ersicherungsnehmers eine Gefahrerhöhung unabhängig von seinem Willen ein, hat er die Gefahrerhöhung, nachdem er von ihr Kenntnis erlangt hat, dem Versicherer unverzüglich

anzuzeigen.

§24 Kündigung wegen Gefahrerhöhung

(1) Verletzt der Versicherungsnehmer seine Verpflichtung nach §23 Abs. 1, kann der Versicherer den Vertrag ohne Einhaltung einer Frist kündigen, es sei denn, der Versicherungsnehmer hat die Verpflichtung weder vorsätzlich noch grob fahrlälsig verletzt. Beruht die Verletzung auf einfacher Fahrlälsigkeit, kann der Versicherer unter Einhaltung einer Frist von einem Monat kündigen.

(2) In den Fällen einer Gefahrerhöhung nach §23 Abs. 2 und 3 kann der Versicherer den Vertrag unter Einhaltung einer Frist von einem Monat kündigen.

(3) Das Kündigungsrecht nach den Absätzen 1 und 2 erlischt, wenn es nicht innerhalb eines Monats ab der Kenntnis des Versicherers von der Erhöhung der Gefahr ausgeübt wird oder wenn der Zustand wiederhergestellt ist, der vor der Gefahrerhöhung bestanden hat.

§25 Prämienerhöhung wegen Gefahrerhöhung

(1) Der Versicherer kann an Stelle einer Kündigung ab dem Zeitpunkt der Gefahrerhöhung eine seinen Geschäftsgrundsätzen für diese höhere Gefahr entsprechende Prämie verlangen oder die Absicherung der höheren Gefahr ausschließen. Für das Erlöschen dieses Rechtes gilt §24 Abs. 3 entsprechend.

(2) Erhöht sich die Prämie als Folge der Gefahrerhöhung um mehr als 10 Prozent oder schließt der Versicherer die Absicherung der höheren Gefahr aus, kann der Versicherungsnehmer den Vertrag innerhalb eines Monats

nach Zugang der Mitteilung des Versicherers ohne Einhaltung einer Frist kündigen. Der Versicherer hat den Versicherungsnehmer in der Mitteilung auf dieses Recht hinzuweisen.

§26 Leistungsfreiheit wegen Gefahrerhöhung

(1) Tritt der Versicherungsfall nach einer Gefahrerhöhung ein, ist der Versicherer nicht zur Leistung verpflichtet, wenn der Versicherungsnehmer seine Verpflichtung nach §23 Abs. 1 vorsätzlich verletzt hat. Im Fall einer grob fahrlässigen Verletzung ist der Versicherer berechtigt, seine Leistung in einem der Schwere des Verschuldens des Versicherungsnehmers entsprechenden Verhältnis zu kürzen; die Beweislast für das Nichtvorliegen einer groben Fahrlässigkeit trägt der Versicherungsnehmer.

(2) In den Fällen einer Gefahrerhöhung nach §23 Abs. 2 und 3 ist der Versicherer nicht zur Leistung verpflichtet, wenn der Versicherungsfall später als einen Monat nach dem Zeitpunkt eintritt, zu dem die Anzeige dem Versicherer hätte zugegangen sein müssen, es sei denn, dem Versicherer war die Gefahrerhöhung zu diesem Zeitpunkt bekannt. Er ist zur Leistung verpflichtet, wenn die Verletzung der Anzeigepflicht nach §23 Abs. 2 und 3 nicht auf Vorsatz beruht; im Fall einer grob fahrlässigen Verletzung gilt Absatz 1 Satz 2.

(3) Abweichend von den Absätzen 1 und 2 Satz 1 ist der Versicherer zur Leistung verpflichtet,

1. soweit die Gefahrerhöhung nicht ursächlich für den Eintritt des Versicherungsfalles oder den Umfang der Leistungspflicht war oder

2. wenn zur Zeit des Eintrittes des Versicherungsfalles die Frist für die Kündigung des Versicherers abgelaufen und eine Kündigung nicht erfolgt war.

§27 Unerhebliche Gefahrerhöhung

Die §§23 bis 26 sind nicht anzuwenden, wenn nur eine unerhebliche Erhöhung der Gefahr vorliegt oder wenn nach den Umständen als vereinbart anzusehen ist, dass die Gefahrerhöhung mitversichert sein soll.

§28 Verletzung einer vertraglichen Obliegenheit

(1) Bei Verletzung einer vertraglichen Obliegenheit, die vom Versicherungsnehmer vor Eintritt des Versicherungsfalles gegenüber dem Versicherer zu erfüllen ist, kann der Versicherer den Vertrag innerhalb eines Monats, nachdem er von der Verletzung Kenntnis erlangt hat, ohne Einhaltung einer Frist kündigen, es sei denn, die Verletzung beruht nicht auf Vorsatz oder auf grober Fahrlässigkeit.

(2) Bestimmt der Vertrag, dass der Versicherer bei Verletzung einer vom Versicherungsnehmer zu erfüllenden vertraglichen Obliegenheit nicht zur Leistung verpflichtet ist, ist er leistungsfrei, wenn der Versicherungsnehmer die Obliegenheit vorsätzlich verletzt hat. Im Fall einer grob fahrlässigen Verletzung der Obliegenheit ist der Versicherer berechtigt, seine Leistung in einem der Schwere des Verschuldens des Versicherungsnehmers entsprechenden Verhältnis zu kürzen; die Beweislast für das Nichtvorliegen einer groben Fahrlässigkeit trägt der Versicherungsnehmer.

(3) Abweichend von Absatz 2 ist der Versicherer zur Leistung verpflichtet, soweit die Verletzung der Obliegen-

heit weder für den Eintritt oder die Feststellung des Versicherungsfalles noch für die Feststellung oder den Umfang der Leistungspflicht des Versicherers ursächlich ist. Satz 1 gilt nicht, wenn der Versicherungsnehmer die Obliegenheit arglistig verletzt hat.

(4) Die vollständige oder teilweise Leistungsfreiheit des Versicherers nach Absatz 2 hat bei Verletzung einer nach Eintritt des Versicherungsfalles bestehenden Auskunfts- oder Aufklärungsobliegenheit zur Voraussetzung, dass der Versicherer den Versicherungsnehmer durch gesonderte Mitteilung in Textform auf diese Rechtsfolge hingewiesen hat.

(5) Eine Vereinbarung, nach welcher der Versicherer bei Verletzung einer vertraglichen Obliegenheit zum Rücktritt berechtigt ist, ist unwirksam.

§29 Teilrücktritt, Teilkündigung, teilweise Leistungsfreiheit

(1) Liegen die Voraussetzungen, unter denen der Versicherer nach den Vorschriften dieses Abschnittes zum Rücktritt oder zur Kündigung berechtigt ist, nur bezüglich eines Teils der Gegenstände oder Personen vor, auf die sich die Versicherung bezieht, steht dem Versicherer das Recht zum Rücktritt oder zur Kündigung für den übrigen Teil nur zu, wenn anzunehmen ist, dass für diesen allein der Versicherer den Vertrag unter den gleichen Bedingungen nicht geschlossen hätte.

(2) Macht der Versicherer von dem Recht zum Rücktritt oder zur Kündigung bezüglich eines Teils der Gegenstände oder Personen Gebrauch, ist der Versicherungsnehmer berechtigt, das Versicherungsverhältnis bezüglich des übrigen Teils zu

kündigen. Die Kündigung muss spätestens zum Schluss der Versicherungsperiode erklärt werden, in welcher der Rücktritt oder die Kündigung des Versicherers wirksam wird.

(3) Liegen die Voraussetzungen, unter denen der Versicherer wegen einer Verletzung der Vorschriften über die Gefahrerhöhung ganz oder teilweise leistungsfrei ist, nur bezüglich eines Teils der Gegenstände oder Personen vor, auf die sich die Versicherung bezieht, ist auf die Leistungsfreiheit Absatz 1 entsprechend anzuwenden.

§30 Anzeige des Versicherungsfalles

(1) Der Versicherungsnehmer hat den Eintritt des Versicherungsfalles, nachdem er von ihm Kenntnis erlangt hat, dem Versicherer unverzüglich anzuzeigen. Steht das Recht auf die vertragliche Leistung des Versicherers einem Dritten zu, ist auch dieser zur Anzeige verpflichtet.

(2) Auf eine Vereinbarung, nach welcher der Versicherer im Fall der Verletzung der Anzeigepflicht nach Absatz 1 Satz 1 nicht zur Leistung verpflichtet ist, kann sich der Versicherer nicht berufen, wenn er auf andere Weise vom Eintritt des Versicherungsfalles rechtzeitig Kenntnis erlangt hat.

§31 Auskunftspflicht des Versicherungsnehmers

(1) Der Versicherer kann nach dem Eintritt des Versicherungsfalles verlangen, dass der Versicherungsnehmer jede Auskunft erteilt, die zur Feststellung des Versicherungsfalles oder des Umfanges der Leistungspflicht des Versicherers erforderlich ist. Belege kann der

Versicherer insoweit verlangen, als deren Beschaffung dem Versicherungsnehmer billigerweise zugemutet werden kann.

(2) Steht das Recht auf die vertragliche Leistung des Versicherers einem Dritten zu, hat auch dieser die Pflichten nach Absatz 1 zu erfüllen.

§32 Abweichende Vereinbarungen

Von den §§19 bis 28 Abs. 4 und §31 Abs. 1 Satz 2 kann nicht zum Nachteil des Versicherungsnehmers abgewichen werden. Für Anzeigen nach diesem Abschnitt, zu denen der Versicherungsnehmer verpflichtet ist, kann jedoch die Schrift- oder die Textform vereinbart werden.

Abschnitt 3
Prämie

§33 Fälligkeit

(1) Der Versicherungsnehmer hat eine einmalige Prämie oder, wenn laufende Prämien vereinbart sind, die erste Prämie unverzüglich nach Ablauf von zwei Wochen nach Zugang des Versicherungsscheins zu zahlen.

(2) Ist die Prämie zuletzt vom Versicherer eingezogen worden, ist der Versicherungsnehmer zur übermittlung der Prämie erst verpflichtet, wenn er vom Versicherer hierzu in Textform aufgefordert worden ist.

§34 Zahlung durch Dritte

(1) Der Versicherer muss fällige Prämien oder sonstige ihm auf Grund des Vertrags zustehende Zahlungen vom Versicherten bei einer Versicherung für fremde Rechnung,

von einem Bezugsberechtigten, der ein Recht auf die Leistung des Versicherers erworben hat, sowie von einem Pfandgläubiger auch dann annehmen, wenn er die Zahlung nach den Vorschriften des Bürgerlichen Gesetzbuchs zurückweisen könnte.

(2) Ein Pfandrecht an der Versicherungsforderung kann auch wegen der Beträge einschließlich ihrer Zinsen geltend gemacht werden, die der Pfandgläubiger zur Zahlung von Prämien oder zu sonstigen dem Versicherer auf Grund des Vertrags zustehenden Zahlungen verwendet hat.

§35 Aufrechnung durch den Versicherer

Der Versicherer kann eine fällige Prämienforderung oder eine andere ihm aus dem Vertrag zustehende fällige Forderung gegen eine Forderung aus der Versicherung auch dann aufrechnen, wenn diese Forderung nicht dem Versicherungsnehmer, sondern einem Dritten zusteht.

§36 Leistungsort

(1) Leistungsort für die Zahlung der Prämie ist der jeweilige Wohnsitz des Versicherungsnehmers. Der Versicherungsnehmer hat jedoch auf seine Gefahr und seine Kosten die Prämie dem Versicherer zu übermitteln.

(2) Hat der Versicherungsnehmer die Versicherung in seinem Gewerbebetrieb genommen, tritt, wenn er seine gewerbliche Niederlassung an einem anderen Ort hat, der Ort der Niederlassung an die Stelle des Wohnsitzes.

§37 Zahlungsverzug bei Erstprämie

(1) Wird die einmalige oder die erste Prämie nicht

rechtzeitig gezahlt, ist der Versicherer, solange die Zahlung nicht bewirkt ist, zum Rücktritt vom Vertrag berechtigt, es sei denn, der Versicherungsnehmer hat die Nichtzahlung nicht zu vertreten.

(2) Ist die einmalige oder die erste Prämie bei Eintritt des Versicherungsfalles nicht gezahlt, ist der Versicherer nicht zur Leistung verpflichtet, es sei denn, der Versicherungsnehmer hat die Nichtzahlung nicht zu vertreten. Der Versicherer ist nur leistungsfrei, wenn er den Versicherungsnehmer durch gesonderte Mitteilung in Textform oder durch einen auffälligen Hinweis im Versicherungsschein auf diese Rechtsfolge der Nichtzahlung der Prämie aufmerksam gemacht hat.

§38 Zahlungsverzug bei Folgeprämie

(1) Wird eine Folgeprämie nicht rechtzeitig gezahlt, kann der Versicherer dem Versicherungsnehmer auf dessen Kosten in Textform eine Zahlungsfrist bestimmen, die mindestens zwei Wochen betragen muss. Die Bestimmung ist nur wirksam, wenn sie die rückständigen Beträge der Prämie, Zinsen und Kosten im Einzelnen beziffert und die Rechtsfolgen angibt, die nach den Absätzen 2 und 3 mit dem Fristablauf verbunden sind; bei zusammengefassten Verträgen sind die Beträge jeweils getrennt anzugeben.

(2) Tritt der Versicherungsfall nach Fristablauf ein und ist der Versicherungsnehmer bei Eintritt mit der Zahlung der Prämie oder der Zinsen oder Kosten in Verzug, ist der Versicherer nicht zur Leistung verpflichtet.

(3) Der Versicherer kann nach Fristablauf den Vertrag ohne Einhaltung einer Frist kündigen, sofern der Versicherungs-

nehmer mit der Zahlung der geschuldeten Beträge in Verzug ist. Die Kündigung kann mit der Bestimmung der Zahlungsfrist so verbunden werden, dass sie mit Fristablauf wirksam wird, wenn der Versicherungsnehmer zu diesem Zeitpunkt mit der Zahlung in Verzug ist; hierauf ist der Versicherungsnehmer bei der Kündigung ausdrücklich hinzuweisen. Die Kündigung wird unwirksam, wenn der Versicherungsnehmer innerhalb eines Monats nach der Kündigung oder, wenn sie mit der Fristbestimmung verbunden worden ist, innerhalb eines Monats nach Fristablauf die Zahlung leistet; Absatz 2 bleibt unberührt.

§39 Vorzeitige Vertragsbeendigung

(1) Im Fall der Beendigung des Versicherungsverhältnisses vor Ablauf der Versicherungsperiode steht dem Versicherer für diese Versicherungsperiode nur derjenige Teil der Prämie zu, der dem Zeitraum entspricht, in dem Versicherungsschutz bestanden hat. Wird das Versicherungsverhältnis durch Rücktritt auf Grund des §19 Abs. 2 oder durch Anfechtung des Versicherers wegen arglistiger Täuschung beendet, steht dem Versicherer die Prämie bis zum Wirksamwerden der Rücktritts- oder Anfechtungserklärung zu. Tritt der Versicherer nach §37 Abs. 1 zurück, kann er eine angemessene Geschäftsgebühr verlangen.

(2) Endet das Versicherungsverhältnis nach §16, kann der Versicherungsnehmer den auf die Zeit nach der Beendigung des Versicherungsverhältnisses entfallenden Teil der Prämie unter Abzug der für diese Zeit aufgewendeten Kosten zurückfordern.

§40 Kündigung bei Prämienerhöhung

(1) Erhält der Versicherer auf Grund einer Anpassungsklausel die Prämie, ohne dass sich der Umfang des Versicherungsschutzes entsprechend ändert, kann der Versicherungsnehmer den Vertrag innerhalb eines Monats nach Zugang der Mitteilung des Versicherers mit sofortiger Wirkung, frühestens jedoch zum Zeitpunkt des Wirksamwerdens der Erhöhung, kündigen. Der Versicherer hat den Versicherungsnehmer in der Mitteilung auf das Kündigungsrecht hinzuweisen. Die Mitteilung muss dem Versicherungsnehmer spätestens einen Monat vor dem Wirksamwerden der Erhöhung der Prämie zugehen.

(2) Absatz 1 gilt entsprechend, wenn der Versicherer auf Grund einer Anpassungsklausel den Umfang des Versicherungsschutzes vermindert, ohne die Prämie entsprechend herabzusetzen.

§41 Herabsetzung der Prämie

Ist wegen bestimmter gefahrerhöhender Umstände eine höhere Prämie vereinbart und sind diese Umstände nach Antragstellung des Versicherungsnehmers oder nach Vertragsschluss weggefallen oder bedeutungslos geworden, kann der Versicherungsnehmer verlangen, dass die Prämie ab Zugang des Verlangens beim Versicherer angemessen herabgesetzt wird. Dies gilt auch, wenn die Bemessung der höheren Prämie durch unrichtige, auf einem Irrtum des Versicherungsnehmers beruhende Angaben über einen solchen Umstand veranlasst worden ist.

§42 Abweichende Vereinbarungen

Von §33 Abs. 2 und den §§37 bis 41 kann nicht zum Nachteil des Versicherungsnehmers abgewichen werden.

Abschnitt 4
Versicherung für fremde Rechnung

§43 Begriffsbestimmung

(1) Der Versicherungsnehmer kann den Versicherungsvertrag im eigenen Namen für einen anderen, mit oder ohne Benennung der Person des Versicherten, schließen (Versicherung für fremde Rechnung).

(2) Wird der Versicherungsvertrag für einen anderen geschlossen, ist, auch wenn dieser benannt wird, im Zweifel anzunehmen, dass der Versicherungsnehmer nicht als Vertreter, sondern im eigenen Namen für fremde Rechnung handelt.

(3) Ergibt sich aus den Umständen nicht, dass der Versicherungsvertrag für einen anderen geschlossen werden soll, gilt er als für eigene Rechnung geschlossen.

§44 Rechte des Versicherten

(1) Bei der Versicherung für fremde Rechnung stehen die Rechte aus dem Versicherungsvertrag dem Versicherten zu. Die Übermittlung des Versicherungsscheins kann jedoch nur der Versicherungsnehmer verlangen.

(2) Der Versicherte kann ohne Zustimmung des Versicherungsnehmers nur dann über seine Rechte verfühen und diese Rechte gerichtlich geltend machen, wenn er im Besitz des Versicherungsscheins ist.

§45 Rechte des Versicherungsnehmers

(1) Der Versicherungsnehmer kann über die Rechte, die dem Versicherten aus dem Versicherungsvertrag zustehen, im eigenen Namen verfügen.

(2) Ist ein Versicherungsschein ausgestellt, ist der Versicherungsnehmer ohne Zustimmung des Versicherten zur Annahme der Leistung des Versicherers und zur übertragung der Rechte des Versicherten nur befugt, wenn er im Besitz des Versicherungsscheins ist.

(3) Der Versicherer ist zur Leistung an den Versicherungsnehmer nur verpflichtet, wenn der Versicherte seine Zustimmung zu der Versicherung erteilt hat.

§46 Rechte zwischen Versicherungsnehmer und Versichertem

Der Versicherungsnehmer ist nicht verpflichtet, dem Versicherten oder, falls über dessen Vermögen das Insolvenzverfahren eröffnet ist, der Insolvenzmasse den Versicherungsschein auszuliefern, bevor er wegen seiner Ansprüche gegen den Versicherten in Bezug auf die versicherte Sache befriedigt ist. Er kann sich für diese Ansprüche aus der Entschädigungsforderung gegen den Versicherer und nach deren Einziehung aus der Entschädigungssumme vor dem Versicherten und dessen Gläubigern befriedigen.

§47 Kenntnis und Verhalten des Versicherten

(1) Soweit die Kenntnis und das Verhalten des Versicherungsnehmers von rechtlicher Bedeutung sind, sind bei der Versicherung für fremde Rechnung auch die Kenntnis und das Verhalten des Versicherten zu

berücksichtigen.

(2) Die Kenntnis des Versicherten ist nicht zu berücksichtigen, wenn der Vertrag ohne sein Wissen geschlossen worden ist oder ihm eine rechtzeitige Benachrichtigung des Versicherungsnehmers nicht möglich oder nicht zumutbar war. Der Versicherer braucht den Einwand, dass der Vertrag ohne Wissen des Versicherten geschlossen worden ist, nicht gegen sich gelten zu lassen, wenn der Versicherungsnehmer den Vertrag ohne Auftrag des Versicherten geschlossen und bei Vertragsschluss dem Versicherer nicht angezeigt hat, dass er den Vertrag ohne Auftrag des Versicherten schließt.

§48 Versicherung für Rechnung "wen es angeht"

Ist die Versicherung für Rechnung "wen es angeht" genommen oder ist dem Vertrag in sonstiger Weise zu entnehmen, dass unbestimmt bleiben soll, ob eigenes oder fremdes Interesse versichert ist, sind die §§43 bis 47 anzuwenden, wenn sich aus den Umständen ergibt, dass fremdes Interesse versichert ist.

Abschnitt 5
Vorläufige Deckung

§49 Inhalt des Vertrags

(1) Bei einem Versicherungsvertrag, dessen wesentlicher Inhalt die Gewährung einer vorläufigen Deckung durch den Versicherer ist, kann vereinbart werden, dass dem Versicherungsnehmer die Vertragsbestimmungen und die Informationen nach §7 Abs. 1 in Verbindung mit einer

Rechtsverordnung nach §7 Abs. 2 nur auf Anforderung und spätestens mit dem Versicherungsschein vom Versicherer zu übermitteln sind. Auf einen Fernabsatzvertrag im Sinn des §312b Abs. 1 und 2 des Bürgerlichen Gesetzbuchs ist Satz 1 nicht anzuwenden.

(2) Werden die Allgemeinen Versicherungsbedingungen dem Versicherungsnehmer bei Vertragsschluss nicht übermittelt, werden die vom Versicherer zu diesem Zeitpunkt für den vorläufigen Versicherungsschutz üblicherweise verwendeten Bedingungen, bei Fehlen solcher Bedingungen die für den Hauptvertrag vom Versicherer verwendeten Bedingungen auch ohne ausdrücklichen Hinweis hierauf Vertragsbestandteil. Bestehen Zweifel, welche Bedingungen für den Vertrag gelten sollen, werden die zum Zeitpunkt des Vertragsschlusses vom Versicherer verwendeten Bedingungen, die für den Versicherungsnehmer am günstigsten sind, Vertragsbestandteil.

§50 Nichtzustandekommen des Hauptvertrags

Ist der Versicherungsnehmer verpflichtet, im Fall des Nichtzustandekommens des Hauptvertrags eine Prämie für die vorläufige Deckung zu zahlen, steht dem Versicherer ein Anspruch auf einen der Laufzeit der vorläufigen Deckung entsprechenden Teil der Prämie zu, die beim Zustandekommen des Hauptvertrags für diesen zu zahlen würe.

§51 Prämienzahlung

(1) Der Beginn des Versicherungsschutzes kann von der Zahlung der Prämie abhängig gemacht werden, sofern der Versicherer den Versicherungsnehmer durch gesonderte

Mitteilung in Textform oder durch einen auffälligen Hinweis im Versicherungsschein auf diese Voraussetzung aufmerksam gemacht hat.

(2) Von Absatz 1 kann nicht zum Nachteil des Versicherungsnehmers abgewichen werden.

§52 Beendigung des Vertrags

(1) Der Vertrag über vorläufige Deckung endet spätestens zu dem Zeitpunkt, zu dem nach einem vom Versicherungsnehmer geschlossenen Hauptvertrag oder einem weiteren Vertrag über vorläufige Deckung ein gleichartiger Versicherungsschutz beginnt. Ist der Beginn des Versicherungsschutzes nach dem Hauptvertrag oder dem weiteren Vertrag über vorläufige Deckung von der Zahlung der Prämie durch den Versicherungsnehmer abhängig, endet der Vertrag über vorläufige Deckung bei Nichtzahlung oder verspäteter Zahlung der Prämie abweichend von Satz 1 spätestens zu dem Zeitpunkt, zu dem der Versicherungsnehmer mit der Prämienzahlung in Verzug ist, vorausgesetzt, dass der Versicherer den Versicherungsnehmer durch gesonderte Mitteilung in Textform oder durch einen auffälligen Hinweis im Versicherungsschein auf diese Rechtsfolge aufmerksam gemacht hat.

(2) Absatz 1 ist auch anzuwenden, wenn der Versicherungsnehmer den Hauptvertrag oder den weiteren Vertrag über vorläufige Deckung mit einem anderen Versicherer schließt. Der Versicherungsnehmer hat dem bisherigen Versicherer den Vertragsschluss unverzüglich mitzuteilen.

(3) Kommt der Hauptvertrag mit dem Versicherer, mit dem

der Vertrag über vorläufige Deckung besteht, nicht zustande, weil der Versicherungsnehmer seine Vertragserklärung nach §8 widerruft oder nach §5 Abs. 1 und 2 einen Widerspruch erklärt, endet der Vertrag über vorläufige Deckung spätestens mit dem Zugang des Widerrufs oder des Widerspruchs beim Versicherer.

(4) Ist das Vertragsverhältnis auf unbestimmte Zeit eingegangen, kann jede Vertragspartei den Vertrag ohne Einhaltung einer Frist kündigen. Die Kündigung des Versicherers wird jedoch erst nach Ablauf von zwei Wochen nach Zugang wirksam.

(5) Von den Absätzen 1 bis 4 kann nicht zum Nachteil des Versicherungsnehmers abgewichen werden.

Abschnitt 6
Laufende Versicherung

§53 Anmeldepflicht

Wird ein Vertrag in der Weise geschlossen, dass das versicherte Interesse bei Vertragsschluss nur der Gattung nach bezeichnet und erst nach seiner Entstehung dem Versicherer einzeln aufgegeben wird (laufende Versicherung), ist der Versicherungsnehmer verpflichtet, entweder die versicherten Risiken einzeln oder, wenn der Versicherer darauf verzichtet hat, die vereinbarte Prämiengrundlage unverzüglich anzumelden oder, wenn dies vereinbart ist, jeweils Deckungszusage zu beantragen.

§54 Verletzung der Anmeldepflicht

(1) Hat der Versicherungsnehmer die Anmeldung eines ver-

sicherten Risikos oder der vereinbarten Prämiengrundlage oder die Beantragung der Deckungszusage unterlassen oder fehlerhaft vorgenommen, ist der Versicherer nicht zur Leistung verpflichtet. Dies gilt nicht, wenn der Versicherungsnehmer die Anmelde- oder Antragspflicht weder vorsätzlich noch grob fahrlässig verletzt hat und die Anmeldung oder den Antrag unverzüglich nach Kenntniserlangung von dem Fehler nachholt oder berichtigt.

(2) Verletzt der Versicherungsnehmer die Anmelde- oder Antragspflicht vorsätzlich, kann der Versicherer den Vertrag fristlos kündigen. Die Versicherung von Einzelrisiken, für die der Versicherungsschutz begonnen hat, bleibt, wenn anderes nicht vereinbart ist, über das Ende der laufenden Versicherung hinaus bis zu dem Zeitpunkt bestehen, zu dem die vereinbarte Dauer der Versicherung dieser Einzelrisiken endet. Der Versicherer kann ferner die Prämie verlangen, die bis zum Wirksamwerden der Kündigung zu zahlen gewesen wäre, wenn der Versicherungsnehmer die Anmeldepflicht erfüllt hätte.

§55 Einzelpolice

(1) Ist bei einer laufenden Versicherung ein Versicherungsschein für ein einzelnes Risiko (Einzelpolice) oder ein Versicherungszertifikat ausgestellt worden, ist der Versicherer nur gegen Vorlage der Urkunde zur Leistung verpflichtet. Durch die Leistung an den Inhaber der Urkunde wird er befreit.

(2) Ist die Urkunde abhandengekommen oder vernichtet, ist der Versicherer zur Leistung erst verpflichtet, wenn die Urkunde für kraftlos erklärt oder Sicherheit geleistet ist;

eine Sicherheitsleistung durch Bürgen ist ausgeschlossen. Dies gilt auch für die Verpflichtung des Versicherers zur Ausstellung einer Ersatzurkunde.

(3) Der Inhalt der Einzelpolice oder eines Versicherungs-zertifikats gilt abweichend von §5 als vom Versicherungs-nehmer genehmigt, wenn dieser nicht unverzüglich nach der Übermittlung widerspricht. Das Recht des Versicherungs-nehmers, die Genehmigung wegen Irrtums anzufechten, bleibt unberührt.

§56 Verletzung der Anzeigepflicht

(1) Abweichend von §19 Abs. 2 ist bei Verletzung der Anzeigepflicht der Rücktritt des Versicherers aus-geschlossen; der Versicherer kann innerhalb eines Monats von dem Zeitpunkt an, zu dem er Kenntnis von dem nicht oder unrichtig angezeigten Umstand erlangt hat, den Vertrag kündigen und die Leistung verweigern. Der Versicherer bleibt zur Leistung verpflichtet, soweit der nicht oder unrichtig angezeigte Umstand nicht ursächlich für den Eintritt des Versicherungsfalles oder den Umfang der Leistungspflicht war.

(2) Verweigert der Versicherer die Leistung, kann der Versicherungsnehmer den Vertrag kündigen. Das kündigungs-recht erlischt, wenn es nicht innerhalb eines Monats von dem Zeitpunkt an ausgeübt wird, zu welchem dem Versicherungsnehmer die Entscheidung des Versicherers, die Leistung zu verweigern, zugeht.

§57 Gefahränderung

(1) Der Versicherungsnehmer hat dem Versicherer eine

Änderung der Gefahr unverzüglich anzuzeigen.

(2) Hat der Versicherungsnehmer eine Gefahrerhöhung nicht angezeigt, ist der Versicherer nicht zur Leistung verpflichtet, wenn der Versicherungsfall nach dem Zeitpunkt eintritt, zu dem die Anzeige dem Versicherer hätte zugehen müssen. Er ist zur Leistung verpflichtet,

1. wenn ihm die Gefahrerhöhung zu dem Zeitpunkt bekannt war, zu dem ihm die Anzeige hätte zugehen müssen,
2. wenn die Anzeigepflicht weder vorsätzlich noch grob fahrlässig verletzt worden ist oder
3. soweit die Gefahrerhöhung nicht ursächlich für den Eintritt des Versicherungsfalles oder den Umfang der Leistungspflicht war.

(3) Der Versicherer ist abweichend von §24 nicht berechtigt, den Vertrag wegen einer Gefahrerhöhung zu kündigen.

§58 Obliegenheitsverletzung

(1) Verletzt der Versicherungsnehmer bei einer laufenden Versicherung schuldhaft eine vor Eintritt des Versicherungsfalles zu erfüllende Obliegenheit, ist der Versicherer in Bezug auf ein versichertes Einzelrisiko, für das die verletzte Obliegenheit gilt, nicht zur Leistung verpflichtet.

(2) Bei schuldhafter Verletzung einer Obliegenheit kann der Versicherer den Vertrag innerhalb eines Monats, nachdem er Kenntnis von der Verletzung erlangt hat, mit einer Frist von einem Monat kündigen.

Abschnitt 7
Versicherungsvermittler, Versicherungsberater

Unterabschnitt 1
Mitteilungs- und Beratungspflichten

§59 Begriffsbestimmungen

(1) Versicherungsvermittler im Sinn dieses Gesetzes sind Versicherungsvertreter und Versicherungsmakler.

(2) Versicherungsvertreter im Sinn dieses Gesetzes ist, wer von einem Versicherer oder einem Versicherungsvertreter damit betraut ist, gewerbsmäßig Versicherungsverträge zu vermitteln oder abzuschließen.

(3) Versicherungsmakler im Sinn dieses Gesetzes ist, wer gewerbsmäßig für den Auftraggeber die Vermittlung oder den Abschluss von Versicherungsverträgen übernimmt, ohne von einem Versicherer oder von einem Versicherungsvertreter damit betraut zu sein. Als Versicherungsmakler gilt, wer gegenüber dem Versicherungsnehmer den Anschein erweckt, er erbringe seine Leistungen als Versicherungsmakler nach Satz 1.

(4) Versicherungsberater im Sinn dieses Gesetzes ist, wer gewerbsmäßig Dritte bei der Vereinbarung, Änderung oder Prüfung von Versicherungsverträgen oder bei der Wahrnehmung von Ansprüchen aus Versicherungsverträgen im Versicherungsfall berät oder gegenüber dem Versicherer außergerichtlich vertritt, ohne von einem Versicherer einen wirtschaftlichen Vorteil zu erhalten oder in anderer Weise von ihm abhängig zu sein.

§60 Beratungsgrundlage des Versicherungsvermittlers

(1) Der Versicherungsmakler ist verpflichtet, seinem Rat eine hinreichende Zahl von auf dem Markt angebotenen Versicherungsverträgen und von Versicherern zu Grunde zu legen, so dass er nach fachlichen Kriterien eine Empfehlung dahin abgeben kann, welcher Versicherungsvertrag geeignet ist, die Bedürfnisse des Versicherungsnehmers zu erfürlen. Dies gilt nicht, soweit er im Einzelfall vor Abgabe der Vertragserklärung des Versicherungsnehmers diesen ausdrücklich auf eine eingeschränckte Versicherer- und Vertragsauswahl hinweist.

(2) Der Versicherungsmakler, der nach Absatz 1 Satz 2 auf eine eingeschränckte Auswahl hinweist, und der Versicherungsvertreter haben dem Versicherungsnehmer mitzuteilen, auf welcher Markt- und Informationsgrundlage sie ihre Leistung erbringen, und die Namen der ihrem Rat zu Grunde gelegten Versicherer anzugeben. Der Versicherungsvertreter hat außerdem mitzuteilen, für welche Versicherer er seine Tätigkeit ausübt und ob er für diese ausschließlich tätig ist.

(3) Der Versicherungsnehmer kann auf die Mitteilungen und Angaben nach Absatz 2 durch eine gesonderte schriftliche Erklärung verzichten.

§61 Beratungs- und Dokumentationspflichten des Versicherungsvermittlers

(1) Der Versicherungsvermittler hat den Versicherungsnehmer, soweit nach der Schwierigkeit, die angebotene Versicherung zu beurteilen, oder der Person des Versicherungsnehmers und dessen Situation hierfür Anlass

besteht, nach seinen Wünschen und Bedürfnissen zu befragen und, auch unter Berücksichtigung eines angemessenen Verhältnisses zwischen Beratungsaufwand und der vom Versicherungsnehmer zu zahlenden Prämien, zu beraten sowie die Gründe für jeden zu einer bestimmten Versicherung erteilten Rat anzugeben. Er hat dies unter Berücksichtigung der Komplexität des angebotenen Versicherungsvertrags nach §62 zu dokumentieren.

(2) Der Versicherungsnehmer kann auf die Beratung oder die Dokumentation nach Absatz 1 durch eine gesonderte schriftliche Erklärung verzichten, in der er vom Versicherungsvermittler ausdrücklich darauf hingewiesen wird, dass sich ein Verzicht nachteilig auf die Möglichkeit des Versicherungsnehmers auswirken kann, gegen den Versicherungsvermittler einen Schadensersatzanspruch nach §63 geltend zu machen.

§62 Zeitpunkt und Form der Information

(1) Dem Versicherungsnehmer sind die Informationen nach §60 Abs. 2 vor Abgabe seiner Vertragserklärung, die Informationen nach §61 Abs. 1 vor dem Abschluss des Vertrags klar und verständlich in Textform zu übermitteln.

(2) Die Informationen nach Absatz 1 dürfen mündlich übermittelt werden, wenn der Versicherungsnehmer dies wünscht oder wenn und soweit der Versicherer vorläufige Deckung gewährt. In diesen Fällen sind die Informationen unverzüglich nach Vertragsschluss, spätestens mit dem Versicherungsschein dem Versicherungsnehmer in Textform zu übermitteln; dies gilt nicht für Verträge über vorläufige Deckung bei Pflichtversicherungen.

§63 Schadensersatzpflicht

Der Versicherungsvermittler ist zum Ersatz des Schadens verpflichtet, der dem Versicherungsnehmer durch die Verletzung einer Pflicht nach §60 oder §61 entsteht. Dies gilt nicht, wenn der Versicherungsvermittler die Pflicht=verletzung nicht zu vertreten hat.

§64 Zahlungssicherung zugunsten des Versicherungsnehmers

Eine Bevollmächtigung des Versicherungsvermittlers durch den Versicherungsnehmer zur Annahme von Leistungen des Versicherers, die dieser auf Grund eines Versicherungs-vertrags an den Versicherungsnehmer zu erbringen hat, bedarf einer gesonderten schriftlichen Erklärung des Versicherungsnehmers.

§65 Großrisiken

Die §§60 bis 63 gelten nicht für die Vermittlung von Versicherungsverträgen über Großrisiken im Sinn des Artikels 10 Abs. 1 Satz 2 des Einführungsgesetzes zum Versicherungsvertragsgesetz.

§66 Sonstige Ausnahmen

Die §§60 bis 64, 69 Abs. 2 und §214 gelten nicht für Versicherungsvermittler im Sinn von §34d Abs. 9 Nr. 1 der Gewerbeordnung.

§67 Abweichende Vereinbarungen

Von den §§60 bis 66 kann nicht zum Nachteil des Versicherungsnehmers abgewichen werden.

§68 Versicherungsberater

Die für Versicherungsmakler geltenden Vorschriften des §60 Abs. 1 Satz 1, des §61 Abs. 1 und der §§62 bis 65 und 67 sind auf Versicherungsberater entsprechend anzuwenden. Weitergehende Pflichten des Versicherungsberaters aus dem Auftragsverhältnis bleiben unberührt.

Unterabschnitt 2
Vertretungsmacht

§69 Gesetzliche Vollmacht

(1) Der Versicherungsvertreter gilt als bevollmächtigt,

1. Anträge, die auf den Abschluss eines Versicherungsvertrags gerichtet sind, und deren Widerruf sowie die vor Vertragsschluss abzugebenden Anzeigen und sonstigen Erklärungen vom Versicherungsnehmer entgegenzunehmen,
2. Anträge auf Verlängerung oder Änderung eines Versicherungsvertrags und deren Widerruf, die Kündigung, den Rücktritt und sonstige das Versicherungsverhältnis betreffende Erklärungen sowie die während der Dauer des Versicherungsverhältnisses zu erstattenden Anzeigen vom Versicherungsnehmer entgegenzunehmen und
3. die vom Versicherer ausgefertigten Versicherungsscheine oder Verlängerungsscheine dem Versicherungsnehmer zu übermitteln.

(2) Der Versicherungsvertreter gilt als bevollmächtigt, Zahlungen, die der Versicherungsnehmer im Zusammenhang mit der Vermittlung oder dem Abschluss eines Versicherungsvertrags an ihn leistet, anzunehmen. Eine Beschränckung dieser Vollmacht muss der Versicherungsnehmer nur gegen

sich gelten lassen, wenn er die Beschränckung bei der Vornahme der Zahlung kannte oder infolge grober Fahrlässigkeit nicht kannte.

(3) Der Versicherungsnehmer trägt die Beweislast für die Abgabe oder den Inhalt eines Antrags oder einer sonstigen Willenserklärung nach Absatz 1 Nr. 1 und 2. Die Beweislast für die Verletzung der Anzeigepflicht oder einer Obliegenheit durch den Versicherungsnehmer trägt der Versicherer.

§70 Kenntnis des Versicherungsvertreters

Soweit nach diesem Gesetz die Kenntnis des Versicherers erheblich ist, steht die Kenntnis des Versicherungsvertreters der Kenntnis des Versicherers gleich. Dies gilt nicht für die Kenntnis des Versicherungsvertreters, die er außerhalb seiner Tätigkeit als Vertreter und ohne Zusammenhang mit dem betreffenden Versicherungsvertrag erlangt hat.

§71 Abschlussvollmacht

Ist der Versicherungsvertreter zum Abschluss von Versicherungsverträgen bevollmächtigt, ist er auch befugt, die Änderung oder Verlängerung solcher Verträge zu vereinbaren sowie Kündigungs- und Rücktrittserklärungen abzugeben.

§72 Beschränckung der Vertretungsmacht

Eine Beschränckung der dem Versicherungsvertreter nach den §§69 und 71 zustehenden Vertretungsmacht durch Allgemeine Versicherungsbedingungen ist gegenüber dem Versicherungsnehmer und Dritten unwirksam.

§73 Angestellte und nicht gewerbsmäßig tätige Vermittler

Die §§69 bis 72 sind auf Angestellte eines Versicherers, die mit der Vermittlung oder dem Abschluss von Versicherungsverträgen betraut sind, und auf Personen, die als Vertreter selbständig Versicherungsverträge vermitteln oder abschließen, ohne gewerbsmäßig tätig zu sein, entsprechend anzuwenden.

Kapitel 2
Schadensversicherung

Abschnitt 1
Allgemeine Vorschriften

§74 Überversicherung

(1) Übersteigt die Versicherungssumme den Wert des versicherten Interesses (Versicherungswert) erheblich, kann jede Vertragspartei verlangen, dass die Versicherungssumme zur Beseitigung der Überversicherung unter verhältnismäßiger Minderung der Prämie mit sofortiger Wirkung herabgesetzt wird.

(2) Schließt der Versicherungsnehmer den Vertrag in der Absicht, sich aus der Überversicherung einen rechtswidrigen Vermögensvorteil zu verschaffen, ist der Vertrag nichtig; dem Versicherer steht die Prämie bis zu dem Zeitpunkt zu, zu dem er von den die Nichtigkeit begründenden Umständen Kenntnis erlangt.

§75 Unterversicherung

Ist die Versicherungssumme erheblich niedriger als der

Versicherungswert zur Zeit des Eintrittes des Versicherungsfalles, ist der Versicherer nur verpflichtet, die Leistung nach dem Verhältnis der Versicherungssumme zu diesem Wert zu erbringen.

§76 Taxe

Der Versicherungswert kann durch Vereinbarung auf einen bestimmten Betrag (Taxe) festgesetzt werden. Die Taxe gilt auch als der Wert, den das versicherte Interesse bei Eintritt des Versicherungsfalles hat, es sei denn, sie übersteigt den wirklichen Versicherungswert zu diesem Zeitpunkt erheblich. Ist die Versicherungssumme niedriger als die Taxe, hat der Versicherer, auch wenn die Taxe erheblich übersetzt ist, den Schaden nur nach dem Verhältnis der Versicherungssumme zur Taxe zu ersetzen.

§77 Mehrere Versicherer

(1) Wer bei mehreren Versicherern ein Interesse gegen dieselbe Gefahr versichert, ist verpflichtet, jedem Versicherer die andere Versicherung unverzüglich mitzuteilen. In der Mitteilung sind der andere Versicherer und die Versicherungssumme anzugeben.

(2) Wird bezüglich desselben Interesses bei einem Versicherer der entgehende Gewinn, bei einem anderen Versicherer der sonstige Schaden versichert, ist Absatz 1 entsprechend anzuwenden.

§78 Haftung bei Mehrfachversicherung

(1) Ist bei mehreren Versicherern ein Interesse gegen dieselbe Gefahr versichert und übersteigen die Versicherungs-

summen zusammen den Versicherungswert oder übersteigt aus anderen Gränden die Summe der Entschädigungen, die von jedem Versicherer ohne Bestehen der anderen Versicherung zu zahlen wären, den Gesamtschaden (Mehrfachversicherung), haften die Versicherer in der Weise als Gesamtschuldner, dass jeder Versicherer den von ihm nach dem Vertrag zu leistenden Betrag zu zahlen hat, der Versicherungsnehmer aber insgesamt nicht mehr als den Betrag des Schadens verlangen kann.

(2) Die Versicherer sind im Verhältnis zueinander zu Anteilen nach Maßgabe der Beträge verpflichtet, die sie dem Versicherungsnehmer nach dem jeweiligen Vertrag zu zahlen haben. Ist auf eine der Versicherungen ausländisches Recht anzuwenden, kann der Versicherer, für den das ausländische Recht gilt, gegen den anderen Versicherer einen Anspruch auf Ausgleichung nur geltend machen, wenn er selbst nach dem für ihn maßgeblichen Recht zur Ausgleichung verpflichtet ist.

(3) Hat der Versicherungsnehmer eine Mehrfachversicherung in der Absicht vereinbart, sich dadurch einen rechtswidrigen Vermögensvorteil zu verschaffen, ist jeder in dieser Absicht geschlossene Vertrag nichtig; dem Versicherer steht die Prämie bis zu dem Zeitpunkt zu, zu dem er von den die Nichtigkeit begründenden Umständen Kenntnis erlangt.

§79 Beseitigung der Mehrfachversicherung

(1) Hat der Versicherungsnehmer den Vertrag, durch den die Mehrfachversicherung entstanden ist, ohne Kenntnis von dem Entstehen der Mehrfachversicherung geschlossen,

kann er verlangen, dass der später geschlossene Vertrag aufgehoben oder die Versicherungssumme unter verhältnismäßiger Minderung der Prämie auf den Teilbetrag herabgesetzt wird, der durch die frühere Versicherung nicht gedeckt ist.

(2) Absatz 1 ist auch anzuwenden, wenn die Mehrfachversicherung dadurch entstanden ist, dass nach Abschluss der mehreren Versicherungsverträge der Versicherungswert gesunken ist. Sind in diesem Fall die mehreren Versicherungsverträge gleichzeitig oder im Einvernehmen der Versicherer geschlossen worden, kann der Versicherungsnehmer nur die verhältnismäßige Herabsetzung der Versicherungssummen und der Prämien verlangen.

§80 Fehlendes versichertes Interesse

(1) Der Versicherungsnehmer ist nicht zur Zahlung der Prämie verpflichtet, wenn das versicherte Interesse bei Beginn der Versicherung nicht besteht; dies gilt auch, wenn das Interesse bei einer Versicherung, die für ein künftiges Unternehmen oder für ein anderes künftiges Interesse genommen ist, nicht entsteht. Der Versicherer kann jedoch eine angemessene Geschäftsgebühr verlangen.

(2) fürlt das versicherte Interesse nach dem Beginn der Versicherung weg, steht dem Versicherer die Prämie zu, die er hätte beanspruchen können, wenn die Versicherung nur bis zu dem Zeitpunkt beantragt worden wäre, zu dem der Versicherer vom Wegfall des Interesses Kenntnis erlangt hat.

(3) Hat der Versicherungsnehmer ein nicht bestehendes Interesse in der Absicht versichert, sich dadurch einen

rechtswidrigen Vermögensvorteil zu verschaffen, ist der Vertrag nichtig; dem Versicherer steht die Prämie bis zu dem Zeitpunkt zu, zu dem er von den die Nichtigkeit begründenden Umständen Kenntnis erlangt.

§81 Herbeifürrung des Versicherungsfalles

(1) Der Versicherer ist nicht zur Leistung verpflichtet, wenn der Versicherungsnehmer vorsätzlich den Versicherungsfall herbeiführt.

(2) fürrt der Versicherungsnehmer den Versicherungsfall grob fahrlässig herbei, ist der Versicherer berechtigt, seine Leistung in einem der Schwere des Verschuldens des Versicherungsnehmers entsprechenden Verhältnis zu kürzen.

§82 Abwendung und Minderung des Schadens

(1) Der Versicherungsnehmer hat bei Eintritt des Versicherungsfalles nach Möglichkeit für die Abwendung und Minderung des Schadens zu sorgen.

(2) Der Versicherungsnehmer hat Weisungen des Versicherers, soweit für ihn zumutbar, zu befolgen sowie Weisungen einzuholen, wenn die Umstände dies gestatten. Erteilen mehrere an dem Versicherungsvertrag beteiligte Versicherer unterschiedliche Weisungen, hat der Versicherungsnehmer nach pflichtgemäßem Ermessen zu handeln.

(3) Bei Verletzung einer Obliegenheit nach den Absätzen 1 und 2 ist der Versicherer nicht zur Leistung verpflichtet, wenn der Versicherungsnehmer die Obliegenheit vorsätzlich verletzt hat. Im Fall einer grob fahrlässigen Verletzung ist

der Versicherer berechtigt, seine Leistung in einem der Schwere des Verschuldens des Versicherungsnehmers entsprechenden Verhältnis zu kürzen; die Beweislast für das Nichtvorliegen einer groben Fahrlässigkeit trägt der Versicherungsnehmer.

(4) Abweichend von Absatz 3 ist der Versicherer zur Leistung verpflichtet, soweit die Verletzung der Obliegenheit weder für die Feststellung des Versicherungsfalles noch für die Feststellung oder den Umfang der Leistungspflicht ursächlich ist. Satz 1 gilt nicht, wenn der Versicherungsnehmer die Obliegenheit arglistig verletzt hat.

§83 Aufwendungsersatz

(1) Der Versicherer hat Aufwendungen des Versicherungsnehmers nach §82 Abs. 1 und 2, auch wenn sie erfolglos bleiben, insoweit zu erstatten, als der Versicherungsnehmer sie den Umständen nach für geboten halten durfte. Der Versicherer hat den für die Aufwendungen erforderlichen Betrag auf Verlangen des Versicherungsnehmers vorzuschießen.

(2) Ist der Versicherer berechtigt, seine Leistung zu kürzen, kann er auch den Aufwendungsersatz nach Absatz 1 entsprechend kürzen.

(3) Aufwendungen des Versicherungsnehmers, die er gemäß den Weisungen des Versicherers macht, sind auch insoweit zu erstatten, als sie zusammen mit der sonstigen Entschädigung die Versicherungssumme übersteigen.

(4) Bei der Tierversicherung gehören die Kosten der fütterung und der Pflege sowie die Kosten der tierärztlichen Untersuchung und Behandlung nicht zu den

vom Versicherer nach den Absätzen 1 bis 3 zu erstattenden Aufwendungen.

§84 Sachverständigenverfahren

(1) Sollen nach dem Vertrag einzelne Voraussetzungen des Anspruchs aus der Versicherung oder die Höhe des Schadens durch Sachverständige festgestellt werden, ist die getroffene Feststellung nicht verbindlich, wenn sie offenbar von der wirklichen Sachlage erheblich abweicht. Die Feststellung erfolgt in diesem Fall durch gerichtliche Entscheidung. Dies gilt auch, wenn die Sachverständigen die Feststellung nicht treffen können oder wollen oder sie verzübern.

(2) Sind nach dem Vertrag die Sachverständigen durch das Gericht zu ernennen, ist für die Ernennung das Amtsgericht zuständig, in dessen Bezirk der Schaden entstanden ist. Durch eine ausdrückliche Vereinbarung der Beteiligten kann die Zuständigkeit eines anderen Amtsgerichts begründet werden. Die Verfügung, durch die dem Antrag auf Ernennung der Sachverständigen stattgegeben wird, ist nicht anfechtbar.

§85 Schadensermittlungskosten

(1) Der Versicherer hat dem Versicherungsnehmer die Kosten, die durch die Ermittlung und Feststellung des von ihm zu ersetzenden Schadens entstehen, insoweit zu erstatten, als ihre Aufwendung den Umständen nach geboten war. Diese Kosten sind auch insoweit zu erstatten, als sie zusammen mit der sonstigen Entschädigung die Versicherungssumme übersteigen.

(2) Kosten, die dem Versicherungsnehmer durch die Zuziehung eines Sachverständigen oder eines Beistandes entstehen, hat der Versicherer nicht zu erstatten, es sei denn, der Versicherungsnehmer ist zu der Zuziehung vertraglich verpflichtet oder vom Versicherer aufgefordert worden.

(3) Ist der Versicherer berechtigt, seine Leistung zu kürzen, kann er auch den Kostenersatz entsprechend kürzen.

§86 Übergang von Ersatzansprüchen

(1) Steht dem Versicherungsnehmer ein Ersatzanspruch gegen einen Dritten zu, geht dieser Anspruch auf den Versicherer über, soweit der Versicherer den Schaden ersetzt. Der übergang kann nicht zum Nachteil des Versicherungsnehmers geltend gemacht werden.

(2) Der Versicherungsnehmer hat seinen Ersatzanspruch oder ein zur Sicherung dieses Anspruchs dienendes Recht unter Beachtung der geltenden Form- und Fristvorschriften zu wahren und bei dessen Durchsetzung durch den Versicherer soweit erforderlich mitzuwirken. Verletzt der Versicherungsnehmer diese Obliegenheit vorsätzlich, ist der Versicherer zur Leistung insoweit nicht verpflichtet, als er infolgedessen keinen Ersatz von dem Dritten erlangen kann. Im Fall einer grob fahrlässigen Verletzung der Obliegenheit ist der Versicherer berechtigt, seine Leistung in einem der Schwere des Verschuldens des Versicherungsnehmers entsprechenden Verhältnis zu kürzen; die Beweislast für das Nichtvorliegen einer groben Fahrlässigkeit trägt der Versicherungsnehmer.

(3) Richtet sich der Ersatzanspruch des Versicherungs-

nehmers gegen eine Person, mit der er bei Eintritt des Schadens in häuslicher Gemeinschaft lebt, kann der Übergang nach Absatz 1 nicht geltend gemacht werden, es sei denn, diese Person hat den Schaden vorsätzlich verursacht.

§87 Abweichende Vereinbarungen

Von den §§74, 78 Abs. 3, den §§80, 82 bis 84 Abs. 1 Satz 1 und §86 kann nicht zum Nachteil des Versicherungsnehmers abgewichen werden.

Abschnitt 2
Sachversicherung

§88 Versicherungswert

Soweit nichts anderes vereinbart ist, gilt als Versicherungswert, wenn sich die Versicherung auf eine Sache oder einen Inbegriff von Sachen bezieht, der Betrag, den der Versicherungsnehmer zur Zeit des Eintrittes des Versicherungsfalles für die Wiederbeschaffung oder Wiederherstellung der versicherten Sache in neuwertigem Zustand unter Abzug des sich aus dem Unterschied zwischen alt und neu ergebenden Minderwertes aufzuwenden hat.

§89 Versicherung für Inbegriff von Sachen

(1) Eine Versicherung, die für einen Inbegriff von Sachen genommen ist, umfasst die jeweils dem Inbegriff zugehörigen Sachen.

(2) Ist die Versicherung für einen Inbegriff von Sachen genommen, erstreckt sie sich auf die Sachen der

Personen, mit denen der Versicherungsnehmer bei Eintritt des Schadens in häuslicher Gemeinschaft lebt oder die zu diesem Zeitpunkt in einem Dienstverhältnis zum Versicherungsnehmer stehen und ihre Tätigkeit an dem Ort ausüben, für den die Versicherung gilt. Die Versicherung gilt insoweit als für fremde Rechnung genommen.

§90 Erweiterter Aufwendungsersatz

Macht der Versicherungsnehmer Aufwendungen, um einen unmittelbar bevorstehenden Versicherungsfall abzuwenden oder in seinen Auswirkungen zu mindern, ist §83 Abs. 1 Satz 1, Abs. 2 und 3 entsprechend anzuwenden.

§91 Verzinsung der Entschädigung

Die vom Versicherer zu zahlende Entschädigung ist nach Ablauf eines Monats seit der Anzeige des Versicherungsfalles für das Jahr mit 4 Prozent zu verzinsen, soweit nicht aus einem anderen Rechtsgrund hübere Zinsen verlangt werden können. Der Lauf der Frist ist gehemmt, solange der Schaden infolge eines Verschuldens des Versicherungsnehmers nicht festgestellt werden kann.

§92 Kündigung nach Versicherungsfall

(1) Nach dem Eintritt des Versicherungsfalles kann jede Vertragspartei das Versicherungsverhältnis kündigen.

(2) Die Kündigung ist nur bis zum Ablauf eines Monats seit dem Abschluss der Verhandlungen über die Entschädigung zulässig. Der Versicherer hat eine Kündigungsfrist von einem Monat einzuhalten. Der Versicherungsnehmer kann nicht für einen späteren Zeitpunkt als den Schluss der

laufenden Versicherungsperiode kündigen.

(3) Bei der Hagelversicherung kann der Versicherer nur für den Schluss der Versicherungsperiode kündigen, in welcher der Versicherungsfall eingetreten ist. Kündigt der Versicherungsnehmer für einen früheren Zeitpunkt als den Schluss dieser Versicherungsperiode, steht dem Versicherer gleichwohl die Prämie für die laufende Versicherungsperiode zu.

§93 Wiederherstellungsklausel

Ist der Versicherer nach dem Vertrag verpflichtet, einen Teil der Entschädigung nur bei Wiederherstellung oder Wiederbeschaffung der versicherten Sache zu zahlen, kann der Versicherungsnehmer die Zahlung eines über den Versicherungswert hinausgehenden Betrags erst verlangen, wenn die Wiederherstellung oder Wiederbeschaffung gesichert ist. Der Versicherungsnehmer ist zur Rückzahlung der vom Versicherer geleisteten Entschädigung abzüglich des Versicherungswertes der Sache verpflichtet, wenn die Sache infolge eines Verschuldens des Versicherungsnehmers nicht innerhalb einer angemessenen Frist wiederhergestellt oder wiederbeschafft worden ist.

§94 Wirksamkeit der Zahlung gegenüber Hypothekengläubigern

(1) Im Fall des §93 Satz 1 ist eine Zahlung, die ohne die Sicherung der Wiederherstellung oder Wiederbeschaffung geleistet wird, einem Hypothekengläubiger gegenüber nur wirksam, wenn ihm der Versicherer oder der Versicherungsnehmer mitgeteilt hat, dass ohne die Sicherung geleistet werden soll und seit dem Zugang der Mitteilung

mindestens ein Monat verstrichen ist.

(2) Soweit die Entschädigungssumme nicht zu einer den Vertragsbestimmungen entsprechenden Wiederherstellung oder Wiederbeschaffung verwendet werden soll, kann der Versicherer mit Wirkung gegen einen Hypothekengläubiger erst zahlen, wenn er oder der Versicherungsnehmer diese Absicht dem Hypothekengläubiger mitgeteilt hat und seit dem Zugang der Mitteilung mindestens ein Monat verstrichen ist.

(3) Der Hypothekengläubiger kann bis zum Ablauf der Frist von einem Monat dem Versicherer gegenüber der Zahlung widersprechen. Die Mitteilungen nach den Absätzen 1 und 2 dürfen unterbleiben, wenn sie einen unangemessenen Aufwand erfordern würden; in diesem Fall läuft die Frist ab dem Zeitpunkt der Fälligkeit der Entschädigungssumme.

(4) Hat der Hypothekengläubiger seine Hypothek dem Versicherer angemeldet, ist eine Zahlung, die ohne die Sicherung der Wiederherstellung oder Wiederbeschaffung geleistet wird, dem Hypothekengläubiger gegenüber nur wirksam, wenn dieser in Textform der Zahlung zugestimmt hat.

(5) Die Absätze 1 bis 4 sind entsprechend anzuwenden, wenn das Grundstück mit einer Grundschuld, Rentenschuld oder Reallast belastet ist.

§95 Veräußerung der versicherten Sache

(1) Wird die versicherte Sache vom Versicherungsnehmer veräußert, tritt an dessen Stelle der Erwerber in die während der Dauer seines Eigentums aus dem Versicherungsverhältnis sich ergebenden Rechte und Pflichten des

Versicherungsnehmers ein.

(2) Der Veräußerer und der Erwerber haften für die Prämie, die auf die zur Zeit des Eintrittes des Erwerbers laufende Versicherungsperiode entfällt, als Gesamtschuldner.

(3) Der Versicherer muss den Eintritt des Erwerbers erst gegen sich gelten lassen, wenn er hiervon Kenntnis erlangt hat.

§96 Kündigung nach Veräußerung

(1) Der Versicherer ist berechtigt, dem Erwerber einer versicherten Sache das Versicherungsverhältnis unter Einhaltung einer Frist von einem Monat zu kündigen. Das kündigungsrecht erlischt, wenn es nicht innerhalb eines Monats ab der Kenntnis des Versicherers von der Veräußerung ausgeübt wird.

(2) Der Erwerber ist berechtigt, das Versicherungsverhältnis mit sofortiger Wirkung oder für den Schluss der laufenden Versicherungsperiode zu kündigen. Das Kündigungsrecht erlischt, wenn es nicht innerhalb eines Monats nach dem Erwerb, bei fehlender Kenntnis des Erwerbers vom Bestehen der Versicherung innerhalb eines Monats ab Erlangung der Kenntnis, ausgeübt wird.

(3) Im Fall der Kündigung des Versicherungsverhältnisses nach Absatz 1 oder Absatz 2 ist der Veräußerer zur Zahlung der Prämie verpflichtet; eine Haftung des Erwerbers für die Prämie besteht nicht.

§97 Anzeige der Veräußerung

(1) Die Veräußerung ist dem Versicherer vom Veräußerer oder Erwerber unverzüglich anzuzeigen. Ist die Anzeige

unterblieben, ist der Versicherer nicht zur Leistung verpflichtet, wenn der Versicherungsfall später als einen Monat nach dem Zeitpunkt eintritt, zu dem die Anzeige dem Versicherer hätte zugehen müssen, und der Versicherer den mit dem Veräußerer bestehenden Vertrag mit dem Erwerber nicht geschlossen hätte.

(2) Abweichend von Absatz 1 Satz 2 ist der Versicherer zur Leistung verpflichtet, wenn ihm die Veräußerung zu dem Zeitpunkt bekannt war, zu dem ihm die Anzeige hätte zugehen müssen, oder wenn zur Zeit des Eintrittes des Versicherungsfalles die Frist für die Kündigung des Versicherers abgelaufen war und er nicht gekündigt hat.

§98 Schutz des Erwerbers

Der Versicherer kann sich auf eine Bestimmung des Versicherungsvertrags, durch die von den §§95 bis 97 zum Nachteil des Erwerbers abgewichen wird, nicht berufen. Jedoch kann für die Kündigung des Erwerbers nach §96 Abs. 2 und die Anzeige der Veräußerung die Schriftform oder die Textform bestimmt werden.

§99 Zwangsversteigerung, Erwerb des Nutzungsrechts

Geht das Eigentum an der versicherten Sache im Wege der Zwangsversteigerung über oder erwirbt ein Dritter auf Grund eines Nießbrauchs, eines Pachtvertrags oder eines ähnlichen Verhältnisses die Berechtigung, versicherte Bodenerzeugnisse zu beziehen, sind die §§95 bis 98 entsprechend anzuwenden.

Teil 2
Einzelne Versicherungszweige

Kapitel 1
Haftpflichtversicherung

Abschnitt 1
Allgemeine Vorschriften

§100 Leistung des Versicherers

Bei der Haftpflichtversicherung ist der Versicherer verpflichtet, den Versicherungsnehmer von Ansprüchen freizustellen, die von einem Dritten auf Grund der Verantwortlichkeit des Versicherungsnehmers für eine während der Versicherungszeit eintretende Tatsache geltend gemacht werden, und unbegrändete Ansprüche abzuwehren.

§101 Kosten des Rechtsschutzes

(1) Die Versicherung umfasst auch die gerichtlichen und außergerichtlichen Kosten, die durch die Abwehr der von einem Dritten geltend gemachten Ansprüche entstehen, soweit die Aufwendung der Kosten den Umständen nach geboten ist. Die Versicherung umfasst ferner die auf Weisung des Versicherers aufgewendeten Kosten der Verteidigung in einem Strafverfahren, das wegen einer Tat eingeleitet wurde, welche die Verantwortlichkeit des Versicherungsnehmers gegenüber einem Dritten zur Folge haben könnte. Der Versicherer hat die Kosten auf

Verlangen des Versicherungsnehmers vorzuschießen.

(2) Ist eine Versicherungssumme bestimmt, hat der Versicherer die Kosten eines auf seine Veranlassung gefürrten Rechtsstreits und die Kosten der Verteidigung nach Absatz 1 Satz 2 auch insoweit zu ersetzen, als sie zusammen mit den Aufwendungen des Versicherers zur Freistellung des Versicherungsnehmers die Versicherungssumme übersteigen. Dies gilt auch für Zinsen, die der Versicherungsnehmer infolge einer vom Versicherer veranlassten Verzüberung der Befriedigung des Dritten diesem schuldet.

(3) Ist dem Versicherungsnehmer nachgelassen, die Vollstreckung einer gerichtlichen Entscheidung durch Sicherheitsleistung oder Hinterlegung abzuwenden, hat der Versicherer die Sicherheitsleistung oder Hinterlegung zu bewirken. Diese Verpflichtung besteht nur bis zum Betrag der Versicherungssumme; ist der Versicherer nach Absatz 2 über diesen Betrag hinaus verpflichtet, tritt der Versicherungssumme der Mehrbetrag hinzu. Der Versicherer ist von der Verpflichtung nach Satz 1 frei, wenn er den Anspruch des Dritten dem Versicherungsnehmer gegenüber als begründet anerkennt.

§102 Betriebshaftpflichtversicherung

(1) Besteht die Versicherung für ein Unternehmen, erstreckt sie sich auf die Haftpflicht der zur Vertretung des Unternehmens befugten Personen sowie der Personen, die in einem Dienstverhältnis zu dem Unternehmen stehen. Die Versicherung gilt insoweit als für fremde Rechnung genommen.

(2) Wird das Unternehmen an einen Dritten veräußert oder auf Grund eines Nießbrauchs, eines Pachtvertrags oder eines ähnlichen Verhältnisses von einem Dritten übernommen, tritt der Dritte an Stelle des Versicherungsnehmers in die während der Dauer seiner Berechtigung sich aus dem Versicherungsverhältnis ergebenden Rechte und Pflichten ein. §95 Abs. 2 und 3 sowie die §§96 und 97 sind entsprechend anzuwenden.

§103 Herbeiführung des Versicherungsfalles

Der Versicherer ist nicht zur Leistung verpflichtet, wenn der Versicherungsnehmer vorsätzlich und widerrechtlich den bei dem Dritten eingetretenen Schaden herbeigeführt hat.

§104 Anzeigepflicht des Versicherungsnehmers

(1) Der Versicherungsnehmer hat dem Versicherer innerhalb einer Woche die Tatsachen anzuzeigen, die seine Verantwortlichkeit gegenüber einem Dritten zur Folge haben könnten. Macht der Dritte seinen Anspruch gegenüber dem Versicherungsnehmer geltend, ist der Versicherungsnehmer zur Anzeige innerhalb einer Woche nach der Geltendmachung verpflichtet.

(2) Wird gegen den Versicherungsnehmer ein Anspruch gerichtlich geltend gemacht, Prozesskostenhilfe beantragt oder wird ihm gerichtlich der Streit verkündet, hat er dies dem Versicherer unverzüglich anzuzeigen. Dies gilt auch, wenn gegen den Versicherungsnehmer wegen des den Anspruch begründenden Schadensereignisses ein Ermittlungsverfahren eingeleitet wird.

(3) Zur Wahrung der Fristen nach den Absätzen 1 und 2

genügt die rechtzeitige Absendung der Anzeige. §30 Abs. 2 ist entsprechend anzuwenden.

§105 Anerkenntnis des Versicherungsnehmers

Eine Vereinbarung, nach welcher der Versicherer nicht zur Leistung verpflichtet ist, wenn ohne seine Einwilligung der Versicherungsnehmer den Dritten befriedigt oder dessen Anspruch anerkennt, ist unwirksam.

§106 Fälligkeit der Versicherungsleistung

Der Versicherer hat den Versicherungsnehmer innerhalb von zwei Wochen von dem Zeitpunkt an, zu dem der Anspruch des Dritten mit bindender Wirkung für den Versicherer durch rechtskräftiges Urteil, Anerkenntnis oder Vergleich festgestellt worden ist, vom Anspruch des Dritten freizustellen. Ist der Dritte von dem Versicherungsnehmer mit bindender Wirkung für den Versicherer befriedigt worden, hat der Versicherer die Entschädigung innerhalb von zwei Wochen nach der Befriedigung des Dritten an den Versicherungsnehmer zu zahlen. Kosten, die nach §101 zu ersetzen sind, hat der Versicherer innerhalb von zwei Wochen nach der Mitteilung der Berechnung zu zahlen.

§107 Rentenanspruch

(1) Ist der Versicherungsnehmer dem Dritten zur Zahlung einer Rente verpflichtet, ist der Versicherer, wenn die Versicherungssumme den Kapitalwert der Rente nicht erreicht, nur zur Zahlung eines verhältnismäßigen Teils der Rente verpflichtet.

(2) Hat der Versicherungsnehmer für die von ihm

geschuldete Rente dem Dritten kraft Gesetzes Sicherheit zu leisten, erstreckt sich die Verpflichtung des Versicherers auf die Leistung der Sicherheit. Absatz 1 gilt entsprechend.

§108 Verfügung über den Freistellungsanspruch

(1) Verfügungen des Versicherungsnehmers über den Freistellungsanspruch gegen den Versicherer sind dem Dritten gegenüber unwirksam. Der rechtsgeschältlichen Verfürung steht eine Verfürung im Wege der Zwangsvollstreckung oder Arrestvollziehung gleich.

(2) Die Abtretung des Freistellungsanspruchs an den Dritten kann nicht durch Allgemeine Versicherungsbedingungen ausgeschlossen werden.

§109 Mehrere Geschädigte

Ist der Versicherungsnehmer gegenüber mehreren Dritten verantwortlich und übersteigen deren Ansprüche die Versicherungssumme, hat der Versicherer diese Ansprüche nach dem Verhältnis ihrer Beträge zu erfüllen. Ist hierbei die Versicherungssumme erschöpft, kann sich ein bei der Verteilung nicht berücksichtigter Dritter nachträglich auf §108 Abs. 1 nicht berufen, wenn der Versicherer mit der Geltendmachung dieser Ansprüche nicht gerechnet hat und auch nicht rechnen musste.

§110 Insolvenz des Versicherungsnehmers

Ist über das Vermögen des Versicherungsnehmers das Insolvenzverfahren eröffnet, kann der Dritte wegen des ihm gegen den Versicherungsnehmer zustehenden Anspruchs abgesonderte Befriedigung aus dem Freistellungsanspruch des Versicherungsnehmers verlangen.

§111 Kündigung nach Versicherungsfall

(1) Hat der Versicherer nach dem Eintritt des Versicherungsfalles den Anspruch des Versicherungsnehmers auf Freistellung anerkannt oder zu Unrecht abgelehnt, kann jede Vertragspartei das Versicherungsverhältnis kündigen. Dies gilt auch, wenn der Versicherer dem Versicherungsnehmer die Weisung erteilt, es zum Rechtsstreit über den Anspruch des Dritten kommen zu lassen.

(2) Die kündigung ist nur innerhalb eines Monats seit der Anerkennung oder Ablehnung des Freistellungsanspruchs oder seit der Rechtskraft des im Rechtsstreit mit dem Dritten ergangenen Urteils zulässig. §92 Abs. 2 Satz 2 und 3 ist anzuwenden.

§112 Abweichende Vereinbarungen

Von den §§104 und 106 kann nicht zum Nachteil des Versicherungsnehmers abgewichen werden.

Abschnitt 2
Pflichtversicherung

§113 Pflichtversicherung

(1) Eine Haftpflichtversicherung, zu deren Abschluss eine Verpflichtung durch Rechtsvorschrift besteht (Pflichtversicherung), ist mit einem im Inland zum Geschältsbetrieb befugten Versicherungsunternehmen abzuschließen.

(2) Der Versicherer hat dem Versicherungsnehmer unter

Angabe der Versicherungssumme zu bescheinigen, dass eine der zu bezeichnenden Rechtsvorschrift entsprechende Pflichtversicherung besteht.

(3) Die Vorschriften dieses Abschnittes sind auch insoweit anzuwenden, als der Versicherungsvertrag eine über die vorgeschriebenen Mindestanforderungen hinausgehende Deckung gewährt.

§114 Umfang des Versicherungsschutzes

(1) Die Mindestversicherungssumme beträgt bei einer Pflichtversicherung, soweit durch Rechtsvorschrift nichts anderes bestimmt ist, 250.000 Euro je Versicherungsfall und eine Million Euro für alle Versicherungsfälle eines Versicherungsjahres.

(2) Der Versicherungsvertrag kann Inhalt und Umfang der Pflichtversicherung nüber bestimmen, soweit dadurch die Erreichung des jeweiligen Zwecks der Pflichtversicherung nicht gefürrdet wird und durch Rechtsvorschrift nicht ausdrücklich etwas anderes bestimmt ist. Ein Selbstbehalt des Versicherungsnehmers kann dem Dritten nicht entgegengehalten und gegenüber einer mitversicherten Person nicht geltend gemacht werden.

§115 Direktanspruch

(1) Der Dritte kann seinen Anspruch auf Schadensersatz auch gegen den Versicherer geltend machen,

1. wenn es sich um eine Haftpflichtversicherung zur Erfürlung einer nach dem Pflichtversicherungsgesetz bestehenden Versicherungspflicht handelt oder
2. wenn über das Vermögen des Versicherungsnehmers

das Insolvenzverfahren eröffnet oder der Eröffnungsantrag mangels Masse abgewiesen worden ist oder ein vorläufiger Insolvenzverwalter bestellt worden ist oder

3. wenn der Aufenthalt des Versicherungsnehmers unbekannt ist.

Der Anspruch besteht im Rahmen der Leistungspflicht des Versicherers aus dem Versicherungsverhältnis und, soweit eine Leistungspflicht nicht besteht, im Rahmen des §117 Abs. 1 bis 4. Der Versicherer hat den Schadensersatz in Geld zu leisten. Der Versicherer und der ersatzpflichtige Versicherungsnehmer haften als Gesamtschuldner.

(2) Der Anspruch nach Absatz 1 unterliegt der gleichen Verjährung wie der Schadensersatzanspruch gegen den ersatzpflichtigen Versicherungsnehmer. Die Verjährung beginnt mit dem Zeitpunkt, zu dem die Verjährung des Schadensersatzanspruchs gegen den ersatzpflichtigen Versicherungsnehmer beginnt; sie endet jedoch spätestens nach zehn Jahren von dem Eintritt des Schadens an. Ist der Anspruch des Dritten bei dem Versicherer angemeldet worden, ist die Verjährung bis zu dem Zeitpunkt gehemmt, zu dem die Entscheidung des Versicherers dem Anspruchsteller in Textform zugeht. Die Hemmung, die Ablaufhemmung und der Neubeginn der Verjährung des Anspruchs gegen den Versicherer wirken auch gegenüber dem ersatzpflichtigen Versicherungsnehmer und umgekehrt.

§116 Gesamtschuldner

(1) Im Verhältnis der Gesamtschuldner nach §115 Abs. 1 Satz 4 zueinander ist der Versicherer allein verpflichtet, soweit er dem Versicherungsnehmer aus dem Versicherungs-

verhältnis zur Leistung verpflichtet ist. Soweit eine solche Verpflichtung nicht besteht, ist in ihrem Verhältnis zueinander der Versicherungsnehmer allein verpflichtet. Der Versicherer kann Ersatz der Aufwendungen verlangen, die er den Umständen nach für erforderlich halten durfte.

(2) Die Verjährung der sich aus Absatz 1 ergebenden Ansprüche beginnt mit dem Schluss des Jahres, in dem der Anspruch des Dritten erfüllt wird.

§117 Leistungspflicht gegenüber Dritten

(1) Ist der Versicherer von der Verpflichtung zur Leistung dem Versicherungsnehmer gegenüber ganz oder teilweise frei, so bleibt gleichwohl seine Verpflichtung in Ansehung des Dritten bestehen.

(2) Ein Umstand, der das Nichtbestehen oder die Beendigung des Versicherungsverhältnisses zur Folge hat, kann dem Anspruch des Dritten nach §115 nur entgegengehalten werden, wenn das Schadensereignis später als einen Monat nach dem Zeitpunkt eingetreten ist, zu dem der Versicherer diesen Umstand der hierfür zuständigen Stelle angezeigt hat. Dies gilt auch, wenn das Versicherungsverhältnis durch Zeitablauf endet. Der Lauf der Frist beginnt nicht vor Beendigung des Versicherungsverhältnisses. Ein in den Sätzen 1 und 2 bezeichneter Umstand kann dem Dritten auch dann entgegengehalten werden, wenn vor dem Zeitpunkt des Schadensereignisses der hierfür zuständigen Stelle die Bestätigung einer entsprechend den Rechtsvorschriften abgeschlossenen neuen Versicherung zugegangen ist. Die vorstehenden Vorschriften dieses Absatzes gelten nicht, wenn eine zur Entgegennahme der

Anzeige nach Satz 1 zuständige Stelle nicht bestimmt ist.

(3) In den Fällen der Absätze 1 und 2 ist der Versicherer nur im Rahmen der vorgeschriebenen Mindestversicherungssumme und der von ihm übernommenen Gefahr zur Leistung verpflichtet. Er ist leistungsfrei, soweit der Dritte Ersatz seines Schadens von einem anderen Schadensversicherer oder von einem Sozialversicherungsträger erlangen kann.

(4) Trifft die Leistungspflicht des Versicherers nach Absatz 1 oder Absatz 2 mit einer Ersatzpflicht auf Grund fahrlässiger Amtspflichtverletzung zusammen, wird die Ersatzpflicht nach §839 Abs. 1 des Bürgerlichen Gesetzbuchs im Verhältnis zum Versicherer nicht dadurch ausgeschlossen, dass die Voraussetzungen für die Leistungspflicht des Versicherers vorliegen. Satz 1 gilt nicht, wenn der Beamte nach §839 des Bürgerlichen Gesetzbuchs persönlich haftet.

(5) Wird über das Vermögen des Versicherers das Insolvenzverfahren eröffnet, endet das Versicherungsverhältnis abweichend von §16 erst mit dem Ablauf eines Monats, nachdem der Insolvenzverwalter diesen Umstand der hierfür zuständigen Stelle angezeigt hat; bis zu diesem Zeitpunkt bleibt es der Insolvenzmasse gegenüber wirksam. Ist eine zur Entgegennahme der Anzeige nach Satz 1 zuständige Stelle nicht bestimmt, endet das Versicherungsverhältnis einen Monat nach der Benachrichtigung des Versicherungsnehmers von der Eröffnung des Insolvenzverfahrens; die Benachrichtigung bedarf der Textform.

§118 Rangfolge mehrerer Ansprüche

(1) Übersteigen die Ansprüche auf Entschädigung, die auf Grund desselben Schadensereignisses zu leisten ist, die Versicherungssumme, wird die Versicherungssumme nach folgender Rangfolge, bei gleichem Rang nach dem Verhältnis ihrer Beträge, an die Ersatzberechtigten ausgezahlt:

1. für Ansprüche wegen Personenschäden, soweit die Geschädigten nicht vom Schädiger, von einem anderen Versicherer als dessen Haftpflichtversicherer, einem Sozialversicherungsträger oder einem sonstigen Dritten Ersatz ihrer Schäden erlangen können;
2. für Ansprüche wegen sonstiger Schäden natürlicher und juristischer Personen des Privatrechts, soweit die Geschädigten nicht vom Schädiger, einem anderen Versicherer als dessen Haftpflichtversicherer oder einem Dritten Ersatz ihrer Schäden erlangen können;
3. für Ansprüche, die nach Privatrecht auf Versicherer oder sonstige Dritte wegen Personen- und sonstiger Schäden übergegangen sind;
4. für Ansprüche, die auf Sozialversicherungsträger übergegangen sind;
5. für alle sonstigen Ansprüche.

(2) Ist die Versicherungssumme unter Berücksichtigung nachrangiger Ansprüche erschöpft, kann sich ein vorrangig zu befriedigender Anspruchsberechtigter, der bei der Verteilung nicht berücksichtigt worden ist, nachträglich auf Absatz 1 nicht berufen, wenn der Versicherer mit der Geltendmachung dieses Anspruchs nicht gerechnet hat und auch nicht rechnen musste.

§119 Obliegenheiten des Dritten

(1) Der Dritte hat ein Schadensereignis, aus dem er einen Anspruch gegen den Versicherungsnehmer oder nach §115 Abs. 1 gegen den Versicherer herleiten will, dem Versicherer innerhalb von zwei Wochen, nachdem er von dem Schadensereignis Kenntnis erlangt hat, in Textform anzuzeigen; zur Fristwahrung genügt die rechtzeitige Absendung.

(2) Macht der Dritte den Anspruch gegen den Versicherungsnehmer gerichtlich geltend, hat er dies dem Versicherer unverzüglich in Textform anzuzeigen.

(3) Der Versicherer kann von dem Dritten Auskunft verlangen, soweit sie zur Feststellung des Schadensereignisses und der Höhe des Schadens erforderlich ist. Belege kann der Versicherer insoweit verlangen, als deren Beschaffung dem Dritten billigerweise zugemutet werden kann.

§120 Obliegenheitsverletzung des Dritten

Verletzt der Dritte schuldhaft die Obliegenheit nach §119 Abs. 2 oder 3, beschränckt sich die Haftung des Versicherers nach den §§115 und 117 auf den Betrag, den er auch bei gehöriger Erfüllung der Obliegenheit zu leisten gehabt hälte, sofern der Dritte vorher ausdrücklich und in Textform auf die Folgen der Verletzung hingewiesen worden ist.

§121 Aufrechnung gegenüber Dritten

§35 ist gegenüber Dritten nicht anzuwenden.

§122 Veräußerung der von der Versicherung erfassten Sache

Die §§95 bis 98 über die Veräußerung der versicherten

Sache sind entsprechend anzuwenden.

§123 Rückgriff bei mehreren Versicherten

(1) Ist bei einer Versicherung für fremde Rechnung der Versicherer dem Versicherungsnehmer gegenüber nicht zur Leistung verpflichtet, kann er dies einem Versicherten, der zur selbständigen Geltendmachung seiner Rechte aus dem Versicherungsvertrag befugt ist, nur entgegenhalten, wenn die der Leistungsfreiheit zu Grunde liegenden Umstände in der Person dieses Versicherten vorliegen oder wenn diese Umstände dem Versicherten bekannt oder infolge grober Fahrlässigkeit nicht bekannt waren.

(2) Der Umfang der Leistungspflicht nach Absatz 1 bestimmt sich nach §117 Abs. 3 Satz 1; §117 Abs. 3 Satz 2 ist nicht anzuwenden. §117 Abs. 4 ist entsprechend anzuwenden.

(3) Soweit der Versicherer nach Absatz 1 leistet, kann er beim Versicherungsnehmer Rückgriff nehmen.

(4) Die Absätze 1 bis 3 sind entsprechend anzuwenden, wenn die Frist nach §117 Abs. 2 Satz 1 und 2 noch nicht abgelaufen ist oder der Versicherer die Beendigung des Versicherungsverhältnisses der hierfür zuständigen Stelle nicht angezeigt hat.

§124 Rechtskrafterstreckung

(1) Soweit durch rechtskrägtiges Urteil festgestellt wird, dass dem Dritten ein Anspruch auf Ersatz des Schadens nicht zusteht, wirkt das Urteil, wenn es zwischen dem Dritten und dem Versicherer ergeht, auch zugunsten des Versicherungsnehmers, wenn es zwischen dem Dritten und dem Versicherungsnehmer ergeht, auch zugunsten des

Versicherers.

(2) Ist der Anspruch des Dritten gegenüber dem Versicherer durch rechtskrägtiges Urteil, Anerkenntnis oder Vergleich festgestellt worden, muss der Versicherungsnehmer, gegen den von dem Versicherer Ansprüche auf Grund des §116 Abs. 1 Satz 2 geltend gemacht werden, diese Feststellung gegen sich gelten lassen, es sei denn, der Versicherer hat die Pflicht zur Abwehr unbegründeter Entschädigungsansprüche sowie zur Minderung oder zur sachgemäßen Feststellung des Schadens schuldhaft verletzt.

(3) Die Absätze 1 und 2 sind nicht anzuwenden, soweit der Dritte seinen Anspruch auf Schadensersatz nicht nach §115 Abs. 1 gegen den Versicherer geltend machen kann.

Kapitel 2
Rechtsschutzversicherung

§125 Leistung des Versicherers

Bei der Rechtsschutzversicherung ist der Versicherer verpflichtet, die für die Wahrnehmung der rechtlichen Interessen des Versicherungsnehmers oder des Versicherten erforderlichen Leistungen im vereinbarten Umfang zu erbringen.

§126 Schadensabwicklungsunternehmen

(1) Werden Gefahren aus dem Bereich der Rechtsschutzversicherung neben anderen Gefahren versichert, müssen im Versicherungsschein der Umfang der Deckung in der Rechtsschutzversicherung und die hierfür zu entrichtende Prämie gesondert ausgewiesen werden. Beauftragt der

Versicherer mit der Leistungsbearbeitung ein selbständiges Schadensabwicklungsunternehmen, ist dieses im Versicherungsschein zu bezeichnen.

(2) Ansprüche auf die Versicherungsleistung aus einem Vertrag über eine Rechtsschutzversicherung können, wenn ein selbständiges Schadensabwicklungsunternehmen mit der Leistungsbearbeitung beauftragt ist, nur gegen dieses geltend gemacht werden. Der Titel wirkt für und gegen den Rechtsschutzversicherer. §727 der Zivilprozessordnung ist entsprechend anzuwenden.

§127 Freie Anwaltswahl

(1) Der Versicherungsnehmer ist berechtigt, zu seiner Vertretung in Gerichts- und Verwaltungsverfahren den Rechtsanwalt, der seine Interessen wahrnehmen soll, aus dem Kreis der Rechtsanwälte, deren Vergütung der Versicherer nach dem Versicherungsvertrag trägt, frei zu wählen. Dies gilt auch, wenn der Versicherungsnehmer Rechtsschutz für die sonstige Wahrnehmung rechtlicher Interessen in Anspruch nehmen kann.

(2) Rechtsanwalt ist auch, wer berechtigt ist, unter einer der in der Anlage zu §1 des Gesetzes über die tätigkeit europäischer Rechtsanwälte in Deutschland vom 9. März 2000 (BGBl. I S.182, 1349), das zuletzt durch Artikel 1 des Gesetzes vom 26. Oktober 2003 (BGBl. I S.2074) geändert worden ist, in der jeweils geltenden Fassung genannten Bezeichnungen beruflich tätig zu werden.

§128 Gutachterverfahren

für den Fall, dass der Versicherer seine Leistungspflicht

verneint, weil die Wahrnehmung der rechtlichen Interessen keine hinreichende Aussicht auf Erfolg biete oder mutwillig sei, hat der Versicherungsvertrag ein Gutachterverfahren oder ein anderes Verfahren mit vergleichbaren Garantien für die Unparteilichkeit vorzusehen, in dem Meinungsverschiedenheiten zwischen den Vertragsparteien über die Erfolgsaussichten oder die Mutwilligkeit einer Rechtsverfolgung entschieden werden. Der Versicherer hat den Versicherungsnehmer bei Verneinung seiner Leistungspflicht hierauf hinzuweisen. Sieht der Versicherungsvertrag kein derartiges Verfahren vor oder unterlässt der Versicherer den Hinweis, gilt das Rechtsschutzbedürfnis des Versicherungsnehmers im Einzelfall als anerkannt.

§129 Abweichende Vereinbarungen

Von den §§126 bis 128 kann nicht zum Nachteil des Versicherungsnehmers abgewichen werden.

Kapitel 3
Transportversicherung

§130 Umfang der Gefahrtragung

(1) Bei der Versicherung von Gütern gegen die Gefahren der Beförderung zu Lande oder auf Binnengewässern sowie der damit verbundenen Lagerung trägt der Versicherer alle Gefahren, denen die Güter während der Dauer der Versicherung ausgesetzt sind.

(2) Bei der Versicherung eines Schiffes gegen die Gefahren der Binnenschifffahrt trägt der Versicherer alle Gefahren, denen

das Schiff während der Dauer der Versicherung ausgesetzt ist. Der Versicherer haftet auch für den Schaden, den der Versicherungsnehmer infolge eines Zusammenstoßes von Schiffen oder eines Schiffes mit festen oder schwimmenden Gegenständen dadurch erleidet, dass er den einem Dritten zugefürten Schaden zu ersetzen hat.

(3) Die Versicherung gegen die Gefahren der Binnenschifffahrt umfasst die Beiträge zur großen Haverei, soweit durch die Haverei-Maßnahme ein vom Versicherer zu ersetzender Schaden abgewendet werden sollte.

§131 Verletzung der Anzeigepflicht

(1) Abweichend von §19 Abs. 2 ist bei Verletzung der Anzeigepflicht der Rücktritt des Versicherers ausgeschlossen; der Versicherer kann innerhalb eines Monats von dem Zeitpunkt an, zu dem er Kenntnis von dem nicht oder unrichtig angezeigten Umstand erlangt hat, den Vertrag kündigen und die Leistung verweigern. Der Versicherer bleibt zur Leistung verpflichtet, soweit der nicht oder unrichtig angezeigte Umstand nicht ursächlich für den Eintritt des Versicherungsfalles oder den Umfang der Leistungspflicht war.

(2) Verweigert der Versicherer die Leistung, kann der Versicherungsnehmer den Vertrag kündigen. Das Kündigungsrecht erlischt, wenn es nicht innerhalb eines Monats von dem Zeitpunkt an ausgeübt wird, zu welchem dem Versicherungsnehmer die Entscheidung des Versicherers, die Leistung zu verweigern, zugeht.

§132 Gefahränderung

(1) Der Versicherungsnehmer darf abweichend von §23 die Gefahr erhöhen oder in anderer Weise ändern und die Änderung durch einen Dritten gestatten. Die Änderung hat er dem Versicherer unverzüglich anzuzeigen.

(2) Hat der Versicherungsnehmer eine Gefahrerhöhung nicht angezeigt, ist der Versicherer nicht zur Leistung verpflichtet, wenn der Versicherungsfall nach dem Zeitpunkt eintritt, zu dem die Anzeige dem Versicherer hälte zugehen müssen. Er ist zur Leistung verpflichtet,

1. wenn ihm die Gefahrerhöhung zu dem Zeitpunkt bekannt war, zu dem ihm die Anzeige hälte zugehen müssen,
2. wenn die Anzeigepflicht weder vorsätzlich noch grob fahrlässig verletzt worden ist oder
3. soweit die Gefahrerhöhung nicht ursächlich für den Eintritt des Versicherungsfalles oder den Umfang der Leistungspflicht war.

(3) Der Versicherer ist abweichend von §24 nicht berechtigt, den Vertrag wegen einer Gefahrerhöhung zu kündigen.

§133 Vertragswidrige Beförderung

(1) Werden die Güber mit einem Beförderungsmittel anderer Art befördert als vereinbart oder werden sie umgeladen, obwohl direkter Transport vereinbart ist, ist der Versicherer nicht zur Leistung verpflichtet. Dies gilt auch, wenn ausschließlich ein bestimmtes Beförderungsmittel oder ein bestimmter Transportweg vereinbart ist.

(2) Der Versicherer bleibt zur Leistung verpflichtet, wenn nach Beginn der Versicherung die Beförderung ohne Zustimmung des Versicherungsnehmers oder infolge eines

versicherten Ereignisses geändert oder aufgegeben wird. §132 ist anzuwenden.

(3) Die Versicherung umfasst in den Fällen des Absatzes 2 die Kosten der Umladung oder der einstweiligen Lagerung sowie die Mehrkosten der Weiterbefürderung.

§134 Ungeeignete Beförderungsmittel

(1) Ist für die Beförderung der Güter kein bestimmtes Beförderungsmittel vereinbart, ist der Versicherungsnehmer, soweit er auf dessen Auswahl Einfluss hat, verpflichtet, Beförderungsmittel einzusetzen, die für die Aufnahme und Beförderung der Güter geeignet sind.

(2) Verletzt der Versicherungsnehmer diese Obliegenheit vorsätzlich oder grob fahrlässig, ist der Versicherer nicht zur Leistung verpflichtet, es sei denn, die Verletzung war nicht ursächlich für den Eintritt des Versicherungsfalles oder den Umfang der Leistungspflicht.

(3) Erlangt der Versicherungsnehmer Kenntnis von der mangelnden Eignung des Beförderungsmittels, hat er diesen Umstand dem Versicherer unverzüglich anzuzeigen. §132 ist anzuwenden.

§135 Aufwendungsersatz

(1) Aufwendungen, die dem Versicherungsnehmer zur Abwendung oder Minderung des Schadens entstehen, sowie die Kosten für die Ermittlung und Feststellung des Schadens hat der Versicherer auch insoweit zu erstatten, als sie zusammen mit der übrigen Entschädigung die Versicherungssumme übersteigen.

(2) Sind Aufwendungen zur Abwendung oder Minderung oder

zur Ermittlung und Feststellung des Schadens oder zur Wiederherstellung oder Ausbesserung der durch einen Versicherungsfall beschädigten Sache gemacht oder Beiträge zur großen Haverei geleistet oder ist eine persönliche Verpflichtung des Versicherungsnehmers zur Entrichtung solcher Beiträge entstanden, hat der Versicherer den Schaden, der durch einen spüberen Versicherungsfall verursacht wird, ohne Rücksicht auf die von ihm zu erstattenden früheren Aufwendungen und Beiträge zu ersetzen.

§136 Versicherungswert

(1) Als Versicherungswert der Güter gilt der gemeine Handelswert und in dessen Ermangelung der gemeine Wert, den die Güter am Ort der Absendung bei Beginn der Versicherung haben, zuzüglich der Versicherungskosten, der Kosten, die bis zur Annahme der Güber durch den Beförderer entstehen, und der endgültig bezahlten Fracht.

(2) Der sich nach Absatz 1 ergebende Wert gilt auch bei Eintritt des Versicherungsfalles als Versicherungswert.

(3) Bei Gütern, die beschädigt am Ablieferungsort ankommen, ist der Wert, den sie dort in beschädigtem Zustand haben, von dem Wert abzuziehen, den sie an diesem Ort in unbeschädigtem Zustand hälten. Der dem Verhältnis der Wertminderung zu ihrem Wert in unbeschädigtem Zustand entsprechende Bruchteil des Versicherungswertes gilt als Betrag des Schadens.

§137 Herbeiführung des Versicherungsfalles

(1) Der Versicherer ist nicht zur Leistung verpflichtet, wenn

der Versicherungsnehmer vorsätzlich oder grob fahrlässig den Versicherungsfall herbeiführt.

(2) Der Versicherungsnehmer hat das Verhalten der Schiffsbesatzung bei der Führung des Schiffes nicht zu vertreten.

§138 Haftungsausschluss bei Schiffen

Bei der Versicherung eines Schiffes ist der Versicherer nicht zum Ersatz eines Schadens verpflichtet, der daraus entsteht, dass das Schiff in einem nicht fahrtüchtigen Zustand oder nicht ausreichend ausgerüstet oder personell ausgestattet die Reise antritt. Dies gilt auch für einen Schaden, der nur eine Folge der Abnutzung des Schiffes in gewöhnlichem Gebrauch ist.

§139 Veräußerung der versicherten Sache oder Güter

(1) Ist eine versicherte Sache, für die eine Einzelpolice oder ein Versicherungszertifikat ausgestellt worden ist, veräußert worden, haftet der Erwerber abweichend von §95 nicht für die Prämie. Der Versicherer kann sich gegenüber dem Erwerber nicht auf Leistungsfreiheit wegen Nichtzahlung der Prämie oder wegen Nichtleistung einer Sicherheit berufen, es sei denn, der Erwerber kannte den Grund für die Leistungsfreiheit oder hätte ihn kennen müssen.

(2) Der Versicherer ist abweichend von §96 nicht berechtigt, das Versicherungsverhältnis wegen Veräußerung der versicherten Güter zu kündigen.

(3) Der Versicherungsnehmer ist abweichend von §97 nicht verpflichtet, dem Versicherer die Veräußerung anzuzeigen.

§140 Veräußerung des versicherten Schiffes

Wird ein versichertes Schiff veräußert, endet abweichend von §95 die Versicherung mit der Übergabe des Schiffes an den Erwerber, für unterwegs befindliche Schiffe mit der Übergabe an den Erwerber im Bestimmungshafen.

§141 Befreiung durch Zahlung der Versicherungssumme

(1) Der Versicherer ist nach Eintritt des Versicherungsfalles berechtigt, sich durch Zahlung der Versicherungssumme von allen weiteren Verbindlichkeiten zu befreien. Der Versicherer bleibt zum Ersatz der Kosten verpflichtet, die zur Abwendung oder Minderung des Schadens oder zur Wiederherstellung oder Ausbesserung der versicherten Sache aufgewendet worden sind, bevor seine Erklärung, dass er sich durch Zahlung der Versicherungssumme befreien wolle, dem Versicherungsnehmer zugegangen ist.

(2) Das Recht des Versicherers, sich durch Zahlung der Versicherungssumme zu befreien, erlischt, wenn die Erklärung dem Versicherungsnehmer nicht innerhalb einer Woche nach dem Zeitpunkt, zu dem der Versicherer Kenntnis von dem Versicherungsfall und seinen unmittelnbaren Folgen erlangt hat, zugeht.

Kapitel 4
Gebäudefeuerversicherung

§142 Anzeigen an Hypothekengläubiger

(1) Bei der Gebäudefeuerversicherung hat der Versicherer einem Hypothekengläubiger, der seine Hypothek ange-

meldet hat, unverzüglich in Textform anzuzeigen, wenn die einmalige oder die erste Prämie nicht rechtzeitig gezahlt oder wenn dem Versicherungsnehmer für die Zahlung einer Folgeprämie eine Frist bestimmt wird. Dies gilt auch, wenn das Versicherungsverhältnis nach Ablauf der Frist wegen unterbliebener Zahlung der Folgeprämie gekündigt wird.

(2) Der Versicherer hat den Eintritt des Versicherungsfalles innerhalb einer Woche, nachdem er von ihm Kenntnis erlangt hat, einem Hypothekengläubiger, der seine Hypothek angemeldet hat, in Textform anzuzeigen, es sei denn, der Schaden ist unbedeutend.

§143 Fortdauer der Leistungspflicht gegenüber Hypothekengläubigern

(1) Bei nicht rechtzeitiger Zahlung einer Folgeprämie bleibt der Versicherer gegenüber einem Hypothekengläubiger, der seine Hypothek angemeldet hat, bis zum Ablauf eines Monats ab dem Zeitpunkt zur Leistung verpflichtet, zu welchem dem Hypothekengläubiger die Bestimmung der Zahlungsfrist oder, wenn diese Mitteilung unterblieben ist, die Kündigung mitgeteilt worden ist.

(2) Die Beendigung des Versicherungsverhältnisses wird gegenüber einem Hypothekengläubiger, der seine Hypothek angemeldet hat, erst mit dem Ablauf von zwei Monaten wirksam, nachdem ihm die Beendigung und, sofern diese noch nicht eingetreten war, der Zeitpunkt der Beendigung durch den Versicherer mitgeteilt worden ist oder er auf andere Weise hiervon Kenntnis erlangt hat. Satz 1 gilt nicht, wenn das Versicherungsverhältnis wegen unterbliebener Prämienzahlung durch Rücktritt oder Kündigung

des Versicherers oder durch Kündigung des Versicherungsnehmers, welcher der Hypothekengläubiger zugestimmt hat, beendet wird.

(3) Absatz 2 Satz 1 gilt entsprechend für die Wirksamkeit einer Vereinbarung zwischen dem Versicherer und dem Versicherungsnehmer, durch die der Umfang des Versicherungsschutzes gemindert wird oder nach welcher der Versicherer nur verpflichtet ist, die Entschädigung zur Wiederherstellung des versicherten Gebäudes zu zahlen.

(4) Die Nichtigkeit des Versicherungsvertrags kann gegenüber einem Hypothekengläubiger, der seine Hypothek angemeldet hat, nicht geltend gemacht werden. Das Versicherungsverhältnis endet jedoch ihm gegenüber nach Ablauf von zwei Monaten, nachdem ihm die Nichtigkeit durch den Versicherer mitgeteilt worden ist oder er auf andere Weise von der Nichtigkeit Kenntnis erlangt hat.

§144 Kündigung des Versicherungsnehmers

Hat ein Hypothekengläubiger seine Hypothek angemeldet, ist eine Kündigung des Versicherungsverhältnisses durch den Versicherungsnehmer unbeschadet des §92 Abs. 1 und des §96 Abs. 2 nur wirksam, wenn der Versicherungsnehmer mindestens einen Monat vor Ablauf des Versicherungsvertrags nachgewiesen hat, dass zu dem Zeitpunkt, zu dem die Kündigung spätestens zulässig war, das Grundstück nicht mit der Hypothek belastet war oder dass der Hypothekengläubiger der Kündigung zugestimmt hat. Die Zustimmung darf nicht ohne ausreichenden Grund verweigert werden.

§145 Übergang der Hypothek

Soweit der Versicherer den Hypothekengläubiger nach §143 befriedigt, geht die Hypothek auf ihn über. Der Übergang kann nicht zum Nachteil eines gleich- oder nachstehenden Hypothekengläubigers geltend gemacht werden, dem gegenüber die Leistungspflicht des Versicherers bestehen geblieben ist.

§146 Bestätigungs- und Auskunftspflicht des Versicherers

Der Versicherer ist verpflichtet, einem Hypothekengläubiger, der seine Hypothek angemeldet hat, die Anmeldung zu bestätigen und auf Verlangen Auskunft über das Bestehen von Versicherungsschutz sowie über die Höhe der Versicherungssumme zu erteilen.

§147 Änderung von Anschrift und Name des Hypothekengläubigers

Hat der Hypothekengläubiger dem Versicherer eine Änderung seiner Anschrift oder seines Namens nicht mitgeteilt, ist §13 Abs. 1 auf die Anzeigen und Mitteilungen des Versicherers nach den §§142 und 143 entsprechend anzuwenden.

§148 Andere Grundpfandrechte

Ist das Grundstück mit einer Grundschuld, Rentenschuld oder Reallast belastet, sind die §§142 bis 147 entsprechend anzuwenden.

§149 Eigentübergrundpfandrechte

Die durch die §§142 bis 148 begründeten Rechte können nicht zugunsten von Hypotheken, Grundschulden oder Rentenschulden, die dem Versicherungsnehmer zustehen, geltend gemacht werden.

Kapitel 5
Lebensversicherung

§150 Versicherte Person

(1) Die Lebensversicherung kann auf die Person des Versicherungsnehmers oder eines anderen genommen werden.

(2) Wird die Versicherung für den Fall des Todes eines anderen genommen und übersteigt die vereinbarte Leistung den Betrag der gewöhnlichen Beerdigungskosten, ist zur Wirksamkeit des Vertrags die schriftliche Einwilligung des anderen erforderlich; dies gilt nicht bei Kollektivlebensversicherungen im Bereich der betrieblichen Altersversorgung. Ist der andere geschäftsunfühig oder in der Geschäftsfühigkeit beschrückt oder ist für ihn ein Betreuer bestellt und steht die Vertretung in den seine Person betreffenden Angelegenheiten dem Versicherungsnehmer zu, kann dieser den anderen bei der Erteilung der Einwilligung nicht vertreten.

(3) Nimmt ein Elternteil die Versicherung auf die Person eines minderjährigen Kindes, bedarf es der Einwilligung des Kindes nur, wenn nach dem Vertrag der Versicherer auch bei Eintritt des Todes vor der Vollendung des siebenten Lebensjahres zur Leistung verpflichtet sein soll und die für diesen Fall vereinbarte Leistung den Betrag der gewöhnlichen Beerdigungskosten übersteigt.

(4) Soweit die Aufsichtsbehörde einen bestimmten Höchstbetrag für die gewöhnlichen Beerdigungskosten festgesetzt

hat, ist dieser maßgebend.

§151 Ärztliche Untersuchung

Durch die Vereinbarung einer ärztlichen Untersuchung der versicherten Person wird ein Recht des Versicherers, die Vornahme der Untersuchung zu verlangen, nicht begrändet.

§152 Widerruf des Versicherungsnehmers

(1) Abweichend von §8 Abs. 1 Satz 1 beträgt die Widerrufsfrist 30 Tage.

(2) Der Versicherer hat abweichend von §9 Satz 1 auch den Rückkaufswert einschließlich der Überschussanteile nach §169 zu zahlen. Im Fall des §9 Satz 2 hat der Versicherer den Rückkaufswert einschließlich der Überschussanteile oder, wenn dies für den Versicherungsnehmer günstiger ist, die für das erste Jahr gezahlten Prämien zu erstatten.

(3) Abweichend von §33 Abs. 1 ist die einmalige oder die erste Prämie unverzüglich nach Ablauf von 30 Tagen nach Zugang des Versicherungsscheins zu zahlen.

§153 Überschussbeteiligung

(1) Dem Versicherungsnehmer steht eine Beteiligung an dem Überschuss und an den Bewertungsreserven (Überschussbeteiligung) zu, es sei denn, die Überschussbeteiligung ist durch ausdrückliche Vereinbarung ausgeschlossen; die Überschussbeteiligung kann nur insgesamt ausgeschlossen werden.

(2) Der Versicherer hat die Beteiligung an dem Überschuss nach einem verursachungsorientierten Verfahren durchzuführen; andere vergleichbare angemessene Verteilungsgrundsätze können vereinbart werden.

(3) Der Versicherer hat die Bewertungsreserven jährlich neu zu ermitteln und nach einem verursachungsorientierten Verfahren rechnerisch zuzuordnen. Bei der Beendigung des Vertrags wird der für diesen Zeitpunkt zu ermittelnde Betrag zur Hälfte zugeteilt und an den Versicherungsnehmer ausgezahlt; eine frühere Zuteilung kann vereinbart werden. Aufsichtsrechtliche Regelungen zur Kapitalausstattung bleiben unberührt.

(4) Bei Rentenversicherungen ist die Beendigung der Ansparphase der nach Absatz 3 Satz 2 maßgebliche Zeitpunkt.

§154 Modellrechnung

(1) Macht der Versicherer im Zusammenhang mit dem Angebot oder dem Abschluss einer Lebensversicherung bezifferte Angaben zur Höhe von möglichen Leistungen über die vertraglich garantierten Leistungen hinaus, hat er dem Versicherungsnehmer eine Modellrechnung zu übermitteln, bei der die mögliche Ablaufleistung unter Zugrundelegung der Rechnungsgrundlagen für die Prämienkalkulation mit drei verschiedenen Zinssätzen dargestellt wird. Dies gilt nicht für Risikoversicherungen und Verträge, die Leistungen der in §54b Abs. 1 und 2 des Versicherungsaufsichtsgesetzes bezeichneten Art vorsehen.

(2) Der Versicherer hat den Versicherungsnehmer klar und verständlich darauf hinzuweisen, dass es sich bei der Modellrechnung nur um ein Rechenmodell handelt, dem fiktive Annahmen zu Grunde liegen, und dass der Versicherungsnehmer aus der Modellrechnung keine vertraglichen Ansprüche gegen den Versicherer ableiten kann.

§155 Jährliche Unterrichtung

Bei Versicherungen mit Überschussbeteiligung hat der Versicherer den Versicherungsnehmer jährlich in Textform über die Entwicklung seiner Ansprüche unter Einbeziehung der Überschussbeteiligung zu unterrichten. Ferner hat der Versicherer, wenn er bezifferte Angaben zur möglichen zukünftigen Entwicklung der Überschussbeteiligung gemacht hat, den Versicherungsnehmer auf Abweichungen der tatsächlichen Entwicklung von den anfänglichen Angaben hinzuweisen.

§156 Kenntnis und Verhalten der versicherten Person

Soweit nach diesem Gesetz die Kenntnis und das Verhalten des Versicherungsnehmers von rechtlicher Bedeutung sind, ist bei der Versicherung auf die Person eines anderen auch deren Kenntnis und Verhalten zu berücksichtigen.

§157 Unrichtige Altersangabe

Ist das Alter der versicherten Person unrichtig angegeben worden, verändert sich die Leistung des Versicherers nach dem Verhältnis, in welchem die dem wirklichen Alter entsprechende Prämie zu der vereinbarten Prämie steht. Das Recht, wegen der Verletzung der Anzeigepflicht von dem Vertrag zurückzutreten, steht dem Versicherer abweichend von §19 Abs. 2 nur zu, wenn er den Vertrag bei richtiger Altersangabe nicht geschlossen hätte.

§158 Gefahränderung

(1) Als Erhöhung der Gefahr gilt nur eine solche Änderung der Gefahrumstände, die nach ausdrücklicher Vereinbarung als Gefahrerhöhung angesehen werden soll; die Verein-

barung bedarf der Textform.

(2) Eine Erhöhung der Gefahr kann der Versicherer nicht mehr geltend machen, wenn seit der Erhöhung fürf Jahre verstrichen sind. Hat der Versicherungsnehmer seine Verpflichtung nach §23 vorsätzlich oder arglistig verletzt, beläuft sich die Frist auf zehn Jahre.

(3) §41 ist mit der Maßgabe anzuwenden, dass eine Herabsetzung der Prämie nur wegen einer solchen Minderung der Gefahrumstände verlangt werden kann, die nach ausdrücklicher Vereinbarung als Gefahrminderung angesehen werden soll.

§159 Bezugsberechtigung

(1) Der Versicherungsnehmer ist im Zweifel berechtigt, ohne Zustimmung des Versicherers einen Dritten als Bezugsberechtigten zu bezeichnen sowie an die Stelle des so bezeichneten Dritten einen anderen zu setzen.

(2) Ein widerruflich als bezugsberechtigt bezeichneter Dritter erwirbt das Recht auf die Leistung des Versicherers erst mit dem Eintritt des Versicherungsfalles.

(3) Ein unwiderruflich als bezugsberechtigt bezeichneter Dritter erwirbt das Recht auf die Leistung des Versicherers bereits mit der Bezeichnung als Bezugsberechtigter.

§160 Auslegung der Bezugsberechtigung

(1) Sind mehrere Personen ohne Bestimmung ihrer Anteile als Bezugsberechtigte bezeichnet, sind sie zu gleichen Teilen bezugsberechtigt. Der von einem Bezugsberechtigten nicht erworbene Anteil wächst den übrigen Bezugsberechtigten zu.

(2) Soll die Leistung des Versicherers nach dem Tod des Versicherungsnehmers an dessen Erben erfolgen, sind im Zweifel diejenigen, welche zur Zeit des Todes als Erben berufen sind, nach dem Verhältnis ihrer Erbteile bezugsberechtigt. Eine Ausschlagung der Erbschaft hat auf die Berechtigung keinen Einfluss.
(3) Wird das Recht auf die Leistung des Versicherers von dem bezugsberechtigten Dritten nicht erworben, steht es dem Versicherungsnehmer zu.
(4) Ist der Fiskus als Erbe berufen, steht ihm ein Bezugsrecht im Sinn des Absatzes 2 Satz 1 nicht zu.

§161 Selbsttötung

(1) Bei einer Versicherung für den Todesfall ist der Versicherer nicht zur Leistung verpflichtet, wenn die versicherte Person sich vor Ablauf von drei Jahren nach Abschluss des Versicherungsvertrags vorsätzlich selbst getötet hat. Dies gilt nicht, wenn die Tat in einem die freie Willensbestimmung ausschließenden Zustand krankhafter Störung der Geistestätigkeit begangen worden ist.
(2) Die Frist nach Absatz 1 Satz 1 kann durch Einzelvereinbarung erhält werden.
(3) Ist der Versicherer nicht zur Leistung verpflichtet, hat er den Rückkaufswert einschließlich der Überschussanteile nach §169 zu zahlen.

§162 Tötung durch Leistungsberechtigten

(1) Ist die Versicherung für den Fall des Todes eines anderen als des Versicherungsnehmers genommen, ist der Versicherer nicht zur Leistung verpflichtet, wenn der

Versicherungsnehmer vorsätzlich durch eine widerrechtliche Handlung den Tod des anderen herbeifürrt.

(2) Ist ein Dritter als Bezugsberechtigter bezeichnet, gilt die Bezeichnung als nicht erfolgt, wenn der Dritte vorsätzlich durch eine widerrechtliche Handlung den Tod der versicherten Person herbeifürrt.

§163 Prämien- und Leistungsänderung

(1) Der Versicherer ist zu einer Neufestsetzung der vereinbarten Prämie berechtigt, wenn

1. sich der Leistungsbedarf nicht nur vorübergehend und nicht voraussehbar gegenüber den Rechnungsgrundlagen der vereinbarten Prämie geändert hat,
2. die nach den berichtigten Rechnungsgrundlagen neu festgesetzte Prämie angemessen und erforderlich ist, um die dauernde Erfüllbarkeit der Versicherungsleistung zu gewährleisten, und
3. ein unabhängiger Treuhänder die Rechnungsgrundlagen und die Voraussetzungen der Nummern 1 und 2 überprägt und bestätigt hat.

Eine Neufestsetzung der Prämie ist insoweit ausgeschlossen, als die Versicherungsleistungen zum Zeitpunkt der Erst- oder Neukalkulation unzureichend kalkuliert waren und ein ordentlicher und gewissenhafter Aktuar dies insbesondere anhand der zu diesem Zeitpunkt verfürbaren statistischen Kalkulationsgrundlagen hätte erkennen müssen.

(2) Der Versicherungsnehmer kann verlangen, dass an Stelle einer Erhöhung der Prämie nach Absatz 1 die Versicherungsleistung entsprechend herabgesetzt wird. Bei einer prämienfreien Versicherung ist der Versicherer unter den Vor-

aussetzungen des Absatzes 1 zur Herabsetzung der Versicherungsleistung berechtigt.

(3) Die Neufestsetzung der Prämie und die Herabsetzung der Versicherungsleistung werden zu Beginn des zweiten Monats wirksam, der auf die Mitteilung der Neufestsetzung oder der Herabsetzung und der hierfür maßgeblichen Gründe an den Versicherungsnehmer folgt.

(4) Die Mitwirkung des Treuhänders nach Absatz 1 Satz 1 Nr. 3 entfühlt, wenn die Neufestsetzung oder die Herabsetzung der Versicherungsleistung der Genehmigung der Aufsichtsbehörde bedarf.

§164 Bedingungsanpassung

(1) Ist eine Bestimmung in Allgemeinen Versicherungsbedingungen des Versicherers durch höchstrichterliche Entscheidung oder durch bestandskrägtigen Verwaltungsakt für unwirksam erklärt worden, kann sie der Versicherer durch eine neue Regelung ersetzen, wenn dies zur Fortführung des Vertrags notwendig ist oder wenn das Festhalten an dem Vertrag ohne neue Regelung für eine Vertragspartei auch unter Berücksichtigung der Interessen der anderen Vertragspartei eine unzumutbare hätte darstellen würde. Die neue Regelung ist nur wirksam, wenn sie unter Wahrung des Vertragsziels die Belange der Versicherungsnehmer angemessen berücksichtigt.

(2) Die neue Regelung nach Absatz 1 wird zwei Wochen, nachdem die neue Regelung und die hierfür maßgeblichen Gründe dem Versicherungsnehmer mitgeteilt worden sind, Vertragsbestandteil.

§165 Prämienfreie Versicherung

(1) Der Versicherungsnehmer kann jederzeit für den Schluss der laufenden Versicherungsperiode die Umwandlung der Versicherung in eine prämienfreie Versicherung verlangen, sofern die dafür vereinbarte Mindestversicherungsleistung erreicht wird. Wird diese nicht erreicht, hat der Versicherer den auf die Versicherung entfallenden Rückkaufswert einschließlich der Überschussanteile nach §169 zu zahlen.

(2) Die prämienfreie Leistung ist nach anerkannten Regeln der Versicherungsmathematik mit den Rechnungsgrundlagen der Prämienkalkulation unter Zugrundelegung des Rückkaufswertes nach §169 Abs. 3 bis 5 zu berechnen und im Vertrag für jedes Versicherungsjahr anzugeben.

(3) Die prämienfreie Leistung ist für den Schluss der laufenden Versicherungsperiode unter Berücksichtigung von Prämienrückständen zu berechnen. Die Ansprüche des Versicherungsnehmers aus der Überschussbeteiligung bleiben unberührt.

§166 Kündigung des Versicherers

(1) Kündigt der Versicherer das Versicherungsverhältnis, wandelt sich mit der Kündigung die Versicherung in eine prämienfreie Versicherung um. Auf die Umwandlung ist §165 anzuwenden.

(2) Im Fall des §38 Abs. 2 ist der Versicherer zu der Leistung verpflichtet, die er erbringen müsste, wenn sich mit dem Eintritt des Versicherungsfalles die Versicherung in eine prämienfreie Versicherung umgewandelt hätte.

(3) Bei der Bestimmung einer Zahlungsfrist nach §38 Abs. 1

hat der Versicherer auf die eintretende Umwandlung der Versicherung hinzuweisen.

(4) Bei einer Lebensversicherung, die vom Arbeitgeber zugunsten seiner Arbeitnehmerinnen und Arbeitnehmer abgeschlossen worden ist, hat der Versicherer die versicherte Person über die Bestimmung der Zahlungsfrist nach §38 Abs. 1 und die eintretende Umwandlung der Versicherung in Textform zu informieren und ihnen eine Zahlungsfrist von mindestens zwei Monaten einzuräumen.

§167 Umwandlung zur Erlangung eines Pfürdungsschutzes

Der Versicherungsnehmer einer Lebensversicherung kann jederzeit für den Schluss der laufenden Versicherungsperiode die Umwandlung der Versicherung in eine Versicherung verlangen, die den Anforderungen des §851c Abs. 1 der Zivilprozessordnung entspricht. Die Kosten der Umwandlung hat der Versicherungsnehmer zu tragen.

§168 Kündigung des Versicherungsnehmers

(1) Sind laufende Prämien zu zahlen, kann der Versicherungsnehmer das Versicherungsverhältnis jederzeit für den Schluss der laufenden Versicherungsperiode kündigen.

(2) Bei einer Versicherung, die Versicherungsschutz für ein Risiko bietet, bei dem der Eintritt der Verpflichtung des Versicherers gewiss ist, steht das Kündigungsrecht dem Versicherungsnehmer auch dann zu, wenn die Prämie in einer einmaligen Zahlung besteht.

(3) Die Absätze 1 und 2 sind nicht auf einen für die Altersvorsorge bestimmten Versicherungsvertrag anzuwenden, bei dem der Versicherungsnehmer mit dem Versicherer

eine Verwertung vor dem Eintritt in den Ruhestand ausgeschlossen hat; der Wert der vom Ausschluss der Verwertbarkeit betroffenen Ansprüche darf die in §12 Abs. 2 Nr. 3 des Zweiten Buches Sozialgesetzbuch bestimmten Beträge nicht übersteigen. Entsprechendes gilt, soweit die Ansprüche nach §851c oder §851d der Zivilprozessordnung nicht gepfürdet werden dürfen.

§169 Rückkaufswert

(1) Wird eine Versicherung, die Versicherungsschutz für ein Risiko bietet, bei dem der Eintritt der Verpflichtung des Versicherers gewiss ist, durch Kündigung des Versicherungsnehmers oder durch Rücktritt oder Anfechtung des Versicherers aufgehoben, hat der Versicherer den Rückkaufswert zu zahlen.

(2) Der Rückkaufswert ist nur insoweit zu zahlen, als dieser die Leistung bei einem Versicherungsfall zum Zeitpunkt der Kündigung nicht übersteigt. Der danach nicht gezahlte Teil des Rückkaufswertes ist für eine prämienfreie Versicherung zu verwenden. Im Fall des Rücktrittes oder der Anfechtung ist der volle Rückkaufswert zu zahlen.

(3) Der Rückkaufswert ist das nach anerkannten Regeln der Versicherungsmathematik mit den Rechnungsgrundlagen der Prämienkalkulation zum Schluss der laufenden Versicherungsperiode berechnete Deckungskapital der Versicherung, bei einer Kündigung des Versicherungsverhältnisses jedoch mindestens der Betrag des Deckungskapitals, das sich bei gleichmäßiger Verteilung der angesetzten Abschluss- und Vertriebskosten auf die ersten fühf Vertragsjahre ergibt; die aufsichtsrechtlichen Regelungen über Höchstzillmersätze

bleiben unberührt. Der Rückkaufswert und das Ausmaß, in dem er garantiert ist, sind dem Versicherungsnehmer vor Abgabe von dessen Vertragserklärung mitzuteilen; das Nübere regelt die Rechtsverordnung nach §7 Abs. 2. Hat der Versicherer seinen Sitz in einem anderen Mitgliedstaat der Europäischen Union oder einem anderen Vertragsstaat des Abkommens über den Europäischen Wirtschaftsraum, kann er für die Berechnung des Rückkaufswertes an Stelle des Deckungskapitals den in diesem Staat vergleichbaren anderen Bezugswert zu Grunde legen.

(4) Bei fondsgebundenen Versicherungen und anderen Versicherungen, die Leistungen der in §54b des Versicherungsaufsichtsgesetzes bezeichneten Art vorsehen, ist der Rückkaufswert nach anerkannten Regeln der Versicherungsmathematik als Zeitwert der Versicherung zu berechnen, soweit nicht der Versicherer eine bestimmte Leistung garantiert; im übrigen gilt Absatz 3. Die Grundsätze der Berechnung sind im Vertrag anzugeben.

(5) Der Versicherer ist zu einem Abzug von dem nach Absatz 3 oder 4 berechneten Betrag nur berechtigt, wenn er vereinbart, beziffert und angemessen ist. Die Vereinbarung eines Abzugs für noch nicht getilgte Abschluss- und Vertriebskosten ist unwirksam.

(6) Der Versicherer kann den nach Absatz 3 berechneten Betrag angemessen herabsetzen, soweit dies erforderlich ist, um eine Gefährdung der Belange der Versicherungsnehmer, insbesondere durch eine Gefährdung der dauernden Erfüllbarkeit der sich aus den Versicherungsverträgen ergebenden Verpflichtungen, auszuschließen. Die Herabsetzung ist jeweils auf ein Jahr befristet.

(7) Der Versicherer hat dem Versicherungsnehmer zusätzlich zu dem nach den Absätzen 3 bis 6 berechneten Betrag die diesem bereits zugeteilten Überschussanteile, soweit sie nicht bereits in dem Betrag nach den Absätzen 3 bis 6 enthalten sind, sowie den nach den jeweiligen Allgemeinen Versicherungsbedingungen für den Fall der Kündigung vorgesehenen Schlussüberschussanteil zu zahlen; §153 Abs. 3 Satz 2 bleibt unberührt.

§170 Eintrittsrecht

(1) Wird in die Versicherungsforderung ein Arrest vollzogen oder eine Zwangsvollstreckung vorgenommen oder wird das Insolvenzverfahren über das Vermögen des Versicherungsnehmers eröffnet, kann der namentlich bezeichnete Bezugsberechtigte mit Zustimmung des Versicherungsnehmers an seiner Stelle in den Versicherungsvertrag eintreten. Tritt der Bezugsberechtigte ein, hat er die Forderungen der betreibenden Gläubiger oder der Insolvenzmasse bis zur Höhe des Betrags zu befriedigen, dessen Zahlung der Versicherungsnehmer im Fall der Kündigung des Versicherungsverhältnisses vom Versicherer verlangen könnte.

(2) Ist ein Bezugsberechtigter nicht oder nicht namentlich bezeichnet, steht das gleiche Recht dem Ehegatten oder Lebenspartner und den Kindern des Versicherungsnehmers zu.

(3) Der Eintritt erfolgt durch Anzeige an den Versicherer. Die Anzeige kann nur innerhalb eines Monats erfolgen, nachdem der Eintrittsberechtigte von der Pfändung Kenntnis erlangt hat oder das Insolvenzverfahren eröffnet worden ist.

§171 Abweichende Vereinbarungen

Von §152 Abs. 1 und 2 und den §§153 bis 155, 157, 158, 161 und 163 bis 170 kann nicht zum Nachteil des Versicherungsnehmers, der versicherten Person oder des Eintrittsberechtigten abgewichen werden. für das Verlangen des Versicherungsnehmers auf Umwandlung nach §165 und für seine Kündigung nach §168 kann die Schrift- oder die Textform vereinbart werden.

Kapitel 6
Berufsunfähigkeitsversicherung

§172 Leistung des Versicherers

(1) Bei der Berufsunfähigkeitsversicherung ist der Versicherer verpflichtet, für eine nach Beginn der Versicherung eingetretene Berufsunfähigkeit die vereinbarten Leistungen zu erbringen.

(2) Berufsunfähig ist, wer seinen zuletzt ausgeübten Beruf, so wie er ohne gesundheitliche Beeinträchtigung ausgestaltet war, infolge Krankheit, Körperverletzung oder mehr als altersentsprechendem Kräfteverfall ganz oder teilweise voraussichtlich auf Dauer nicht mehr ausüben kann.

(3) Als weitere Voraussetzung einer Leistungspflicht des Versicherers kann vereinbart werden, dass die versicherte Person auch keine andere Tätigkeit ausübt oder ausüben kann, die zu übernehmen sie auf Grund ihrer Ausbildung und Fähigkeiten in der Lage ist und die ihrer bisherigen Lebensstellung entspricht.

§173 Anerkenntnis

(1) Der Versicherer hat nach einem Leistungsantrag bei Fälligkeit in Textform zu erklären, ob er seine Leistungspflicht anerkennt.

(2) Das Anerkenntnis darf nur einmal zeitlich begrenzt werden. Es ist bis zum Ablauf der Frist bindend.

§174 Leistungsfreiheit

(1) Stellt der Versicherer fest, dass die Voraussetzungen der Leistungspflicht entfallen sind, wird er nur leistungsfrei, wenn er dem Versicherungsnehmer diese Veränderung in Textform dargelegt hat.

(2) Der Versicherer wird frühestens mit dem Ablauf des dritten Monats nach Zugang der Erklärung nach Absatz 1 beim Versicherungsnehmer leistungsfrei.

§175 Abweichende Vereinbarungen

Von den §§173 und 174 kann nicht zum Nachteil des Versicherungsnehmers abgewichen werden.

§176 Anzuwendende Vorschriften

Die §§150 bis 170 sind auf die Berufsunfähigkeitsversicherung entsprechend anzuwenden, soweit die Besonderheiten dieser Versicherung nicht entgegenstehen.

§177 Ähnliche Versicherungsverträge

(1) Die §§173 bis 176 sind auf alle Versicherungsverträge, bei denen der Versicherer für eine dauerhafte Beeinträchtigung der Arbeitsfähigkeit eine Leistung verspricht, entsprechend anzuwenden.

(2) Auf die Unfallversicherung sowie auf Krankenversicherungsverträge, die das Risiko der Beeinträchtigung der Arbeitsfähigkeit zum Gegenstand haben, ist Absatz 1 nicht anzuwenden.

Kapitel 7
Unfallversicherung

§178 Leistung des Versicherers

(1) Bei der Unfallversicherung ist der Versicherer verpflichtet, bei einem Unfall der versicherten Person oder einem vertraglich dem Unfall gleichgestellten Ereignis die vereinbarten Leistungen zu erbringen.

(2) Ein Unfall liegt vor, wenn die versicherte Person durch ein plötzlich von außen auf ihren Körper wirkendes Ereignis unfreiwillig eine Gesundheitsschädigung erleidet. Die Unfreiwilligkeit wird bis zum Beweis des Gegenteils vermutet.

§179 Versicherte Person

(1) Die Unfallversicherung kann für den Eintritt eines Unfalles des Versicherungsnehmers oder eines anderen genommen werden. Eine Versicherung gegen Unfälle eines anderen gilt im Zweifel als für Rechnung des anderen genommen.

(2) Wird die Versicherung gegen Unfälle eines anderen von dem Versicherungsnehmer für eigene Rechnung genommen, ist zur Wirksamkeit des Vertrags die schriftliche Einwilligung des anderen erforderlich. Ist der andere geschälts-

unfähig oder in der Geschältsfähigkeit beschrückt oder ist für ihn ein Betreuer bestellt und steht die Vertretung in den seine Person betreffenden Angelegenheiten dem Versicherungsnehmer zu, kann dieser den anderen bei der Erteilung der Einwilligung nicht vertreten.

(3) Soweit im Fall des Absatzes 2 nach diesem Gesetz die Kenntnis und das Verhalten des Versicherungsnehmers von rechtlicher Bedeutung sind, sind auch die Kenntnis und das Verhalten des anderen zu berücksichtigen.

§180 Invalidität

Der Versicherer schuldet die für den Fall der Invalidität versprochenen Leistungen im vereinbarten Umfang, wenn die körperliche oder geistige Leistungsfähigkeit der versicherten Person unfallbedingt dauerhaft beeinträchtigt ist. Eine Beeinträchtigung ist dauerhaft, wenn sie voraussichtlich länger als drei Jahre bestehen wird und eine Änderung dieses Zustandes nicht erwartet werden kann.

§181 Gefahrerhöhung

(1) Als Erhöhung der Gefahr gilt nur eine solche Änderung der Umstände, die nach ausdrücklicher Vereinbarung als Gefahrerhöhung angesehen werden soll; die Vereinbarung bedarf der Textform.

(2) Ergeben sich im Fall einer erhälten Gefahr nach dem geltenden Tarif des Versicherers bei unveränderter Prämie niedrigere Versicherungsleistungen, gelten diese mit Ablauf eines Monats nach Eintritt der Gefahrerhöhung als vereinbart. Weitergehende Rechte kann der Versicherer nur geltend machen, wenn der Versicherungsnehmer die

Gefahrerhöhung arglistig nicht angezeigt hat.

§182 Mitwirkende Ursachen

Ist vereinbart, dass der Anspruch auf die vereinbarten Leistungen entfürlt oder sich mindert, wenn Krankheiten oder Gebrechen bei der durch den Versicherungsfall verursachten Gesundheitsschädigung oder deren Folgen mitgewirkt haben, hat der Versicherer die Voraussetzungen des Wegfalles oder der Minderung des Anspruchs nachzuweisen.

§183 Herbeiführung des Versicherungsfalles

(1) Der Versicherer ist nicht zur Leistung verpflichtet, wenn im Fall des §179 Abs. 2 der Versicherungsnehmer vorsätzlich durch eine widerrechtliche Handlung den Versicherungsfall herbeiführt.

(2) Ist ein Dritter als Bezugsberechtigter bezeichnet, gilt die Bezeichnung als nicht erfolgt, wenn der Dritte vorsätzlich durch eine widerrechtliche Handlung den Versicherungsfall herbeiführt.

§184 Abwendung und Minderung des Schadens

Die §§82 und 83 sind auf die Unfallversicherung nicht anzuwenden.

§185 Bezugsberechtigung

Ist als Leistung des Versicherers die Zahlung eines Kapitals vereinbart, sind die §§159 und 160 entsprechend anzuwenden.

§186 Hinweispflicht des Versicherers

Zeigt der Versicherungsnehmer einen Versicherungsfall an,

hat der Versicherer ihn auf vertragliche Anspruchs- und fürligkeitsvoraussetzungen sowie einzuhaltende Fristen in Textform hinzuweisen. Unterbleibt dieser Hinweis, kann sich der Versicherer auf Fristversäumnis nicht berufen.

§187 Anerkenntnis

(1) Der Versicherer hat nach einem Leistungsantrag innerhalb eines Monats nach Vorlage der zu dessen Beurteilung erforderlichen Unterlagen in Textform zu erklären, ob und in welchem Umfang er seine Leistungspflicht anerkennt. Wird eine Invaliditätsleistung beantragt, beträgt die Frist drei Monate.

(2) Erkennt der Versicherer den Anspruch an oder haben sich Versicherungsnehmer und Versicherer über Grund und Höhe des Anspruchs geeinigt, wird die Leistung innerhalb von zwei Wochen fällig. Steht die Leistungspflicht nur dem Grunde nach fest, hat der Versicherer auf Verlangen des Versicherungsnehmers einen angemessenen Vorschuss zu leisten.

§188 Neubemessung der Invalidität

(1) Sind Leistungen für den Fall der Invalidität vereinbart, ist jede Vertragspartei berechtigt, den Grad der Invalidität jährlich, längstens bis zu drei Jahre nach Eintritt des Unfalles, neu bemessen zu lassen. In der Kinderunfallversicherung kann die Frist, innerhalb derer eine Neubemessung verlangt werden kann, verlängert werden.

(2) Mit der Erklärung des Versicherers über die Leistungspflicht ist der Versicherungsnehmer über sein Recht zu unterrichten, den Grad der Invalidität neu

bemessen zu lassen. Unterbleibt diese Unterrichtung, kann sich der Versicherer auf eine Verspätung des Verlangens des Versicherungsnehmers, den Grad der Invalidität neu zu bemessen, nicht berufen.

§189 Sachverständigenverfahren, Schadensermittlungskosten

Die §§84 und 85 Abs. 1 und 3 sind entsprechend anzuwenden.

§190 Pflichtversicherung

Besteht für den Abschluss einer Unfallversicherung eine Verpflichtung durch Rechtsvorschrift, hat der Versicherer dem Versicherungsnehmer unter Angabe der Versicherungssumme zu bescheinigen, dass eine der zu bezeichnenden Rechtsvorschrift entsprechende Unfallversicherung besteht.

§191 Abweichende Vereinbarungen

Von §178 Abs. 2 Satz 2 und den §§181, 186 bis 188 kann nicht zum Nachteil des Versicherungsnehmers oder der versicherten Person abgewichen werden.

Kapitel 8
Krankenversicherung

§192 Vertragstypische Leistungen des Versicherers

(1) Bei der Krankheitskostenversicherung ist der Versicherer verpflichtet, im vereinbarten Umfang die Aufwendungen für medizinisch notwendige Heilbehandlung wegen Krankheit oder Unfallfolgen und für sonstige vereinbarte Leistungen

einschließlich solcher bei Schwangerschaft und Entbindung sowie für ambulante Vorsorgeuntersuchungen zur Früherkennung von Krankheiten nach gesetzlich eingeführten Programmen zu erstatten.

(2) Der Versicherer ist zur Leistung nach Absatz 1 insoweit nicht verpflichtet, als die Aufwendungen für die Heilbehandlung oder sonstigen Leistungen in einem auffälligen Missverhältnis zu den erbrachten Leistungen stehen.

(3) Als Inhalt der Krankheitskostenversicherung können zusätzliche Dienstleistungen, die in unmittelbarem Zusammenhang mit Leistungen nach Absatz 1 stehen, vereinbart werden, insbesondere

1. die Beratung über Leistungen nach Absatz 1 sowie über die Anbieter solcher Leistungen;
2. die Beratung über die Berechtigung von Entgeltansprüchen der Erbringer von Leistungen nach Absatz 1;
3. die Abwehr unberechtigter Entgeltansprüche der Erbringer von Leistungen nach Absatz 1;
4. die Unterstützung der versicherten Personen bei der Durchsetzung von Ansprüchen wegen fehlerhafter Erbringung der Leistungen nach Absatz 1 und der sich hieraus ergebenden Folgen;
5. die unmittelbare Abrechnung der Leistungen nach Absatz 1 mit deren Erbringern.

(4) Bei der Krankenhaustagegeldversicherung ist der Versicherer verpflichtet, bei medizinisch notwendiger stationüber Heilbehandlung das vereinbarte Krankenhaustagegeld zu leisten.

(5) Bei der Krankentagegeldversicherung ist der Versicherer verpflichtet, den als Folge von Krankheit oder Unfall durch

Arbeitsunfähigkeit verursachten Verdienstausfall durch das vereinbarte Krankentagegeld zu ersetzen.

(6) Bei der Pflegekrankenversicherung ist der Versicherer verpflichtet, im Fall der Pflegebedürftigkeit im vereinbarten Umfang die Aufwendungen für die Pflege der versicherten Person zu erstatten (Pflegekostenversicherung) oder das vereinbarte Tagegeld zu leisten (Pflegetagegeldversicherung). Absatz 2 gilt für die Pflegekostenversicherung entsprechend. Die Regelungen des Elften Buches Sozialgesetzbuch über die private Pflegeversicherung bleiben unberührt.

§193 Versicherte Person; Versicherungspflicht

(1) Die Krankenversicherung kann auf die Person des Versicherungsnehmers oder eines anderen genommen werden. Versicherte Person ist die Person, auf welche die Versicherung genommen wird.

(2) Soweit nach diesem Gesetz die Kenntnis und das Verhalten des Versicherungsnehmers von rechtlicher Bedeutung sind, ist bei der Versicherung auf die Person eines anderen auch deren Kenntnis und Verhalten zu berücksichtigen.

(3) Jede Person mit Wohnsitz im Inland ist verpflichtet, bei einem in Deutschland zum Geschäftsbetrieb zugelassenen Versicherungsunternehmen für sich selbst und für die von ihr gesetzlich vertretenen Personen, soweit diese nicht selbst Verträge abschließen können, eine Krankheitskosten-versicherung, die mindestens eine Kostenerstattung für ambulante und stationäre Heilbehandlung umfasst und bei der die für tariflich vorgesehene Leistungen vereinbarten absoluten und prozentualen Selbstbehalte für ambulante und

stationäre Heilbehandlung für jede zu versichernde Person auf eine betragsmäßige Auswirkung von kalendarjährlich 5,000 EURO betrenzt ist, abzuschließen und aufzurechtzuerhalten; für Beihilfeberechtigte ergeben sich die möglichen Selbstbehalte durch eine sinngemäße Anwendung des durch den Beihilfesatz nicht gedeckten Vom-Hundert-Anteils auf den Höchstbetrag von 5,000 EURO. Die Pflicht nach Satz 1 besteht nicht für Personen, die

1. in der gesetzlichen Krankenversicherung versichert oder versicherungspflichtig sind oder
2. Anspruch auf freie Heilfürsorge haben, beihilfeberechtigt sind oder vergleichbare Ansprüche haben im Umfang der jeweiligen Berechtigung oder
3. Anspruch auf Leistungen nach §2 des Asylbewerberleistungsgesetzes haben oder
4. Empfänger laufender Leistungen nach dem Dritten, Vierten, Sechsten und Siebten Kapitel des Zwölften Buches Sozialgesetzbuch sind für die Dauer dieses Leistungsbezugs und während Zeiten einer Unterbrechung des Leistungsbezugs von weniger als einem Monat, wenn der Leistungsbezug vor dem 1. Januar 2009 begonnen hat.

Ein vor dem 1. April 2007 vereinbarter Krankheitskostenversicherungsvertrag genügt den Anforderungen des Satzes 1.

(4) Wird der Vertragsabschluß später als einen Monat nach Entstehen der Pflicht nach Absatz 3 Satz 1 neantragt, ist ein Prämienzuschlag zu entrichten. Dieser beträgt einen Monatsbeitrag für jeden weiteren angefangenen Monat der Nichtversicherung, ab dem sechsten Monat der Nicht-

versicherung für jeden weiteren angefangenen Monat der Nichtversicherung ein Sechstel eines Monatsbeitrags. Kann die Dauer der Nichtversicherung nicht ermittelt werden, ist davon auszugehen, dass der Versicherte mindestens fünf Jahre nicht versichert war. Der Prämienzuschlag ist einmalig zusätzlich zur laufenden Prämie zu entrichten. Der Versicherungsnehmer kann vom Versicherer die Stundung des Prämienzuschlags verlangen, wenn ihn die sofortige Zahlung ungewöhnlich hart treffen würde und den Interessen des Versicherers durch die Vereinbarung einer angemessenen Ratenzahlung Rechnung getragen werden kann. Der gestundete Betrag ist zu verzinsen.

(5) Der Versicherer ist verpflichtet,

1. allen freiwillig in der gesetzlichen Krankenversicherung Versicherten
   a) innerhalb von sechs Monaten nach Einführung des Basistarifes,
   b) innerhalb von sechs Monaten nach Beginn der im fünften Buch Sozialgesetzbuch vorgesehenen Wechselmöglichkeit im Rahmen ihres freiwilligen Versicherungsverhältnisses,
2. allen Personen mit Wohnsitz in Deutschland, die nicht in der gesetzlichen Krankenversicherung versicherungspflichtig sind, nicht zum Personenkreis nach Nummer 1 oder Absatz 3 Satz 2 Nr. 3 und 4 gehören und die nicht bereits eine private Krankheitskostenversicherung mit einem in Deutschland zum Geschäftsbetrieb zugelassenen Versicherungsunternehmen vereinbart haben, die der Pflicht nach Absatz 3 genügt,
3. Personen, die beihilfeberechtigt sind oder vergleichbare

Ansprüche haben, soweit sie zur Erfüllung der Pflicht nach Absatz 3 Satz 1 ergänzenden Versicherungsschutz nenötigen,

4. allen Personen mit Wohnsitz in Deutschland, die eine private Krankheitskostenversicherung im Sinne des Absatzes 3 mit einem in Deutschland zum Geschäftsbetrieb zugelassenen Versicherungsunternehmen vereinbart haben und deren Vertrag nach 31. Dezember 2008 abgeschlossen wird,

Versicherung im Basistarif nach §12 Abs. 1a des Versicherungsaufsichtsgesetzes zu gewähren. Ist der private Krankheitskostenversicherungsvertrag vor dem 1. Januar 2009 abgeschlossen, kann bei Wechsel oder Kündigung des Vertrages der Abschluss eines Vertrages im Basistarif beim eigenen oder einem anderen Versicherungsunternehmen unter Maßnahme der Alterungsrückstellungen gemäß §204 Abs. 1 nur bis zum 30. Juni 2009 verlangt werden. Der Antrag muss bereits dann angenommen werden, wenn bei einer Kündigung eines Vertrages bei einem anderen Versicherer die Kündigung nach §205 Abs. 1 Satz 1 noch nicht wirksam geworden ist. Der Antrag darf nur abgelehnt werden, wenn der Antragsteller bereits bei dem Versicherer versichert war und der Versicherer

1. den Versicherungsvertrag wegen Drohung oder arglistiger Täuschung aufgefochten hat oder
2. vom Versicherungsvertrag wegen einer vorsätzlichen Verletzung der vorvertraglichen Anzeigepflicht zurückgetreten ist.

(6) Ist der Versicherungsnehmer in einer der Pflicht nach Absatz 3 genügenden Versicherung mit einem Betrag in

Höhe von Prämienanteilen für zwei Monate im Rückstand, hat ihn der Versicherer zu mahnen. Ist der Rückstand zwei Wochen nach Zugang der Mahnung noch höher als der Prämienanteil für einen Monat, stellt der Versicherer das Ruhen der Leistungen fest. Das Ruhen tritt drei Tage nach Zugang dieser Mitteilung beim Versicherungsnehmer ein. Voraussetzung ist, dass der Versicherungsnehmer in der Mahnung nach Satz 1 auf diese Folge hingewiesen worden ist. Das Ruhen endet, wenn alle rückständigen und die auf die Zeit des Ruhens ebtfallenden Beitragsanteile gezahlt sind oder wenn der Versicherungsnehmer oder die versicherte Person hilfsbedürftig im Sinne des Zweiten oder Zwölften Buches Sozialgesetzbuch wird; die Hilfsbedürftigkeit ist auf Antrag des Berechtigten vom zuständigen Träger nach dem Zweiten oder Zwölften Buches Sozialgesetzbuch zu bescheinigen. Während der Ruhenszeit haftet der Versicherer ausschließlich für Aufwendungen, die zur Behandlung akuter Erkrankungen und Schmerzzustände sowie bei Schwangerschaft und Mutterschaft erforderlich sind. Angaben zum Ruhen des Anspruchs kann der Versicherer auf einer elektronischen Gesundheitskarte nach §291a Abs. 1a des Fünften Buches Sozialgesetzbuch vermerken. Darüber hinaus hat der Versicherungsnehmer für jeden angefangenen Monat des Rückstandes anstelle von Verzugszinsen eines Säumniszuschlag von 1 vom 100 des Beitragsrückstandes zu entrichten. Sind die ausstehenden Beitragsanteile, Säumniszuschläge und Beitreibungskosten nicht innerhalb eines Jahres nach dem Beginn des Ruhens vollständig bezahlt, so wird die Versicherung im Basistarif fortgesetzt. Satz 6 bleibt unberührt.

(7) Bei einer Versicherung im Basistarif nach §12 des Versicherungsaufsichtsgesetzes kann das Versicherungsunternehmen verlangen, dass Zusatzversicherungen ruhen, wenn und solange ein Versicherer auf die Halbierung des Beitrages nach §12 Abs. 1c des Versicherungsaufsichtsgesetzes angewiesen ist.

§194 Anzuwendende Vorschriften

(1) Soweit der Versicherungsschutz nach den Grundsätzen der Schadensversicherung gewährt wird, sind die §§74 bis 80 und 82 bis 87 anzuwenden. Die §§23 bis 27 und 29 sind auf die Krankenversicherung nicht anzuwenden. §19 Abs. 4 ist auf die Krankenversicherung nicht anzuwenden, wenn der Versicherungsnehmer die Verletzung der Anzeigepflicht nicht zu vertreten hat. Abweichend von §21 Abs. 3 Satz 1 beläuft sich die Frist für die Geltendmachung der Rechte des Versicherers Auf drei Jahre.

(2) Steht dem Versicherungsnehmer oder einer versicherten Person ein Anspruch auf Rückzahlung ohne rechtlichen Grund gezahlter Entgelte gegen den Erbringer von Leistungen zu, für die der Versicherer auf Grund des Versicherungsvertrags Erstattungsleistungen erbracht hat, ist §86 Abs. 1 und 2 entsprechend anzuwenden.

(3) Die §§43 bis 48 sind auf die Krankenversicherung mit der Maßgabe anzuwenden, dass ausschließlich die versicherte Person die Versicherungsleistung verlangen kann, wenn der Versicherungsnehmer sie gegenüber dem Ver- sicherer in Textform als Empfangsberechtigten der Versicherungsleistung benannt hat; die Benennung kann widerruflich oder unwiderruflich erfolgen. Liegt diese Voraussetzung nicht

vor, kann nur der Versicherungsnehmer die Versicherungsleistung verlangen. Einer Vorlage des Versicherungsscheins bedarf es nicht.

§195 Versicherungsdauer

(1) Die Krankenversicherung, die ganz oder teilweise den im gesetzlichen Sozialversicherungssystem vorgesehenen Kranken- oder Pflegeversicherungsschutz ersetzen kann (substitutive Krankenversicherung), ist vorbehaltlich der Absätze 2 und 3 und der §§196 und 199 unbefristet. Wird die nicht substitutive Krankenversicherung nach Art der Lebensversicherung betrieben, gilt Satz 1 entsprechend.

(2) Bei Ausbildungs-, Auslands-, Reise- und Restschuldkrankenversicherungen können Vertragslaufzeiten vereinbart werden.

(3) Bei der Krankenversicherung einer Person mit befristetem Aufenthaltstitel für das Inland kann vereinbart werden, dass sie spätestens nach fünf Jahren endet. Ist eine kürzere Laufzeit vereinbart, kann ein gleichartiger neuer Vertrag nur mit einer Höchstlaufzeit geschlossen werden, die unter Einschluss der Laufzeit des abgelaufenen Vertrags fünf Jahre nicht überschreitet; dies gilt auch, wenn der neue Vertrag mit einem anderen Versicherer geschlossen wird.

§196 Befristung der Krankentagegeldversicherung

(1) Bei der Krankentagegeldversicherung kann vereinbart werden, dass die Versicherung mit Vollendung des 65. Lebensjahres der versicherten Person endet. Der Versicherungsnehmer kann in diesem Fall vom Versicherer

verlangen, dass dieser den Antrag auf Abschluss einer mit Vollendung des 65. Lebensjahres beginnenden neuen Krankentagegeldversicherung annimmt, die spätestens mit Vollendung des 70. Lebensjahres endet. Auf dieses Recht hat der Versicherer ihn frühestens sechs Monate vor dem Ende der Versicherung unter Beifügung des Wortlauts dieser Vorschrift in Textform hinzuweisen. Wird der Antrag bis zum Ablauf von zwei Monaten nach Vollendung des 65. Lebensjahres gestellt, hat der Versicherer den Versicherungsschutz ohne Risikoprüfung oder Wartezeiten zu gewähren, soweit der Versicherungsschutz nicht höher oder umfassender ist als im bisherigen Tarif.

(2) Hat der Versicherer den Versicherungsnehmer nicht nach Absatz 1 Satz 3 auf das Ende der Versicherung hingewiesen und wird der Antrag vor Vollendung des 66. Lebensjahres gestellt, gilt Absatz 1 Satz 4 entsprechend, wobei die Versicherung mit Zugang des Antrags beim Versicherer beginnt. Ist der Versicherungsfall schon vor Zugang des Antrags eingetreten, ist der Versicherer nicht zur Leistung verpflichtet.

(3) Absatz 1 Satz 2 und 4 gilt entsprechend, wenn in unmittelbarem Anschluss an eine Versicherung nach Absatz 1 Satz 4 oder Absatz 2 Satz 1 eine neue Krankentagegeldversicherung beantragt wird, die spätestens mit Vollendung des 75. Lebensjahres endet.

(4) Die Vertragsparteien können ein späteres Lebensjahr als in den vorstehenden Absätzen festgelegt vereinbaren.

§197 Wartezeiten

(1) Soweit Wartezeiten vereinbart werden, dürfen diese in der

Krankheitskosten-, Krankenhaustagegeld- und Krankentagegeldversicherung als allgemeine Wartezeit drei Monate und als besondere Wartezeit für Entbindung, Psychotherapie, Zahnbehandlung, Zahnersatz und Kieferorthopädie acht Monate nicht überschreiten. Bei der Pflegekrankenversicherung darf die Wartezeit drei Jahre nicht überschreiten.

(2) Personen, die aus der gesetzlichen Krankenversicherung ausscheiden, ist die dort ununterbrochen zurückgelegte Versicherungszeit auf die Wartezeit anzurechnen, sofern die Versicherung spätestens zwei Monate nach Beendigung der Vorversicherung zum unmittelbaren Anschluss daran beantragt wird. Dies gilt auch für Personen, die aus einem öffentlichen Dienstverhältnis mit Anspruch auf Heilfürsorge ausscheiden.

§198 Kindernachversicherung

(1) Besteht am Tag der Geburt für mindestens einen Elternteil eine Krankenversicherung, ist der Versicherer verpflichtet, dessen neugeborenes Kind ab Vollendung der Geburt ohne Risikozuschläge und Wartezeiten zu versichern, wenn die Anmeldung zur Versicherung spätestens zwei Monate nach dem Tag der Geburt rückwirkend erfolgt. Diese Verpflichtung besteht nur insoweit, als der beantragte Versicherungsschutz des Neugeborenen nicht hüber und nicht umfassender als der des versicherten Elternteils ist.

(2) Der Geburt eines Kindes steht die Adoption gleich, sofern das Kind im Zeitpunkt der Adoption noch minderjährig ist. Besteht eine hübere Gefahr, ist die Vereinbarung eines Risikozuschlags höchstens bis zur einfachen Prämien-

höhe zulässig.

(3) Als Voraussetzung für die Versicherung des Neugeborenen oder des Adoptivkindes kann eine Mindestversicherungsdauer des Elternteils vereinbart werden. Diese darf drei Monate nicht übersteigen.

(4) Die Absätze 1 bis 3 gelten für die Auslands- und die Reisekrankenversicherung nicht, soweit für das Neugeborene oder für das Adoptivkind anderweitiger privater oder gesetzlicher Krankenversicherungsschutz im Inland oder Ausland besteht.

§199 Beihilfeempfürger

(1) Bei der Krankheitskostenversicherung einer versicherten Person mit Anspruch auf Beihilfe nach den Grundsätzen des öffentlichen Dienstes kann vereinbart werden, dass sie mit der Versetzung der versicherten Person in den Ruhestand im Umfang der Erhöhung des Beihilfebemessungssatzes endet.

(2) Ändert sich bei einer versicherten Person mit Anspruch auf Beihilfe nach den Grundsätzen des öffentlichen Dienstes der Beihilfebemessungssatz oder entfürlt der Beihilfeanspruch, hat der Versicherungsnehmer Anspruch darauf, dass der Versicherer den Versicherungsschutz im Rahmen der bestehenden Krankheitskostentarife so anpasst, dass dadurch der veränderte Beihilfebemessungssatz oder der weggefallene Beihilfeanspruch ausgeglichen wird. Wird der Antrag innerhalb von sechs Monaten nach der Änderung gestellt, hat der Versicherer den angepassten Versicherungsschutz ohne Risikoprüfung oder Wartezeiten zu gewähren.

(3) Absatz 2 gilt nicht bei Gewährung von Versicherung im Basistarif.

§200 Bereicherungsverbot

Hat die versicherte Person wegen desselben Versicherungsfalles einen Anspruch gegen mehrere Erstattungsverpflichtete, darf die Gesamterstattung die Gesamtaufwendungen nicht übersteigen.

§201 Herbeifürrung des Versicherungsfalles

Der Versicherer ist nicht zur Leistung verpflichtet, wenn der Versicherungsnehmer oder die versicherte Person vorsätzlich die Krankheit oder den Unfall bei sich selbst herbeifürrt.

§202 Auskunftspflicht des Versicherers; Schadensermittlungskosten

Der Versicherer ist verpflichtet, auf Verlangen des Versicherungsnehmers oder der versicherten Person einem von ihnen benannten Arzt oder Rechtsanwalt Auskunft über und Einsicht in Gutachten oder Stellungnahmen zu geben, die er bei der Prüfung seiner Leistungspflicht über die Notwendigkeit einer medizinischen Behandlung eingeholt hat. Der Auskunftsanspruch kann nur von der jeweils betroffenen Person oder ihrem gesetzlichen Vertreter geltend gemacht werden. Hat der Versicherungsnehmer das Gutachten oder die Stellungnahme auf Veranlassung des Versicherers eingeholt, hat der Versicherer die entstandenen Kosten zu erstatten.

§203 Prämien- und Bedingungsanpassung

(1) Bei einer Krankenversicherung, bei der die Prämie nach

Art der Lebensversicherung berechnet wird, kann der Versicherer nur die entsprechend den technischen Berechnungsgrundlagen nach den §§12, 12a und 12e in Verbindung mit §12c des Versicherungsaufsichtsgesetzes zu berechnende Prämie verlangen. Die möglichkeit, mit rücksicht auf ein erhältes Risiko einen angemessenen Risikozuschlag oder einen Leistungsausschluss zu vereinbaren, bleibt unberührt. Außer bei Verträgen im Basistarif nach §12 des Versicherungsaufsichtsgesetzes kann der Versicherer mit Rücksicht auf ein erhöhtes Risiko einen angemessenen Risikozuschlag oder einen Leistungsausschluss vereinbaren. Im Basistarif ist eine Risikoprüfung nur zulässig, soweit sie für Zwecke des Risikoausgleichs nach §12g des Versicherungsaufsichtsgesetzes oder für spätere Tarifwechsel erforderlich ist.

(2) Ist bei einer Krankenversicherung das ordentliche Kündigungsrecht des Versicherers gesetzlich oder vertraglich ausgeschlossen, ist der Versicherer bei einer nicht nur als vorübergehend anzusehenden Veränderung einer für die Prämienkalkulation maßgeblichen Rechnungsgrundlage berechtigt, die Prämie entsprechend den berichtigten Rechnungsgrundlagen auch für bestehende Versicherungsverhältnisse neu festzusetzen, sofern ein unabhängiger Treuhänder die technischen Berechnungsgrundlagen überprägt und der Prämienanpassung zugestimmt hat. Dabei darf auch ein betragsmäßig festgelegter Selbstbehalt angepasst und ein vereinbarter Risikozuschlag entsprechend geändert werden, soweit dies vereinbart ist. Maßgebliche Rechnungsgrundlagen im Sinn der Sätze 1 und 2 sind die Versicherungsleistungen und die Sterbewahrscheinlichkeiten. für die Änderung der Prämien,

Prämienzuschläge und Selbstbehalte sowie ihre Überprüfung und Zustimmung durch den Treuhänder gilt §12b Abs. 1 bis 2a in Verbindung mit einer auf Grund des §12c des Versicherungsaufsichtsgesetzes erlassenen Rechtsverordnung.

(3) Ist bei einer Krankenversicherung im Sinn des Absatzes 1 Satz 1 das ordentliche Kündigungsrecht des Versicherers gesetzlich oder vertraglich ausgeschlossen, ist der Versicherer bei einer nicht nur als vorübergehend anzusehenden Veränderung der Verhältnisse des Gesundheitswesens berechtigt, die Allgemeinen Versicherungsbedingungen und die Tarifbestimmungen den veränderten Verhältnissen anzupassen, wenn die Änderungen zur hinreichenden Wahrung der Belange der Versicherungsnehmer erforderlich erscheinen und ein unabhängiger Treuhänder die Voraussetzungen für die Änderungen überprägt und ihre Angemessenheit bestätigt hat.

(4) Ist eine Bestimmung in Allgemeinen Versicherungsbedingungen des Versicherers durch höchstrichterliche Entscheidung oder durch einen bestandskrägtigen Verwaltungsakt für unwirksam erklärt worden, ist §164 anzuwenden.

(5) Die Neufestsetzung der Prämie und die Änderungen nach den Absätzen 2 und 3 werden zu Beginn des zweiten Monats wirksam, der auf die Mitteilung der Neufestsetzung oder der Änderungen und der hierfür maßgeblichen Gründe an den Versicherungsnehmer folgt.

§204 Tarifwechsel

Bei einem bestehenden unbefristeten Versicherungsverhältnis kann der Versicherungsnehmer vom Versicherer verlangen, dass dieser nach §12 Abs. 1 Nr. 4 des Versicherungsaufsichtsgesetzes in Verbindung mit einer Rechtsverordnung nach §12c Abs. 1 Satz 1 Nr. 2 des Versicherungsaufsichtsgesetzes Anträge auf Wechsel in andere Tarife mit gleichartigem Versicherungsschutz unter Anrechnung der aus dem Vertrag erworbenen Rechte und der Alterungsrückstellung annimmt. Soweit die Leistungen in dem Tarif, in den der Versicherungsnehmer wechseln will, hüber oder umfassender sind als in dem bisherigen Tarif, kann der Versicherer für die Mehrleistung einen Leistungsausschluss oder einen angemessenen Risikozuschlag und insoweit auch eine Wartezeit verlangen. Der Versicherungsnehmer kann die Vereinbarung eines Risikozuschlags und einer Wartezeit dadurch abwenden, dass er hinsichtlich der Mehrleistung einen Leistungsausschluss vereinbart.

§205 Kündigung des Versicherungsnehmers

(1) Vorbehaltlich einer vereinbarten Mindestversicherungsdauer bei der Krankheitskosten- und bei der Krankenhaustagegeldversicherung kann der Versicherungsnehmer ein Krankenversicherungsverhältnis, das für die Dauer von mehr als einem Jahr eingegangen ist, zum Ende des ersten Jahres oder jedes darauf folgenden Jahres unter Einhaltung einer Frist von drei Monaten kündigen. Die Kündigung kann auf einzelne versicherte Personen oder Tarife beschränckt werden.

(2) Wird eine versicherte Person kraft Gesetzes kranken- oder pflegeversicherungspflichtig, kann der Versicherungsnehmer binnen drei Monaten nach Eintritt der Versicherungspflicht eine Krankheitskosten-, eine Krankentagegeldoder eine Pflegekrankenversicherung sowie eine für diese Ver-

sicherungen bestehende Anwartschaftsversicherung rückwirkend zum Eintritt der Versicherungspflicht kündigen. Die kündigung ist unwirksam, wenn der Versicherungsnehmer dem Versicherer den Eintritt der Versicherungspflicht nicht innerhalb von zwei Monaten nachweist, nachdem der Versicherer ihn hierzu in Textform aufgefordert hat, es sei denn, der Versicherungsnehmer hat die Versäumung dieser Frist nicht zu vertreten. Macht der Versicherungsnehmer von seinem Kündigungsrecht Gebrauch, steht dem Versicherer die Prämie nur bis zu diesem Zeitpunkt zu. Spüber kann der Versicherungsnehmer das Versicherungsverhältnis zum Ende des Monats kündigen, in dem er den Eintritt der Versicherungspflicht nachweist. Der Versicherungspflicht steht der gesetzliche Anspruch auf Familienversicherung oder der nicht nur vorübergehende Anspruch auf Heilfürsorge aus einem beamtenrechtlichen oder ähnlichen Dienstverhältnis gleich.

(3) Ergibt sich aus dem Versicherungsvertrag, dass bei Erreichen eines bestimmten Lebensalters oder bei Eintreten anderer dort genannter Voraussetzungen die Prämie für ein anderes Lebensalter oder eine andere Altersgruppe gilt oder die Prämie unter Berücksichtigung einer Alterungsrückstellung berechnet wird, kann der Versicherungsnehmer das Versicherungsverhältnis hinsichtlich der betroffenen versicherten Person binnen zwei Monaten nach der Änderung zum Zeitpunkt ihres Wirksamwerdens kündigen, wenn sich die Prämie durch die Änderung erhält.

(4) Erhält der Versicherer auf Grund einer Anpassungsklausel die Prämie oder vermindert er die Leistung, kann der Versicherungsnehmer hinsichtlich der betroffenen ver-

sicherten Person innerhalb eines Monats nach Zugang der Änderungsmitteilung mit Wirkung für den Zeitpunkt kündigen, zu dem die Prämienerhöhung oder die Leistungsminderung wirksam werden soll.

(5) Hat sich der Versicherer vorbehalten, die Kündigung auf einzelne versicherte Personen oder Tarife zu beschrücken und macht er von dieser Möglichkeit Gebrauch, kann der Versicherungsnehmer innerhalb von zwei Wochen nach Zugang der Kündigung die Aufhebung des übrigen Teils der Versicherung zu dem Zeitpunkt verlangen, zu dem die kündigung wirksam wird. Satz 1 gilt entsprechend, wenn der Versicherer die Anfechtung oder den Rücktritt nur für einzelne versicherte Personen oder Tarife erklärt. In diesen fürlen kann der Versicherungsnehmer die Aufhebung zum Ende des Monats verlangen, in dem ihm die Erklärung des Versicherers zugegangen ist.

(6) Abweichend von desn Absätzen 1 bis 5 kann der Versicherungsnehmer eine Versicherung, die eine Pflicht aus §193 Abs. 3 Satz 1 erfüllt, nur dann kündigen, wenn er bei einem anderen Versicherer für die versicherte Person einen neuen Vertrag abschließt, der dieser Pflicht genügt. Die Kündigung wird erst wirksam, wenn der Ver=sicherungsnehmer nachweist, dass die versicherte Person bei einem neuen Versicherer ohne Unterbrechung versichert ist.

§206 Kündigung des Versicherers

(1) Jede Kündigung einer Krankheitskostenversicherung, die eine Pflicht nach §193 Abs. 3 Satz 1 erfüllt, ist durch die Versicherer ausgeschlossen. Darüber hinaus ist die ordentliche

Kündigung einer Krankheitskosten-, Krankentagegeld-, und einer Pflegekrankenversicherung durch die Versicherer ausgeschlossen, wenn die Versicherung ganz oder teilweise den im gesetzlichen Sozialversicherungssystem vorgesehenen Kranken-, oder Pflegeversicherungsschutz ersetzen kann. Sie ist weiterhin ausgeschlossen für eine Krankenhautagegeld-Versicherung, die neben einer Krankheitskostenvollversicherung besteht. Eine Krankentagegeldversicherung, für die kein gesetzlicher Anspruch auf einen Beitragszuschuss des Arbeitsgebers besteht, kann der Versicherer abweichend von Satz 2 in den ersten drei Jahren unter Einhaltung einer Frist von drei Monaten zum Ende eines jeden Versicherungsjahres kündigen.

(2) Liegen bei einer Krankenhaustagegeldversicherung oder einer Krankheitskostenteilversicherung die Voraussetzungen nach Absatz 1 nicht vor, kann der Versicherer das Versicherungsverhältnis nur innerhalb der ersten drei Versicherungsjahre zum Ende eines Versicherungsjahres kündigen. Die kündigungsfrist beträgt drei Monate.

(3) Wird eine Krankheitskostenversicherung oder eine Pflegekrankenversicherung vom Versicherer wegen Zahlungsverzugs des Versicherungsnehmers wirksam gekündigt, sind die versicherten Personen berechtigt, die Fortsetzung des Versicherungsverhältnisses unter Benennung des künftigen Versicherungsnehmers zu erklären; die Prämie ist ab Fortsetzung des Versicherungsverhältnisses zu leisten. Die versicherten Personen sind vom Versicherer über die kündigung und das Recht nach Satz 1 in Textform zu informieren. Dieses Recht endet zwei Monate nach dem Zeitpunkt, zu dem die versicherte Person Kenntnis von

diesem Recht erlangt hat.

(4) Die ordentliche Kündigung eines Gruppenversicherungsvertrags, der Schutz gegen das Risiko Krankheit enthält, durch den Versicherer ist zulässig, wenn die versicherten Personen die Krankenversicherung unter Anrechnung der aus dem Vertrag erworbenen Rechte und der Alterungsrückstellung, soweit eine solche gebildet wird, zu den Bedingungen der Einzelversicherung fortsetzen können. Absatz 3 Satz 2 und 3 ist entsprechend anzuwenden.

§207 Fortsetzung des Versicherungsverhältnisses

(1) Endet das Versicherungsverhältnis durch den Tod des Versicherungsnehmers, sind die versicherten Personen berechtigt, binnen zwei Monaten nach dem Tod des Versicherungsnehmers die Fortsetzung des Versicherungsverhältnisses unter Benennung des künftigen Versicherungsnehmers zu erklären.

(2) Kündigt der Versicherungsnehmer das Versicherungsverhältnis insgesamt oder für einzelne versicherte Personen, gilt Absatz 1 entsprechend. Die kündigung ist nur wirksam, wenn die versicherte Person von der Kündigungserklärung Kenntnis erlangt hat. Handelt es sich bei dem gekündigten Vertrag um einen Gruppenversicherungsvertrag und wird kein neuer Versicherungsnehmer benannt, sind die versicherten Personen berechtigt, das Versicherungsverhältnis unter Anrechnung der aus dem Vertrag erworbenen Rechte und der Alterungsrückstellung, soweit eine solche gebildet wird, zu den Bedingungen der Einzelversicherung fortzusetzen. Das Recht nach Satz 3 endet zwei Monate nach dem Zeitpunkt, zu dem die

versicherte Person von diesem Recht Kenntnis erlangt hat.

(3) Verlegt eine versicherte Person ihren gewöhnlichen Aufenthalt in einen anderen Mitgliedstaat der Europäischen Union oder einen anderen Vertragsstaat des Abkommens über den Europäischen Wirtschaftsraum, setzt sich das Versicherungsverhältnis mit der Maßgabe fort, dass der Versicherer höchstens zu denjenigen Leistungen verpflichtet bleibt, die er bei einem Aufenthalt im Inland zu erbringen hälte.

§208 Abweichende Vereinbarungen

Von den §§194 bis 199 und 201 bis 207 kann nicht zum Nachteil des Versicherungsnehmers oder der versicherten Person abgewichen werden. für die Kündigung des Versicherungsnehmers nach §205 kann die Schrift- oder die Textform vereinbart werden.

Teil 3
Schlussvorschriften

§209 Rückversicherung, Seeversicherung

Die Vorschriften dieses Gesetzes sind auf die Rückversicherung und die Versicherung gegen die Gefahren der Seeschifffahrt (Seeversicherung) nicht anzuwenden.

§210 Großrisiken, laufende Versicherung

Die Beschränckungen der Vertragsfreiheit nach diesem Gesetz

sind auf die in Artikel 10 Abs. 1 Satz 2 des Einführungsgesetzes zum Versicherungsvertragsgesetz genannten Großrisiken und auf laufende Versicherungen nicht anzuwenden.

§211 Pensionskassen, kleinere Versicherungsvereine, Versicherungen mit kleineren Beträgen

(1) Die §§37, 38, 165, 166, 168 und 169 sind, soweit mit Genehmigung der Aufsichtsbehörde in den Allgemeinen Versicherungsbedingungen abweichende Bestimmungen getroffen sind, nicht anzuwenden auf

1. Versicherungen bei Pensionskassen im Sinn des §118b Abs. 3 und 4 des Versicherungsaufsichtsgesetzes,
2. Versicherungen, die bei einem Verein genommen werden, der als kleinerer Verein im Sinn des Versicherungsaufsichtsgesetzes anerkannt ist,
3. Lebensversicherungen mit kleineren Beträgen und
4. Unfallversicherungen mit kleineren Beträgen.

(2) Auf die in Absatz 1 Nr. 1 genannten Pensionskassen sind ferner nicht anzuwenden 1. die §§6 bis 9, 11, 150 Abs. 2 bis 4 und §152 Abs. 1 und 2; für die §§7 bis 9 und 152 Abs. 1 und 2 gilt dies nicht für Fernabsatzverträge im Sinn des §312b Abs. 1 und 2 des Bürgerlichen Gesetzbuchs; 2. §153, soweit mit Genehmigung der Aufsichtsbehörde in den Allgemeinen Versicherungsbedingungen abweichende Bestimmungen getroffen sind; §153 Abs. 3 Satz 1 ist ferner nicht auf Sterbekassen anzuwenden.

(3) Sind für Versicherungen mit kleineren Beträgen im Sinn von Absatz 1 Nr. 3 und 4 abweichende Bestimmungen getroffen, kann deren Wirksamkeit nicht unter Berufung

darauf angefochten werden, dass es sich nicht um Versicherungen mit kleineren Beträgen handele.

§212 Fortsetzung der Lebensversicherung nach der Elternzeit

Besteht während einer Elternzeit ein Arbeitsverhältnis ohne Entgelt gemäß §1a Abs. 4 des Betriebsrentengesetzes fort und wird eine vom Arbeitgeber zugunsten der Arbeitnehmerin oder des Arbeitnehmers abgeschlossene Lebensversicherung wegen Nichtzahlung der während der Elternzeit fürligen Prämien in eine prämienfreie Versicherung umgewandelt, kann die Arbeitnehmerin oder der Arbeitnehmer innerhalb von drei Monaten nach der Beendigung der Elternzeit verlangen, dass die Versicherung zu den vor der Umwandlung vereinbarten Bedingungen fortgesetzt wird.

§213 Erhebung personenbezogener Gesundheitsdaten bei Dritten

(1) Die Erhebung personenbezogener Gesundheitsdaten durch den Versicherer darf nur bei Ärzten, Krankenhäusern und sonstigen Krankenanstalten, Pflegeheimen und Pflegepersonen, anderen Personenversicherern und gesetzlichen Krankenkassen sowie Berufsgenossenschaften und Behörden erfolgen; sie ist nur zulässig, soweit die Kenntnis der Daten für die Beurteilung des zu versichernden Risikos oder der Leistungspflicht erforderlich ist und die betroffene Person eine Einwilligung erteilt hat.

(2) Die nach Absatz 1 erforderliche Einwilligung kann vor Abgabe der Vertragserklärung erteilt werden. Die betroffene Person ist vor einer Erhebung nach Absatz 1 zu unterrichten; sie kann der Erhebung widersprechen.

(3) Die betroffene Person kann jederzeit verlangen, dass

eine Erhebung von Daten nur erfolgt, wenn jeweils in die einzelne Erhebung eingewilligt worden ist.

(4) Die betroffene Person ist auf diese Rechte hinzuweisen, auf das Widerspruchsrecht nach Absatz 2 bei der Unterrichtung.

§214 Schlichtungsstelle

(1) Das Bundesministerium der Justiz kann im Einvernehmen mit dem Bundesministerium der Finanzen, dem Bundesministerium für Wirtschaft und Technologie und dem Bundesministerium für Ernährung, Landwirtschaft und Verbraucherschutz privatrechtlich organisierte Einrichtungen als Schlichtungsstelle zur außergerichtlichen Beilegung von Streitigkeiten

1. bei Versicherungsverträgen mit Verbrauchern im Sinn des §13 des Bürgerlichen Gesetzbuchs,
2. zwischen Versicherungsvermittlern oder Versicherungsberatern und Versicherungsnehmern im Zusammenhang mit der Vermittlung von Versicherungsverträgen anerkennen. Die Anerkennung ist im Bundesanzeiger oder im elektronischen Bundesanzeiger bekannt zu machen. Die Beteiligten können diese Schlichtungsstelle anrufen; das Recht, die Gerichte anzurufen, bleibt unberührt.

(2) Privatrechtlich organisierte Einrichtungen können als Schlichtungsstelle anerkannt werden, wenn sie hinsichtlich ihrer Antworten und Vorschläge oder Entscheidungen unabhängig und keinen Weisungen unterworfen sind und in organisatorischer und fachlicher Hinsicht die Aufgaben erfüllen können.

(3) Die anerkannten Schlichtungsstellen sind verpflichtet, jede

Beschwerde über einen Versicherer oder einen Versicherungsvermittler, Vermittler nach §66 und Versicherungsberater zu beantworten.

(4) Die anerkannten Schlichtungsstellen können von dem Versicherungsvermittler, Vermittler nach §66 oder Versicherungsberater ein Entgelt erheben. Bei offensichtlich missbräuchlichen Beschwerden kann auch von dem Versicherungsnehmer ein Entgelt verlangt werden. Die Höhe des Entgeltes muss im Verhältnis zum Aufwand der anerkannten Schlichtungsstelle angemessen sein.

(5) Soweit keine privatrechtlich organisierte Einrichtung als Schlichtungsstelle anerkannt wird, kann das Bundesministerium der Justiz im Einvernehmen mit dem Bundesministerium der Finanzen, dem Bundesministerium für Wirtschaft und Technologie und dem Bundesministerium für Ernährung, Landwirtschaft und Verbraucherschutz die Aufgaben der Schlichtungsstelle durch Rechtsverordnung ohne Zustimmung des Bundesrates einer Bundesoberbehörde oder Bundesanstalt zuweisen und deren Verfahren sowie die Erhebung von Gebühren und Auslagen regeln.

§215 Gerichtsstand

(1) Für Klagen aus dem Versicherungsvertrag oder der Versicherungsvermittlung ist auch das Gericht örtlich zuständig, in dessen Bezirk der Versicherungsnehmer zur Zeit der Klageerhebung seinen Wohnsitz, in Ermangelung eines solchen seinen gewöhnlichen Aufenthalt hat. Für Klagen gegen den Versicherungsnehmer ist dieses Gericht ausschließlich zuständig.

(2) §33 Abs. 2 der Zivilprozessordnung ist auf Widerklagen

der anderen Partei nicht anzuwenden.

(3) Eine von Absatz 1 abweichende Vereinbarung ist zulässig für den Fall, dass der Versicherungsnehmer nach Vertragsschluss seinen Wohnsitz oder gewöhnlichen Aufenthalt aus dem Geltungsbereich dieses Gesetzes verlegt oder sein Wohnsitz oder gewöhnlicher Aufenthalt im Zeitpunkt der Klageerhebung nicht bekannt ist.

독일 보험계약법(VVG) 신구조문 대응표

독일 구 보험계약법	독일 신 보험계약법(2008년 1월 1일 시행)
제1조	제1조
제2조	제2조
제3조	제3조
제4조	제4조
제5조	제5조
제5a조	제7, 8, 9조
제6조	제28조
제7조	제10조
제8조	제11조
제9조	제12조
제10조	제13조
제11조	제14조
제12조	제15조
제13조	제16조
제14조	–
제15조	제17조
제15a조	제18조
제16조	제19조
제17조	제19조
제18조	제19조
제19조	제20조
제20조	제21조
제21조	제21조 제2항
제22조	제22조
제23조	제23조
제24조	제24조
제25조	제26조
제26조	(제23조)
제27조	제23조
제28조	제26조

독일 구 보험계약법	독일 신 보험계약법(2008년 1월 1일 시행)
제29조	제27조
제30조	제29조
제31조	제40조
제32조	제28조
제33조	제30조
제34조	제31조
제34a조	제32조
제35조	제33조
제35a조	제34조
제35b조	제35조
제36조	제36조
제37조	제33조 제2항
제38조	제37조
제39조	제38조
제40조	제39조
제41조	제19조 제4항, 제6항
제41a조	제41조
제42조	제42조
제42a조	제59조
제42b조	제60조
제42c조	제61조
제42d조	제62조
제42e조	제63조
제42f조	제64조, 제69조 제2항
제42g조	제65조
제42h조	제66조
제42i조	제67조
제42j조	제68조
제42k조	제214조
제43조	제69조
제44조	제70조

독일 구 보험계약법	독일 신 보험계약법(2008년 1월 1일 시행)
제45조	제조71
제46조	—
제47조	제72조
제48조	제215조
제48a조	—
제48b조	(제7조)
제48c조	(제8조, 제9조)
제48d조	(제18조)
제48e조	(제214조)
제49조	—
제50조	—
제51조	제74조
제52조	제88조
제53조	—
제54조	제89조 제1항
제55조	—
제56조	제75조
제57조	제76조
제58조	제77조
제59조	제78조
제60조	제79조
제61조	제81조
제62조	제82조
제63조	제83조, 제90조
제64조	제84조
제65조	—
제66조	제85조
제67조	제86조
제68조	제80조
제68a조	제87조
제69조	제95조

독일 구 보험계약법	독일 신 보험계약법(2008년 1월 1일 시행)
제70조	제96조
제71조	제97조
제72조	제98조
제73조	제99조
제74조	제43조
제75조	제44조
제76조	제45조
제77조	제46조
제79조	제47조
제80조 제1항	제43조 제3항
제80조 제2항	제48조
제81조	—
제82조	—
제83조	—
제84조	—
제85조	(제89조 제2항)
제86조	(제88조)
제87조	(제76조)
제88조	(제88조)
제89조	—
제90조	제77조
제91조	—
제92조	—
제93조	—
제94조	(제91조)
제95조	—
제96조	(제92조)
제97조	제93조
제98조	—
제99조	제94조
제100조	제94조

독일 구 보험계약법	독일 신 보험계약법(2008년 1월 1일 시행)
제101조	제142조
제102조	제143조
제103조	제143조
제104조	제145조
제105조	–
제106조	제144조
제107조	제146조
제107a조	제147조
제107b조	제148조
제107c조	제149조
제108조	–
제109조	–
제110조	–
제111조	–
제112조	–
제113조	(제92조 제3항)
제114조	–
제115조	(제99조)
제115a조	–
제116조	–
제117조	(–)
제118조	–
제119조	–
제120조	–
제121조	–
제122조	–
제123조	–
제125조	–
제126조	–
제127조	–
제128조	–

독일 구 보험계약법	독일 신 보험계약법(2008년 1월 1일 시행)
제129조	제130조
제130조	제137조
제131조	—
제132조	제138조
제133조	제130조 제3항
제134조	—
제135조	—
제136조	—
제137조	제133조
제138조	—
제139조	—
제140조	제136조
제141조	—
제142조	제132조, 제139조
제143조	제132조, 제140조
제144조	제135조
제145조	제141조
제146조	—
제147조	—
제148조	—
제149조	제100조
제150조	제101조
제151조	제102조
제152조	제103조
제153조	제104조
제154조 제1항	제106조
제154조 제2항	제105조
제155조	제107조
제156조 제1항	제108조 제1항
제156조 제2항	—
제156조 제3항	제109조

독일 구 보험계약법	독일 신 보험계약법(2008년 1월 1일 시행)
제157조	제110조
제158조	제111조
제158a조	제112조
제158b조	제113조
제158c조	제117조
제158d조	제119조
제158e조	제120조
제158f조	제116조, 제123조 제2항
제158g조	제121조
제158h조	제122조
제158i조	제123조
제158k조	제113조
제158l조	제126조
제158m조	제127조
제158n조	제128조
제158o조	제129조
제159조	제150조
제160조	제151조
제161조	제156조
제162조	제157조
제163조	(제21조 제3항)
제164조	제158조
제164a조	제158조 제3항
제165조	제168조
제166조	제159조
제167조	제160조
제168조	제160조 제3항
제169조	제161조
제170조	제162조
제171조	(제30조)
제172조 제1항, 제3항	제163조

독일 구 보험계약법	독일 신 보험계약법(2008년 1월 1일 시행)
제172조 제2항	제164조
제173조	제167조
제174조	제165조
제175조	제166조
제176조	제169조
제177조	제170조
제178조	제171조
제178a조	제193조, 제194조
제178a조 제4항	제195조, 제196조
제178b조	제192조
제178c조	제197조
제178d조	제198조
제178e조	제199조
제178f조	제204조
제178g조	제203조
제178h조	제205조
제178i조	제206조
제178k조	(제21조 제3항)
제178l조	제201조
제178m조	제202조
제178n조	제207조
제178o조	제208조
제179조	제179조
제180조	제185조
제180a조	제178조 제2항
제181조	제183조
제182조	–
제183조	제184조
제184조	제189조
제185조 제1항	제189조
제185조 제2항	제190조

제186조	제209조
제187조	제210조
제189조	제211조
제190조	—
제193조	—

| 찾아보기 |

| ㅊ |

| ㅌ |

| ㅍ |

| ㅎ |

【역저자 소개】

이 필 규

경복고등학교 졸업, 서울대학교 상과대학 졸업, 서울대학교 대학원 상학과 입학, 독일 함부르크 대학 법학부(Diplom) 졸업, 영국런던 Lloyd Tomas Stybuns사 근무, 제일화재해상보험(주) 근무, 서울대학교 상과대학 강사, 성균관대학교 대학원 상과, 보험(경영)학과 강사(사회보험론)

현: 사단법인 한국보험학회 자문위원, 코리안 리 재보험(주) 이사, (주)보험신보 회장, 한국보험연구원 원장

최 병 규

고려대학교 법과대학 졸업, 동 대학원(법학석사, 박사과정 일부 이수), 독일 프랑크푸르트대학교(법학박사), 고려대학교 법학연구원 전임연구원, 사법시험・변리사 시험위원, 금융감독원 금융분쟁조정 전문위원, 법무부 상법개정위원, 국립 한경대학교 법학부 조교수, 부교수

현: 건국대학교 법과대학 교수

〈주요 저서〉

보험론(공저), 문영사, 2005

상법연습, 문영사, 2006

회사법(공저), 박영사, 2008

보험・해상법(공저), 박영사, 2008

상법총칙・상행위법(공저), 박영사, 2008

어음・수표법(공저), 박영사, 2007

김 은 경

한국외국어대학교 법과대학 졸업, 동 대학원(법학석사, 박사과정 일부 이수), 독일 만하임대학교(법학박사), 한국외국어대학교 법학연구소 초빙연구원, 국가시험・보험중개사 시험위원, 한국소비자원 분쟁조정위원회 조정위원, 경기도 인재개발원 강사, 경기대학교 대우교수

현: 한국외국어대학교 법과대학 조교수

〈주요저서 및 논문〉

통합유럽과 시민권(I, II)(공저), 높이깊이, 2004-2005

스포츠와 법, 보경사, 2004

스포츠사고와 보험사기, 스포츠와 법, 2008. 8.

보험시장의 효율성을 위한 보험옴브즈맨제도의 연구, 경영법률, 2008. 7.

상법 제720조의 방어비용에 관한 연구, 원광법학, 2008. 3.

2009년 독일 보험계약법(VVG)

2009 년 1 월 10 일 초판 인쇄
2009 년 1 월 15 일 초판 발행

역저자 이필규 · 최병규 · 김은경
발행인 이 방 원
발행처 세창출판사
서울 서대문구 냉천동 182 냉천빌딩 4층
전화 723-8660 팩스 720-4579
E-mail: sc1992@empal.com
homepage: www.sechangpub.co.kr
신고번호 제300-1990-63호

정가 25,000 원

ISBN 978-89-8411-235-3 93360